# MAIS FORTE
## *do que*
# NUNCA

"Um livro revolucionário, capaz de transformar a sua vida... Vai direto ao cerne da questão."
— Revista *Red*

"Uma abordagem criativa da autoajuda e do processo de cura apresentada por uma autora que já ajudou inúmeras pessoas a transformar suas vidas."
— *Kirkus Reviews*

"Ao compartilhar as próprias histórias e sua vulnerabilidade com o mundo, Brené Brown ensina cada um de nós a ser um pouco mais corajoso na vida. Quando leio algum livro da Brené, sempre me sinto um pouco mais forte, um pouco mais valente. Não invencível, porque seus livros nunca me fazem pensar que sou à prova de fracassos. Porém mais resiliente, como se, no caso de uma queda, eu fosse capaz de me reerguer e dar a volta por cima."
— Pam Stucky, *Huffington Post*

BRENÉ BROWN

MAIS FORTE DO QUE NUNCA

SEXTANTE

Título original: *Rising Strong*

Copyright © 2015 por Brené Brown
Copyright da tradução © 2016 por GMT Editores Ltda.
Todos os direitos reservados. Nenhuma parte deste livro pode ser utilizada ou reproduzida sob quaisquer meios existentes sem autorização por escrito dos editores.
Pág. 104: trecho da música "Delta", de David Crosby, copyright © 1982 Stay Shaight Music, reproduzido mediante autorização da Sony/ATV Music Publishing LLC.

*tradução*
Vera Lucia Ribeiro

*preparo de originais*
Rafaella Lemos

*revisão*
Luis Américo Costa e Tereza da Rocha

*projeto gráfico e diagramação*
DTPhoenix Editorial

*imagem de capa*
Robert Couse-Baker
(Encontrada no site www.flickr.com/photos/29233640@N07/6157477090, foi adquirida e adaptada em acordo com as propriedades de licenciamento do Creative Commons)

*impressão e acabamento*
Bartira Gráfica

CIP-BRASIL. CATALOGAÇÃO NA PUBLICAÇÃO
SINDICATO NACIONAL DOS EDITORES DE LIVROS, RJ

B897m  Brown, Brené
Mais forte do que nunca / Brené Brown; tradução de Vera Lucia Ribeiro.
Rio de Janeiro: Sextante, 2016.
272 p.; 16 x 23 cm.

Tradução de: Rising Strong
Apêndice.
ISBN 978-85-431-0363-1

1. Sucesso. 2. Superação. 3. Psicologia. I. Título.

16-31324

CDD: 158.1
CDU: 159.947

Todos os direitos reservados, no Brasil, por
GMT Editores Ltda.
Rua Voluntários da Pátria, 45 – 14.º andar – Botafogo
22270-000 – Rio de Janeiro – RJ
Tel.: (21) 2538-4100
E-mail: atendimento@sextante.com.br
www.sextante.com.br

Aos corajosos e inconsoláveis
que nos ensinaram a levantar depois de uma queda.
A sua coragem é contagiante.

## Sumário

Nota sobre a pesquisa e as histórias como metodologia   9

Verdade e ousadia – Uma introdução   13

### CAPÍTULO UM
A física da vulnerabilidade   25

### CAPÍTULO DOIS
A civilização termina na linha d'água   33

### CAPÍTULO TRÊS
Assumindo nossas histórias   55

### CAPÍTULO QUATRO
O reconhecimento   61

### CAPÍTULO CINCO
A descoberta   89

### CAPÍTULO SEIS
Ratos de esgoto e espertalhões – Lidando com limites, integridade e generosidade   107

## CAPÍTULO SETE

Os corajosos e inconsoláveis – Lidando com expectativas, decepções, ressentimentos, corações partidos, vínculos, luto, perdão, compaixão e empatia   135

## CAPÍTULO OITO

Alvo fácil – Lidando com necessidade, vínculos, críticas, autoestima, privilégios e o ato de pedir ajuda   157

## CAPÍTULO NOVE

A compostagem do fracasso – Lidando com medo, vergonha, perfeccionismo, responsabilidade, confiança, fracasso e arrependimento   179

## CAPÍTULO DEZ

Não desdenhe de quem lhe deu a mão – Lidando com vergonha, identidade, críticas e nostalgia   205

## CAPÍTULO ONZE

A revolução   233

## APÊNDICES

Notas sobre trauma e luto complicado   247

*A arte da imperfeição* – Resumo dos principais ensinamentos   249

*A coragem de ser imperfeito* – Resumo dos principais ensinamentos   251

Um coração agradecido   255

Referências   259

## Nota sobre a pesquisa
E AS HISTÓRIAS COMO METODOLOGIA

Na década de 1990, quando comecei a graduação em serviço social, o curso testemunhava um acalorado debate sobre a natureza do conhecimento e da verdade. *A sabedoria que vem da experiência tem mais ou menos valor que os dados produzidos por pesquisas controladas? Quais pesquisas devemos aceitar em nossas publicações profissionais e quais devemos rejeitar?* Era um debate acirrado, que com frequência criava sérios atritos entre os professores.

Quando eu já estava no doutorado, era comum sermos forçados a tomar partido. Nossos professores na área da pesquisa nos preparavam para escolher a evidência em vez da experiência, a razão em vez da fé, a ciência em vez da arte e os dados em vez das histórias. Ironicamente, na mesma época, professores de outras áreas nos ensinavam que os especialistas em serviço social deviam se precaver contra as falsas dicotomias – as formulações do tipo "ou isto ou aquilo". Na verdade, com esses aprendemos que, ao sermos confrontados com dilemas ou-isto-ou-aquilo, a primeira pergunta que deveríamos fazer é: *Quem se beneficia ao forçar as pessoas a escolher?*

Quando se aplicava a pergunta *"Quem se beneficia?"* ao debate no serviço social, a resposta era clara: se a profissão decidisse que o trabalho deles era a única via para chegar à verdade, os pesquisadores quantitativos tradicionais seriam os beneficiados. E a tradição levava a melhor na minha faculdade, onde havia pouca ou nenhuma formação em métodos qualitativos e a única opção na hora de escrever uma tese era adotar uma abordagem quantitativa. Havia um único manual sobre pesquisa qualitativa, e sua capa era rosa-clara – o livro era frequentemente referido como o manual de pesquisa "das garotas".

Esse debate se tornou uma questão pessoal quando me apaixonei pela pesquisa qualitativa – pela metodologia da teoria fundamentada, para ser mais específica. Precisei encontrar aliados no corpo docente, dentro e fora da minha faculdade, e me baseei nas ideias de Barney Glaser, da Faculdade de Medicina da Universidade da Califórnia em São Francisco, que, ao lado de Anselm Strauss, foi o fundador dessa metodologia.

Ainda me sinto profundamente marcada por um editorial que li nos anos 1990, escrito por Ann Hartman, a influente editora de uma das publicações mais prestigiosas da época, intitulado "Many ways of knowing" (Muitas formas de saber):

> Esta editora adota a posição de que existem muitas verdades e muitas formas de saber. Toda descoberta contribui para nosso conhecimento, e toda forma de saber aprofunda nosso entendimento e acrescenta mais uma dimensão à nossa visão de mundo. (...) Por exemplo, estudos em larga escala sobre as tendências atuais no casamento fornecem informações úteis sobre uma instituição social que vem se modificando rapidamente. Mas olhar o casamento de alguém "de dentro", como em *Quem tem medo de Virginia Woolf?*, revela com riqueza de detalhes as complexidades da união conjugal, levando-nos a uma nova percepção sobre a dor, as alegrias, as expectativas, as decepções, a intimidade e a solidão nos relacionamentos. Tanto o método científico quanto o artístico nos oferecem formas de saber. E, com efeito, como Clifford Geertz (...) assinalou, os pensadores mais inovadores de diversas áreas vêm borrando a distinção entre os gêneros, descobrindo a arte na ciência, a ciência na arte e a teoria social em todas as criações e atividades humanas.

Nos meus dois primeiros anos como professora e pesquisadora, sucumbi ao medo e à sensação de que o método de pesquisa que eu havia escolhido não era suficiente. Sentia-me um peixe fora d'água como pesquisadora qualitativa e, por uma questão de segurança, ficava o mais perto possível da turma do "Se não pode ser medido, é porque não existe". Isso atendia às minhas necessidades políticas *e* à minha profunda antipatia pela incerteza. Mas nunca tirei aquele editorial da cabeça nem do coração. E hoje orgulhosamente me apresento como pesquisadora contadora de histórias, pois acredito que o conhecimento mais valioso sobre o comportamento humano é o que se baseia na experiência de vida das pessoas.

Sou incrivelmente grata a Ann Hartman por ter tido a coragem de assumir essa postura; a Paul Raffoul, o professor que me entregou uma cópia do artigo; e a Susan Robbins, que com bravura liderou a banca examinadora da minha tese.

À medida que for avançando na leitura, você vai perceber que eu não acredito que a fé e a razão sejam inimigas naturais. Acredito que nosso desejo de certezas e nossa necessidade tantas vezes desesperada de "ter razão" nos levaram a criar essa falsa dicotomia. Não confio em teólogos que descartam a beleza da ciência nem em cientistas que não creem no poder do mistério.

Por causa dessa convicção, hoje encontro o conhecimento e a verdade numa ampla variedade de fontes. Neste livro você vai achar tanto citações de estudiosos quanto de compositores de música popular. Citarei pesquisas e filmes, a carta de um orientador que me ajudou a entender o que significa estar com o coração partido e o editorial de uma socióloga sobre nostalgia. Não vou tratar os artistas como acadêmicos, mas também não vou subestimar sua capacidade de captar o espírito humano.

Estou convencida de que, na vida, todos queremos nos mostrar e ser vistos. Isso significa que vamos lutar, cair e entender o que significa ser corajoso, mesmo com o coração partido.

Sinto-me grata por trilhar esta jornada com você. Como diz o poeta Rumi, "Estamos apenas acompanhando uns aos outros na volta para casa".

Obrigada por me acompanhar nesta aventura.

*Brené*

*A verdade é que*
# CAIR DÓI.
# O DESAFIO É
*manter a*
# CORAGEM
# e DESCOBRIR
# COMO SE LEVANTAR.

# *Verdade e ousadia*
## UMA INTRODUÇÃO

Durante uma entrevista em 2013, um repórter me disse que, depois de ler *A arte da imperfeição* e *A coragem de ser imperfeito*, ficou com vontade de trabalhar suas próprias questões ligadas à vulnerabilidade, à coragem e à autenticidade. Ele riu e comentou em seguida:
— Parece que vai ser uma longa caminhada. Você pode me dizer qual é o lado positivo desse trabalho todo?
Respondi que, com todas as forças do meu ser, tanto no âmbito pessoal quanto no profissional, acredito que a vulnerabilidade – o fato de estarmos dispostos a nos mostrar e ser vistos sem qualquer garantia do resultado – é o único caminho para uma vida com mais amor, alegria, pertencimento e aceitação. Ele emendou depressa:
— E o lado negativo?
Dessa vez, quem riu fui eu:
— Você vai tropeçar, cair e se dar mal.
Houve uma longa pausa antes de ele voltar a falar:
— E agora você vai me dizer que a ousadia ainda vale a pena?
Respondi com um *sim* apaixonado, seguido por uma confissão:
— Hoje é um sólido *sim*, porque não estou no fundo do poço depois de ter quebrado a cara. Porém, mesmo em meio a uma dificuldade, eu ainda diria que esse trabalhão todo não só vale a pena, como é o esforço necessário para levarmos uma vida plena. Mas juro que, se você tivesse feito essa pergunta quando eu estava de cara no chão, eu seria muito menos

entusiástica e estaria muito mais irritada. Não sou muito boa em cair e dar a volta por cima.

Essa entrevista tem dois anos e, durante esse tempo, pratiquei muito o ensinamento de ter coragem e dar a cara a tapa, só que a vulnerabilidade continua sendo algo incômodo e as quedas continuam dolorosas. Será sempre assim. Agora, porém, estou aprendendo que o processo de lidar com a dor e superá-la tem tanto a nos oferecer quanto o de agir com coragem.

Nos últimos anos, tive o privilégio de passar algum tempo com pessoas incríveis, desde altos executivos e líderes de empresas presentes na lista *Fortune 500* até casais que mantêm o relacionamento há mais de trinta anos e pais que lutam para mudar o sistema de ensino. Conforme eles compartilhavam suas experiências de ter coragem, cair e dar a volta por cima, eu me perguntava, repetidas vezes: *O que têm em comum essas pessoas com relacionamentos tão sólidos, esses pais com uma ligação tão profunda com os filhos, professores que cultivam a criatividade e o aprendizado, religiosos que guiam as pessoas através dos caminhos da fé e altos executivos?* A resposta era clara: eles reconhecem o poder da emoção e não têm medo de sair da zona de conforto.

Embora a vulnerabilidade seja o berço de muitas das experiências gratificantes pelas quais tanto ansiamos – amor, aceitação, alegria, criatividade e confiança, para citar algumas –, é na hora de recuperar a estabilidade emocional em meio às dificuldades que nossa coragem é testada e nossos valores são forjados. Dar a volta por cima depois de uma queda é a maneira de cultivar uma vida plena, além de ser o processo que mais nos ensina sobre quem somos.

Nos últimos dois anos, toda semana eu e minha equipe recebemos e-mails com relatos e dúvidas do tipo: "Fui muito ousado e tive a coragem de ser imperfeito, mas deu tudo errado e agora estou péssimo. Como faço para me reerguer?" Enquanto produzia meus dois livros anteriores, eu sabia que acabaria escrevendo um terceiro sobre as quedas. Já estava coletando esses dados desde sempre, e o que aprendi sobre a sobrevivência às mágoas e à dor me salvou repetidas vezes, além de, nesse processo, ter me modificado.

Vejo a progressão do meu trabalho da seguinte forma:

*A arte da imperfeição* – Seja você.

*A coragem de ser imperfeito* – Entregue-se por inteiro.

*Mais forte do que nunca* – Caia. Levante-se. Tente outra vez.

O fio condutor desses três livros é a nossa ânsia por levar uma vida plena – com compromisso e autovalorização. Isso significa cultivar a coragem, a compaixão e os vínculos afetivos, para acordar todas as manhãs e pensar: *Não importa o que eu faça e quanto ainda fique por fazer, eu sou bom o bastante.* Significa deitar todas as noites pensando: *Sim, sou imperfeito e vulnerável, às vezes fico com medo, mas isso não muda o fato de que sou corajoso e digno de amor e de aceitação.*

Os dois primeiros livros são como um "chamado à luta" e falam sobre termos coragem de aparecer e ser vistos, mesmo que isso signifique correr o risco de fracassar, sofrer, passar vergonha e até mesmo acabar com o coração partido. Por quê? Porque quando nos escondemos, fingimos e vestimos uma couraça contra a vulnerabilidade, isso vai matando aos poucos nosso espírito, nossas esperanças, nosso potencial, nossa criatividade, nossa capacidade de liderar, nosso amor, nossa fé e nossa alegria. Esses livros tiveram uma repercussão tão grande por duas razões simples: estamos cansados de sentir medo e de lutar por amor-próprio.

Queremos ser corajosos, mas, lá no fundo, sabemos que isso exige que sejamos vulneráveis. A boa notícia é que estamos avançando muito nessa direção. Em todo lugar encontro pessoas que me contam como passaram a acolher a própria vulnerabilidade e a incerteza – e como isso está transformando seus relacionamentos e sua vida profissional.

Se queremos dar a cara a tapa e amar de todo o coração, é inevitável vivenciar perdas. Se queremos experimentar coisas novas e inovadoras, é inevitável fracassar. Se queremos correr o risco de nos importar e nos comprometer, é inevitável passar por desilusões. Não importa se nossa dor será causada por um rompimento complicado ou por uma dificuldade menor, como uma discussão com um parente. Se aprendermos a superar essas experiências, poderemos escrever nosso final feliz. Quando assumimos nossa própria história, não nos permitimos ser meros personagens nas narrativas dos outros.

Em *A coragem de ser imperfeito*, há na epígrafe uma poderosa citação de Theodore Roosevelt, de um discurso de 1910 conhecido como "O homem na arena":

Não é o crítico que importa; nem aquele que aponta onde foi que o homem tropeçou ou como o autor das façanhas poderia ter feito melhor. O crédito pertence ao homem que está por inteiro na arena da vida, cujo rosto está manchado de poeira, suor e sangue; que luta bravamente; (...) que, na melhor das hipóteses, conhece no final o triunfo da grande conquista e que, na pior, se fracassar, ao menos fracassa *ousando grandemente*.

É uma citação inspiradora, que se tornou um verdadeiro princípio para mim. No entanto, como alguém que passa muito tempo na arena, eu gostaria de chamar atenção para um trecho específico do discurso: "O crédito pertence ao homem que está por inteiro na arena da vida, cujo rosto está manchado de poeira, suor e sangue" – ponto. Pare bem aí. Antes de ler mais qualquer coisa sobre triunfo e realização, quero que você imagine o que acontece a seguir.

Estamos caídos, de cara no chão da arena. Talvez a multidão esteja em silêncio, como nos momentos decisivos de um jogo de futebol, ou tenha começado a vaiar. Ou talvez você esteja muito concentrado e só consiga ouvir seu pai gritando: "Levante-se!"

Nossos momentos "com a cara no chão" podem ser muito importantes – como uma demissão ou a descoberta de uma infidelidade conjugal – ou menores – como saber que um filho mentiu sobre o boletim escolar ou sofrer uma pequena decepção no trabalho. Apesar de a noção de arena parecer evocar a ideia de grandiosidade, trata-se de qualquer momento ou lugar em que a pessoa corre o risco de se mostrar e ser vista. Correr o risco de ficar todo sem jeito numa nova aula de ginástica é uma arena. Liderar uma equipe no trabalho também é. Um momento difícil na criação dos filhos nos coloca nela, e estar apaixonado, definitivamente, é uma arena.

Quando comecei a pensar nesta pesquisa, examinei os dados e me perguntei: *O que acontece no momento em que estamos com a cara no chão? O que têm em comum as pessoas que conseguiram se levantar e encontraram coragem para tentar de novo? Como acontece o processo de se reerguer e dar a volta por cima?*

Eu não tinha certeza de que fosse possível captar esse processo, numa espécie de câmera lenta da vida real, mas me inspirei em Sherlock Holmes para tentar. No começo de 2014, estava sobrecarregada de dados e minha confiança começava a vacilar. Além disso, eu tinha acabado de sair de um fim de ano difícil, tendo passado quase todo o tempo das minhas férias lutando contra uma doença respiratória. Numa noite de fevereiro, estava no sofá com minha filha, Ellen, para assistir à nova temporada do seriado *Sherlock*, com Benedict Cumberbatch e Martin Freeman.

Na terceira temporada, há um episódio em que Sherlock leva um tiro. *Não se preocupe, não vou contar quem atirou nem por quê, mas, puxa, por essa eu não esperava*. Em vez de cair de uma vez, Sherlock se refugia em seu "palácio mental" – o espaço cognitivo onde resgata as lembranças de seus arquivos cerebrais, bola trajetos de automóvel e estabelece conexões impossíveis entre fatos aleatórios. Nos dez minutos que se seguem, muitos personagens aparecem em sua lembrança, cada qual trabalhando em sua área de especialização e lhe indicando qual é a melhor maneira de permanecer vivo.

Primeiro aparece a legista londrina que tem uma quedinha por ele. A médica balança a cabeça para Sherlock, que parece completamente pasmo diante da própria incapacidade de compreender o que está acontecendo, e comenta: "Não é como nos filmes, não é, Sherlock?" Auxiliada por um membro da equipe forense da Nova Scotland Yard e pelo ameaçador irmão do protagonista, ela explica qual é a melhor forma de cair, como funciona o choque e o que ele pode fazer para se manter consciente. Os três o alertam sobre quando virá a dor e o que ele poderá esperar. O que provavelmente levaria três segundos em tempo real demora mais de dez minutos na tela. Achei o texto genial, e ele me deu um novo ânimo para dar continuidade ao meu projeto de capturar o momento em câmera lenta.

Meu objetivo neste livro é ver em câmera lenta esse processo de cair e se levantar para captar seus detalhes, trazer à nossa consciência todas as escolhas que se abrem diante de nós nesses momentos de incômodo e sofrimento e explorar suas consequências. Assim como em meus outros livros, uso as pesquisas e as histórias para revelar o que aprendi – a única diferença é que aqui vou compartilhar muitas histórias pessoais. Essas narrativas me proporcionam não só um assento na primeira fila para observar o que está acontecendo no palco, mas também um passe livre para os bastidores, onde eu posso penetrar nas ideias, nos sentimentos e nos comportamentos por trás do pano.

Nas fases finais de elaboração da teoria da volta por cima, promovi reuniões com pequenos grupos de pessoas já familiarizadas com meu trabalho para compartilhar meus resultados e ouvir a perspectiva delas sobre a adequação e a relevância das minhas ideias. Será que eu estava no caminho certo? Um tempo depois, dois participantes desses encontros me procuraram para compartilhar suas experiências após aplicarem a teoria em sua própria vida. Fiquei emocionada com o que eles dividiram comigo e perguntei se poderia contar tudo neste livro. Ambos concordaram, e eu lhes sou grata por isso. Suas histórias são exemplos marcantes de como dar a volta por cima.

Num nível cultural, acredito que a falta de conversas sinceras sobre como se levantar do chão da arena e se reerguer levou a dois resultados perigosos: uma propensão a dourar a pílula e uma tendência a raramente sermos durões.

## DOURAR A PÍLULA

Todos já quebramos a cara, ficamos com o joelho ralado e o coração machucado para provar. Porém é mais fácil falar das cicatrizes do que mostrá-las, expondo às claras todos os sentimentos; é raro vermos feridas ainda em processo de cicatrização. Não sei ao certo se é porque temos muita vergonha de deixar alguém ver uma coisa tão íntima quanto a superação da dor ou se é porque, mesmo quando reunimos coragem para compartilhar nosso processo ainda incompleto de cura, as pessoas automaticamente desviam o olhar.

Preferimos que as histórias de queda e superação sejam inspiradoras e estéreis, e nossa cultura é repleta de relatos assim. Num discurso de trinta minutos, normalmente trinta segundos são dedicados a algo como "E então eu batalhei para dar a volta por cima" ou "E então conheci alguém especial".

Gostamos que as histórias de recuperação passem depressa pelas partes sombrias para podermos chegar logo ao final feliz e redentor. Receio que a falta de relatos sinceros sobre a superação da adversidade tenha criado uma Era Dourada do Fracasso. Nos últimos anos vimos o surgimento de conferências, festivais e até premiações do fracasso. Não me entenda mal. Continuo a defender a noção de que devemos compreender e aceitar o fracasso como parte de qualquer esforço digno. Mas abraçar essa ideia sem reconhecer o sofrimento e o medo que isso pode causar, ou a complexa jornada que está por trás da volta por cima, é dourar a pílula, maquiar a dura realidade. Despojar o fracasso de suas consequências afetivas reais é despojar os conceitos de garra e resiliência justamente das qualidades que tornam ambos tão importantes – resistência, determinação e perseverança.

Sim, não pode haver inovação, aprendizagem nem criatividade sem fracasso. *Mas fracassar é doloroso e alimenta as dúvidas, deixando o julgamento e a vergonha à espreita.*

Sim, concordo com Alfred Tennyson, que escreveu: "É melhor ter amado e perdido do que nunca ter amado." *Mas um coração partido nos deixa sem ar, e os sentimentos de perda e saudade podem transformar o ato de se levantar da cama pela manhã numa tarefa monumental. Aprender a confiar e a investir de novo no amor pode parecer impossível.*

Sim, se nos importarmos e ousarmos o bastante, viveremos decepções. *Mas, nos momentos em que a decepção nos inunda e tentamos desesperadamente entender com a cabeça e o coração o que vai acontecer dali em diante, a morte de nossas expectativas pode causar uma dor incomensurável.*

O trabalho que vem sendo feito por Ashley Good é um ótimo exemplo de como devemos acolher a difícil emoção da queda. Ashley é fundadora e presidente da Fail Forward – nome que, em português, poderia significar algo como "Fracasse para a frente" –, uma iniciativa social cuja missão é ajudar organizações a desenvolverem uma cultura que incentive a aceitação de riscos, a criatividade e a adaptação contínua exigidas pela inovação. Sua atuação começou com um trabalho de caráter humanitário em Gana com a Engenheiros Sem Fronteiras – Canadá (ESF). Ela foi essencial na elaboração dos relatórios de falhas da ESF e do site AdmittingFailure.com – uma espécie de relatório de fracassos em que qualquer um pode contar suas histórias de insucesso e aprendizado.

Esses primeiros relatórios foram tentativas ousadas de romper o silêncio que cerca o fracasso no setor das iniciativas sem fins lucrativos – que depende de financiamento externo. Frustrada com as oportunidades de aprendizado perdidas por causa desse silêncio, a ESF compilou seus fracassos e os publicou num relatório anual. O compromisso da organização com a resolução de alguns dos mais difíceis problemas mundiais – como a pobreza – exige inovação e aprendizado, de modo que ela pôs o cumprimento de sua missão acima da "boa imagem" e deu início a uma revolução.

Em seu discurso de abertura na FailCon Oslo – uma conferência anual sobre o fracasso realizada na Noruega –, Ashley pediu que a plateia lhe dissesse quais palavras estavam associadas ao termo *fracasso*. As pessoas responderam: *tristeza, medo, fazer papel de bobo, desespero, pânico, vergonha* e *mágoa*. Em seguida, ela ergueu um exemplar do relatório de falhas da ESF e explicou que as trinta páginas em papel reluzente incluíam catorze histórias de fracassos, o que provava que a iniciativa havia falhado pelo menos catorze vezes no ano anterior. Depois disso, perguntou à mesma plateia que palavras usariam para descrever o relatório e as pessoas que haviam contribuído com suas histórias. Dessa vez, as palavras incluíram: *prestativos, generosos, francos, inteligentes, valentes* e *corajosos*.

Ashley então destacou um ponto importantíssimo: há uma enorme diferença entre o que pensamos sobre o *fracasso* e o que pensamos sobre as pessoas e organizações corajosas o suficiente para compartilhar suas falhas no intuito de estimular o aprendizado e o crescimento. Imaginar que podemos chegar a ser *prestativos, generosos* e *valentes* sem antes passar por sentimentos difíceis, como *desespero, vergonha* e *pânico*, é uma suposição profundamente perigosa e equivocada. Em vez de dourar a pílula e tentar fazer o fracasso parecer elegante, é melhor aprender a reconhecer a beleza da verdade e da persistência.

## NÃO SOMOS DURÕES

Quando vejo pessoas seguras de sua própria verdade ou alguém que cai, se levanta e diz "Nossa! Esta doeu, mas isto é importante para mim, então vou tentar de novo", minha reação instintiva é pensar: *Isso é que é ser durão!*

Hoje em dia, há muita gente que, em vez de sentir a mágoa, faz drama; em vez de reconhecer a dor, a inflige aos outros; em lugar de correr o risco de se decepcionar, prefere viver em constante decepção. Impassibilidade afetiva não é "ser durão". Pose e arrogância também não. Vangloriar-se não é "ser durão", e a perfeição está muito longe disso.

Para mim, uma pessoa durona é aquela que diz: "Nossa família está sofrendo muito. A sua ajuda seria importante." Ou o homem que diz ao filho: "Não faz mal ficar triste. Todo mundo fica triste. Só precisamos conversar." E a mulher que diz: "Nossa equipe deixou a peteca cair. Precisamos parar de jogar a culpa uns nos outros e ter uma conversa difícil sobre o que aconteceu para podermos corrigir o problema e seguir em frente." Durões são aqueles que enfrentam o desconforto e a vulnerabilidade e dizem a verdade sobre a própria história.

A ousadia é essencial na hora de resolver os problemas do mundo que parecem incuráveis: pobreza, violência, desigualdade, desrespeito aos direitos civis e degradação do meio ambiente – para citar apenas alguns. Mas, além de contar com pessoas que estejam dispostas a se expor e ser vistas, precisamos também de uma massa crítica de gente durona que esteja disposta a ousar, quebrar a cara, encontrar seu próprio jeito de superar os sentimentos difíceis e se levantar. E precisamos que essa gente lidere, sirva de exemplo e molde a cultura, no exercício de toda a sorte de funções – como pais, professores, administradores, líderes, políticos, religiosos, profissionais criativos e lideranças comunitárias.

Muito do que hoje ouvimos falar sobre coragem é uma retórica vazia que camufla temores pessoais sobre a própria capacidade de ser benquisto, sobre as avaliações dos demais e a possibilidade de manter um determinado nível de conforto e status. Precisamos de mais pessoas dispostas a demonstrar como é se arriscar e suportar o fracasso, a decepção e o arrependimento – gente disposta a sentir sua própria dor em vez de descontá-la nos outros, a criar a própria história, viver segundo seus valores e continuar a se mostrar.

Sinto-me muito afortunada por ter passado os últimos dois anos trabalhando com algumas pessoas realmente duronas, desde professores e pais até presidentes de empresas, cineastas, veteranos de guerra, profissionais de recursos humanos, orientadores educacionais e terapeutas. Ao longo do livro, vamos examinar o que todos eles têm em comum, mas já adianto uma coisa: eles se sentem curiosos sobre o mundo das emoções e enfrentam o incômodo de forma direta e objetiva.

Espero que o processo apresentado neste livro nos ofereça uma linguagem adequada e um mapa para nos guiar quando estivermos no chão e precisarmos nos levantar. Pretendo compartilhar tudo que sei e sinto, aquilo em que acredito e o que vivenciei quando tive que dar a volta por cima. O que aprendi com os participantes da pesquisa costuma me salvar, e sou profundamente grata por isso. A verdade é que cair dói. O desafio é manter a coragem e descobrir como se levantar.

# MAIS FORTE
## *do que*
# NUNCA

SOMOS CRIADORES NATOS. É através das MÃOS que levamos da CABEÇA para o CORAÇÃO AQUILO QUE APRENDEMOS.

*Um*
# A FÍSICA DA VULNERABILIDADE

Em matéria de comportamento, sentimentos e pensamentos humanos, o provérbio "Quanto mais aprendo, menos eu sei" acerta na mosca. Aprendi a abrir mão de minha necessidade de certezas, mas há dias em que sinto falta de fingir que elas estão ao alcance da mão.

Embora não existam conceitos absolutos no meu campo de pesquisa, há algumas verdades sobre as experiências compartilhadas que têm profunda repercussão naquilo que sabemos e em que acreditamos. Por exemplo, a citação de Roosevelt que serviu de base para minha investigação sobre a vulnerabilidade e a ousadia deu origem a três verdades:

**Quero estar na arena.** Quero ser corajoso na vida. E, quando optamos por ousar, nos candidatamos a quebrar a cara. Podemos escolher a coragem ou o comodismo, mas não podemos ficar com os dois – pelo menos não ao mesmo tempo.

**Vulnerabilidade não é ganhar ou perder; é ter a coragem de se mostrar e ser visto quando não se tem controle algum sobre o resultado.** Vulnerabilidade não é fraqueza, mas, sim, nossa maior medida da coragem.

**Muitos assentos baratos da arquibancada estão ocupados por pessoas que nunca se aventuram na arena.** Elas só fazem atirar críticas mesquinhas e comentários mordazes de uma distância segura. O problema é que, quando deixamos de nos importar com o que os outros pensam e paramos de ficar magoados com sua crueldade, perdemos a capacidade de estabelecer vínculos. Por outro lado, quando nos deixamos definir pelo que as pessoas pensam, perdemos a coragem de ser vulneráveis. Por isso precisamos ser seletivos com as opiniões que deixamos entrar em nossa vida. Se você não está na arena levando umas bordoadas, a sua opinião não me interessa.

Não enxergo essas ideias como regras imutáveis, mas, com certeza, elas se tornaram meus princípios norteadores. Acredito também que existem alguns preceitos básicos a respeito de ter coragem, correr o risco de se mostrar vulnerável e superar as adversidades. Considero-os leis fundamentais da física afetiva: verdades simples mas poderosas que nos ajudam a entender por que a coragem é transformadora e rara. Eis as regras para dar a volta por cima:

**1. Se formos corajosos o bastante e com a frequência necessária, iremos cair; essa é a física da vulnerabilidade.** Quando nos comprometemos a nos expor e correr o risco de cair, na verdade nos comprometemos com a queda. Ousar não é dizer: "Estou disposto a correr o risco de fracassar." É dizer: "Sei que vou acabar fracassando, mas continuo inteiramente comprometido." A sorte prefere os ousados – e o fracasso também.

**2. Depois de cair a serviço da coragem, não podemos mais voltar atrás.** Somos capazes de superar falhas, erros e quedas, mas nunca de voltar ao ponto em que estávamos antes de agir com coragem ou de sofrer uma queda. A coragem transforma a estrutura emocional do nosso ser. Não raro, essa mudança traz um profundo sentimento de perda. Durante o processo de recuperação, às vezes nos flagramos com saudade de um lugar que não existe mais. Queremos voltar àquele momento antes de entrarmos na arena, mas não há para onde voltar. O que torna tudo isso ainda mais difícil é que agora temos um novo nível de consciência sobre o que significa ser corajoso. Não podemos mais fingir. Agora já sabemos quando nos mostramos ou nos escondemos, quando vivemos de acordo com os nossos valores ou não. Nossa nova consciência também pode ser revigorante – reacendendo nosso senso de propósito e nos lembrando de nosso compromisso com a vida plena. Vivenciar a tensão entre querer retornar a um momento anterior e ser impelido adiante para assumir uma coragem ainda maior é uma parte necessária da volta por cima.

**3. Essa jornada pertence apenas a você, mas ninguém é capaz de trilhá-la com sucesso sozinho.** Desde o início dos tempos, as pessoas têm encontrado meios de se reerguer depois de uma queda, mas não há um caminho bem sinalizado para guiá-lo a esse objetivo. Cada um precisa criar o próprio caminho, explorando algumas experiências compartilhadas por todos e, ao mesmo tempo, transitando numa solitude que nos traz a sensação de sermos os primeiros a pisar numa região inexplorada. E, para complicar um pouco mais, em vez da sensação de segurança encontrada nas trilhas conhecidas ou num parceiro constante, temos que aprender a depender de outros viajantes, por breves momentos, para encontrar refúgio, apoio e a disposição ocasional de caminhar lado a lado. Para aqueles que têm medo de ficar sozinhos, lidar com a solidão inerente a esse processo é um grande desafio, enquanto para aqueles que preferem se isolar do mundo e se curar sozinhos, a exigência de estabelecer vínculos – de pedir e receber ajuda – é que se torna o desafio.

**4. Fomos programados para contar histórias.** Numa cultura de escassez e perfeccionismo, há uma razão muito simples para querermos criar, integrar e compartilhar nossas histórias de luta. Fazemos isso porque o momento em que nos sentimos mais vivos é quando criamos vínculos com outras pessoas e temos a coragem de contar nossas histórias; isso faz parte da nossa biologia. A contação de histórias está em todo lugar. É uma plataforma para tudo, desde os movimentos criativos até as estratégias de marketing. Mas a ideia de termos sido "programados para contar histórias" é mais do que uma frase de efeito. O neuroeconomista Paul Zak descobriu que ouvir uma história – uma narrativa com começo, meio e fim – faz nosso cérebro liberar cortisol e oxitocina. Essas substâncias desencadeiam as habilidades singularmente humanas de estabelecer vínculos, sentir empatia e dar sentido às coisas. Contar histórias é algo que está literalmente no nosso DNA.

**5. A criatividade incorpora o conhecimento para poder se transformar em prática.** É através das mãos que levamos da cabeça para o coração aquilo que aprendemos. Somos criadores natos, e a criatividade é o ato supremo de integração – é a maneira de incorporar nossas experiências ao nosso ser. Ao longo da minha carreira, a pergunta que mais ouvi foi: "Como eu pego tudo isso que estou aprendendo a meu respeito e transformo a minha forma de viver?" Depois de lecionar disciplinas de serviço social durante dezoito anos, de desenvolver, implementar e avaliar duas grades curriculares nos últimos oito anos, de orientar mais de 70 mil alunos em cursos on-line e entrevistar centenas de profissionais criativos, cheguei à convicção de que a criatividade é o mecanismo que permite que o aprendizado se incorpore ao nosso ser e se transforme numa prática. A tribo dos asaros, da Indonésia e de Papua-Nova Guiné, tem um belo ditado: "O conhecimento é só um rumor até passar a viver nos músculos." O que entendemos e aprendemos sobre dar a volta por cima é apenas um rumor até que possamos vivê-lo e, através de alguma forma de criatividade, torná-lo parte de nós.

**6. O processo de dar a volta por cima é o mesmo, quer enfrentemos dificuldades pessoais ou profissionais.** Dediquei a mesma quantidade de tempo a pesquisar nossa vida pessoal e nossa vida profissional e, embora a maioria de nós goste de acreditar que podemos ter versões domésticas e profissionais do processo de dar a volta por cima, as coisas não são bem assim. Seja um rapaz lidando com um coração partido, um casal de aposentados lutando com as decepções ou um gestor tentando se recuperar após o fracasso de um projeto, a prática é a mesma. Não dispomos de um remédio estéril contra as quedas profissionais. Continuamos precisando lidar com problemas como o ressentimento, a tristeza e o perdão. Como nos lembra o neurocientista Antonio Damasio, os seres humanos não são máquinas de pensar nem máquinas de sentir, mas máquinas de sentir que pensam. O simples fato de você estar em seu escritório, na sala de aula ou em seu estúdio não significa que possa deixar a emoção de fora desse processo. Não pode. Lembra-se daquelas pessoas duronas a que me referi na introdução? Um ponto que elas têm em comum é o fato de não tentarem evitar as emoções – são máquinas de sentir que pensam, que se comprometem com as próprias emoções e com as das pessoas que elas amam, educam e lideram. Os líderes mais transformadores e resilientes com que trabalhei ao longo da minha carreira têm três coisas em comum. Em primeiro lugar, reconhecem o papel central que os relacionamentos e a história de cada um desempenham na cultura e na estratégia de seu empreendimento, e conservam a curiosidade sobre as próprias emoções, ideias e comportamentos. Em segundo lugar, compreendem e se mantêm curiosos sobre como emoções, ideias e comportamentos se interligam nas pessoas lideradas por eles e sobre como esses fatores afetam os relacionamentos e a percepção de cada um. E, em terceiro lugar, têm a capacidade e a disposição necessárias para se colocar em situações incômodas e de vulnerabilidade.

**7. O sofrimento comparativo só existe em função do medo e da escassez.** Em geral, cair, meter os pés pelas mãos e enfrentar mágoas levam a acessos de críticas ao nosso discernimento, à nossa autoconfiança e até ao nosso valor. *Eu sou suficiente* pode aos poucos se transformar em *Será que sou suficiente?*. Se há uma coisa que aprendi nos últimos dez anos é que o medo e a escassez são os responsáveis por suscitar comparações – e nem mesmo a dor e o sofrimento estão imunes a serem avaliados e classificados. *Meu marido morreu, e esta tristeza é maior do que a sua por seus filhos já terem saído de casa. Não tenho o direito de ficar decepcionado por ter sido preterido numa promoção porque meu amigo acabou de descobrir que a mulher dele está com câncer. Você está com vergonha de ter esquecido a apresentação teatral da escola do seu filho? Ora, por favor, isso é um problema do Primeiro Mundo; há pessoas morrendo de fome o tempo todo.* O oposto da escassez não é a abundância, mas simplesmente o bastante. A empatia não é finita nem a compaixão é uma pizza com apenas oito fatias. Quando você pratica a empatia e a compaixão com alguém, essas qualidades não se tornam menos disponíveis. Pelo contrário. O amor é a última coisa que precisamos racionar neste mundo. Um refugiado não vai se beneficiar mais da sua bondade se você só guardá-la para ele, deixando de ajudar um vizinho que está passando por um divórcio. Sim, a perspectiva é crucial. Mas creio que não haja problema em reclamar, desde que nos queixemos com um pouquinho de perspectiva. Sofrimento é sofrimento, e toda vez que honramos nossas dificuldades e as dos outros, reagindo com empatia e compaixão, o resultado afeta todos nós.

**8. Não se pode transformar um processo repleto de emoções, vulnerabilidade e coragem numa receita simplista aplicável a qualquer situação.** Na verdade, acho que tentar vender às pessoas uma solução fácil para a dor é o pior tipo de desonestidade. Este livro não oferece soluções, receitas ou orientações passo a passo. Ele apresenta uma teoria – fundamentada em dados reais – que explica o processo social básico vivido por homens e mulheres que estão se esforçando para dar a volta por cima depois de uma queda. É um mapa que pretende orientá-lo em relação aos padrões e temas mais significativos que surgiram em minhas pesquisas. Nas entrevistas com outras pessoas e em minhas experiências pessoais, já presenciei situações em que esse processo levou apenas vinte minutos, mas também presenciei outras em que levou vinte anos. Vi pessoas ficarem paralisadas, montarem acampamento e permanecerem no mesmo lugar por uma década. Apesar de seguir alguns padrões, esse processo não apresenta nenhuma fórmula ou abordagem rígida. É uma ação que avança e recua – um processo repetitivo e intuitivo que assume formas diferentes para cada um, em que nem sempre há uma relação direta entre o esforço e o resultado. Não se pode manipulá-lo nem aperfeiçoá-lo para que se torne rápido e fácil. Na maior parte dele, é você quem tem que encontrar seu próprio caminho. A contribuição que espero oferecer é traduzir esse processo em palavras, trazer à sua consciência alguns problemas que talvez precisemos enfrentar se quisermos dar a volta por cima, e simplesmente deixar claro que ninguém está sozinho.

**9. A coragem é contagiosa.** Dar a volta por cima é algo que modifica não apenas você, mas também as pessoas ao seu redor. Testemunhar o potencial humano para a transformação através da vulnerabilidade, da coragem e da persistência pode ser um chamado a viver com mais ousadia ou um doloroso espelho para os que permanecem estagnados depois da queda, sem serem capazes ou estarem dispostos a assumir a autoria da própria história. Sua experiência pode afetar profundamente as pessoas à sua volta, quer você tenha consciência disso ou não. O frade franciscano Richard Rohr escreveu: "Depois de qualquer experiência verdadeira de iniciação, você passa a saber que faz parte de um todo muito maior. Desse momento em diante, a vida não gira em torno de você – é você que gira em torno da vida."

**10. Reerguer-se é uma prática espiritual.** Para se colocar novamente de pé, você não precisa de religião, teologia nem doutrina. No entanto, o conceito de espiritualidade emergiu dos dados como um componente crucial da resiliência e da superação das adversidades. Com base nesses dados, formulei a seguinte definição de espiritualidade: *Espiritualidade é reconhecer* *e celebrar o fato de todos estarmos inextricavelmente ligados uns aos outros por uma força maior, e reconhecer e celebrar o fato de nossa ligação com essa força e uns com os outros se fundamentar no amor e na aceitação. Praticar a espiritualidade traz à nossa vida um senso de perspectiva, significado e propósito.* Alguns de nós chamamos essa força maior de Deus. Outros não. Algumas pessoas celebram sua espiritualidade em igrejas, sinagogas, mesquitas ou outras casas de culto, ao passo que outras encontram a divindade na solidão, através da meditação ou na natureza. Por exemplo, venho de uma longa linhagem de pessoas que acreditam que pescar é um ato sagrado, e uma de minhas amigas mais íntimas acredita que o mergulho é a mais abençoada das experiências. O que se constata é que nossas expressões de espiritualidade são tão variadas quanto nós. Quando nossas intenções e nossos atos são guiados pela espiritualidade – pela crença em nossa ligação uns com os outros –, nossas experiências cotidianas podem se transformar em práticas espirituais. Podemos transformar o ensino, a liderança e a criação dos filhos em práticas espirituais. Pedir e receber ajuda também, além de contar histórias e desenvolver a criatividade – coisas que aumentam a nossa consciência. Se por um lado essas atividades *podem ser* práticas espirituais, por outro parece que dar a volta por cima após uma queda *tem que ser*. Para se reerguer, é necessário acreditar nos vínculos entre as pessoas e lutar com perspectiva, sentido e propósito.

O MEIO DO CAMINHO é **CONFUSO,** MAS É TAMBÉM ONDE A *mágica* ACONTECE.

## *Dois*
# A CIVILIZAÇÃO TERMINA NA LINHA D'ÁGUA

Uma vez, fiz um mapa do meu coração e, bem no centro, desenhei o lago Travis. Aninhado na deslumbrante região serrana do Texas, limitando Austin a oeste, o lago é um reservatório de cerca de 100 quilômetros de extensão no rio Colorado. É um lugar de margens rochosas, penhascos estonteantes e árvores grandiosas, tudo ao redor da água gelada cor de turquesa.

Passei todos os verões da minha infância no lago Travis. Foi lá que aprendi a pescar percas e percas-negras, a usar a linha de arrasto para pescar bagres, a entalhar madeira, construir casas nas árvores e pôr a mesa corretamente. Minha tia-avó Lorenia e seu marido, o tio Joe, tinham uma casa em Volente. Na época, a área em torno do lago pertencia à zona rural, terra de gente do interior que tinha caminhões e varas de pescar e não se considerava residente de Austin – apenas morava "no lago". Hoje, a mesma região é um subúrbio residencial de Austin e está repleta de mansões e condomínios fechados.

A tia Bea morava na casa vizinha à da tia Lorenia e na casa ao lado morava um casal idoso, que chamávamos de Vô e Vó Baldwin, com a filha e o genro, Edna Earl e Walter. Edna Earl e a tia Lorenia foram melhores amigas até a morte. Eu passava horas correndo descalça de uma casa para outra, deixando as portas de tela baterem às minhas costas. Jogava cartas com a tia Bea e voltava correndo à casa da tia Lorenia para fazer uma torta. Colhia pedrinhas e pegava vaga-lumes com Vó e Vô Baldwin. Edna Earl adorava escutar minhas piadas.

Tia Lorenia era a vendedora local da Avon. Ajudá-la a embalar os produtos e visitar os clientes era o ponto alto do verão. Desde que cheguei à quarta série, subíamos na picape, ela ao volante, eu no banco do carona com minha espingarda de ar comprimido Red Ryder, e as bolsas de cosméticos, perfumes e cremes empilhadas entre nós. Eu era encarregada das amostras de batom – uma caixa de vinil reluzente, cheia do que pareciam ser centenas de tubinhos brancos de batons de todas as cores imagináveis.

Percorríamos longas estradas de cascalho e estacionávamos junto ao portão de metal de alguma cliente. Tia Lorenia saltava primeiro, para abrir o portão e verificar se havia animais selvagens e cascavéis. Feita a vistoria, ela gritava: "Traga os batons. Deixe o rifle." Ou então: "Traga os batons. Pegue o rifle." Eu descia da caminhonete, com os batons e às vezes o rifle na mão, e andávamos até a casa.

Depois de longas manhãs entregando produtos da Avon, fazíamos e embrulhávamos sanduíches, depois pegávamos um punhado de minhocas no minhocário feito pelo tio Joe numa geladeira da Coca-Cola da década de 1930, devidamente adaptada. Munidas do almoço e das iscas, íamos pescar no cais e flutuar em câmaras de pneu no lago. Nunca, em lugar algum, fui mais feliz do que enquanto boiava no lago Travis. Ainda hoje sou capaz de fechar os olhos e me lembrar de como era vagar a esmo na minha boia, sentindo o sol quente na pele e observando as libélulas que saltitavam sobre a água enquanto eu chutava as percas que vinham mordiscar meus pés.

## O BILHETE PREMIADO

O lago Travis era mágico para mim – aquele tipo de magia que a gente tem vontade de compartilhar com os filhos. Assim, quando Steve e eu planejamos nossas férias do verão de 2012, resolvemos alugar uma casa situada a cerca de meia hora da propriedade de tia Lorenia e tio Joe. Ficamos entusiasmados, porque era a primeira vez que reservávamos um período tão longo para as férias – ficaríamos fora por duas semanas inteiras. Uma semana de férias sem seguir regras não era um problema, porém nossa família funciona melhor quando estabelecemos alguns limites. Decidimos então que, nessas férias, iríamos monitorar o uso de eletrônicos das crianças, manter horários de dormir razoáveis, preparar refeições relativamente saudáveis e fazer exercícios com a maior frequência possível. Nossos irmãos e pais iriam passar algum tempo conosco durante o período de férias, de modo que avisamos todos sobre nossos planos de "férias saudáveis". Seguiram-se enxurradas de e-mails detalhando os planos de refeições e as listas de mantimentos.

A casa alugada ficava escondida à margem de uma enseada de águas profundas no lago e tinha uma escadaria comprida que levava a um cais antigo, com telhado de zinco. Steve e eu nos comprometemos a atravessar a enseada a nado todos os dias das férias. Eram quase 500 metros de ida e outros tantos de volta. Na véspera da partida, saí para comprar um novo maiô e novos óculos de natação. Fazia muito tempo que Steve e eu não nadávamos juntos. Vinte e cinco anos, para ser exata. Nós nos conhecemos quando ambos éramos salva-vidas e treinadores de natação. Embora eu ainda nadasse toda semana, era mais um esforço de "tonificação dos músculos" para mim. Steve, por outro lado, participou de competições de natação no ensino médio, jogou polo aquático na faculdade e ainda era um excelente nadador. Eu avaliava a diferença entre nossas capacidades atuais assim: ele ainda fazia viradas olímpicas; eu dava um toquinho na borda.

Numa manhã, bem cedo, antes de todo mundo acordar, Steve e eu descemos ao cais. Minhas irmãs estavam de visita, por isso nos sentimos à vontade para deixar as crianças em casa. Mergulhamos e começamos nossa travessia da enseada. Mais ou menos a meio caminho, ambos paramos para ver se não vinham barcos. Enquanto boiávamos, observando o tráfego de embarcações no lago, nossos olhares se encontraram. Eu estava profundamente grata pela beleza ao meu redor e pela dádiva de nadar no meu lago mágico com o homem que eu havia conhecido na água havia 25 anos. Sentindo a intensa vulnerabilidade que sempre acompanha meus momentos de alegria profunda, deixei meus sentimentos aflorarem livres e, com ternura, disse a Steve:

– Estou tão feliz por termos decidido fazer isto juntos. É lindo aqui.

Steve é tão melhor que eu em matéria de expor os sentimentos que me preparei para uma resposta igualmente efusiva. Em vez disso, ele deu um rápido meio sorriso evasivo e retrucou:

– É, a água está boa.

E recomeçou a nadar.

Apenas uns cinco metros de distância nos separavam. *Será que ele não me ouviu?*, pensei. *Vai ver não entendeu direito o que eu disse. Talvez a minha emotividade inesperada o tenha apanhado desprevenido e ele se encheu de amor de tal maneira que ficou sem fala.* Qualquer que fosse o caso, foi estranho e não gostei. Minha reação emocional foi de embaraço, e a vergonha foi crescendo.

Cheguei à margem rochosa do outro lado minutos depois de Steve, que fizera uma pausa para recuperar o fôlego mas já se preparava para nadar de volta. Estávamos a pouco mais de um metro um do outro. Respirei fundo e ponderei a hipótese de investir *de novo*. Uma investida poética para estabelecer contato já estava fora de minha zona de conforto, mas a ideia de uma segunda tentativa de aproximação me parecia assustadora e possivelmente idiota. Eu sabia, no entanto, que isso era o que Steve faria. Ele tentaria vinte vezes – mas, afinal, ele é mais corajoso que eu.

De pé, ali na lama do lago, eu não conseguia conciliar o medo que estava sentindo com o fato de ter acabado de escrever um livro sobre a vulnerabilidade e a ousadia. Então disse a mim mesma: *Fale com o coração.* Abri um sorriso, na esperança de abrandá-lo, e dobrei a aposta na minha tentativa de criar uma conexão entre nós:

– Isto é tão fantástico. Adoro o fato de estarmos nadando juntos. Estou me sentindo muito próxima a você.

Steve pareceu olhar através de mim, não para mim, quando retrucou:

– É. Boa nadada.

E partiu de novo.

*Mas que droga!*, pensei. *O que está havendo? Não sei se é para eu ficar humilhada ou agressiva.* Tive vontade de chorar e gritar. Em vez disso, impelida pela ansiedade, respirei fundo e recomecei a nadar o caminho de volta pela enseada.

Cheguei ao cais algumas braçadas à frente de Steve. Estava física e emocionalmente exausta. Sentia até uma leve tontura. Assim que ele chegou, foi direto para a escada meio bamba de metal e começou a içar o corpo para sair da água.

– Você pode voltar para a água? – pedi. Foi tudo que consegui dizer. Steve parou de subir e virou a cabeça para mim, ainda com as duas mãos na escada. – Volte para a água, por favor – insisti. Ele desceu.

– O que houve? – perguntou ele quando ficamos frente a frente, boiando junto ao cais.

*O que houve?*, pensei. *Ele quer saber* o que houve? *Não faço a menor ideia do que houve.* Eu só sabia que, na travessia de volta, eu já tinha construído o roteiro do resto da manhã e, se não houvesse nenhuma intervenção, estaríamos a caminho de um dia terrível. Já tivéramos essa mesma briga mil vezes.

Subiríamos no cais, nos enxugaríamos e iríamos para casa. Jogaríamos as toalhas na grade da varanda, entraríamos na cozinha e Steve perguntaria: "O que temos para o café, meu bem?"

Eu o olharia e dispararia uma resposta sarcástica: "Não sei, meu *beeeem*. Deixe-me perguntar à fada do café da manhã." Então levantaria os olhos para o teto e colocaria as mãos nas cadeiras antes de dizer: "Ó fada do café da manhã, o que temos para o café?" E, depois de uma pausa dramática e longa o suficiente, eu me sairia com uma tirada batida, mas eficaz: "Puxa, Steve, eu tinha esquecido como funcionam as férias. Esqueci que estou encarregada do café. E do almoço. E do jantar. E de lavar roupa. E de fazer as malas. E dos óculos de natação. E do filtro solar. E do repelente de insetos. E das compras. E..." Em algum ponto dessa ladainha, Steve faria uma cara feia e introduziria a pergunta, sinceramente confuso: "Aconteceu alguma coisa? Perdi alguma coisa?" E então se desdobrariam de quatro a 24 horas de manobras de guerra fria.

Podíamos ter essa briga de olhos fechados. Mas estávamos no lago Travis e essas eram nossas férias especiais. Eu queria algo diferente. Olhei para ele e, em vez de começar a culpá-lo, tentei uma nova abordagem:

– Eu estava tentando me aproximar, e você me ignorou. Não estou entendendo.

Ele só fez me olhar. A água tinha uns nove metros de profundidade junto ao cais, e durante esse tempo todo ficávamos mexendo os pés para boiar.

Por isso eu tinha que pensar depressa. Tudo aquilo era novidade para mim. No decorrer do que pareceu uma hora, mas provavelmente não levou mais que trinta segundos, fui de um lado para outro na minha cabeça. *Seja gentil*. Não, parta pra cima dele! *Seja gentil*. Não, proteja-se, acabe com ele.

Optando por gentileza e confiança, usei uma técnica que havia aprendido na minha pesquisa, uma frase que havia emergido repetidas vezes, em numerosas variações. E disse:

– Pareceu que você me ignorou, *e a história que estou criando na minha cabeça* é que ou você me olhou enquanto eu nadava e pensou: *Cara, ela está ficando velha. Já não consegue nadar como antes*, ou você me viu e pensou: *É, ela já não arrasa num maiô como fazia há 25 anos*.

Steve pareceu ficar agitado. Não é homem de perder a cabeça quando fica frustrado: ele respira fundo, franze os lábios e meneia a cabeça. É provável que isso lhe seja útil em seu trabalho como pediatra, mas conheço seus sinais reveladores – ele estava agitado. Deu-me as costas, depois tornou a se virar para mim e disse:

– Merda. Você está sendo vulnerável, não é?

– Estou, sim. Mas estou à beira de um ataque de fúria. De modo que o que você disser terá importância. Muita.

A frase "*a história que estou criando na minha cabeça*" foi um instrumento importante para minha pesquisa, mas essa foi a primeira vez que a usei, e me senti perdendo o chão – literal e emocionalmente.

Steve tornou a me dar as costas e a se virar para mim. Depois do que pareceu outra eternidade, finalmente disse:

– Não quero fazer isto com você. Não mesmo.

Minha reação imediata foi de pânico. *O que está acontecendo? O que significa* não quero fazer isto com você? *Ai, caramba, será que significa que ele não quer nadar comigo? Ou falar comigo?* Então me passou pela cabeça, num relâmpago, que talvez o *isto* significasse estar casado comigo. O tempo começou a se arrastar e eu entrei em pânico em câmera lenta, quadro a quadro, sendo arrancada de volta para a realidade quando ele disse:

– Não. Não quero mesmo ter esta conversa com você agora.

Eu não tinha recursos nem paciência:

– Que pena. Pois estamos tendo esta conversa. Neste instante. Viu? Eu estou falando. E aí você fala. Vamos ter esta conversa.

Após alguns segundos de um silêncio desconfortável e de me virar as costas na água, Steve finalmente me encarou e disse:

– Olhe, eu não me importo de ficar com as crianças. Não me incomodo mesmo.

*O quê?* Fiquei totalmente confusa.

– O que você quer dizer? Do que está falando?

Steve explicou que não se importava de levar as crianças nos botes infláveis para atravessar a enseada. Na verdade, gostava de puxá-las na travessia, para elas poderem encontrar "tesouros secretos", e de me dar algum tempo para eu ficar com minhas irmãs.

Completamente atordoada àquela altura, elevei a voz e disse:

– Do que você está falando? O que está dizendo?

Steve respirou fundo e, num tom de agitação e resignação na mesma medida, respondeu:

– Não sei o que você estava me dizendo hoje. Não faço ideia. Eu estava lutando para não ter um ataque de pânico durante a travessia inteira. Só estava tentando manter a concentração, contando minhas braçadas.

Fez-se silêncio.

Ele continuou:

– Na noite passada sonhei que estava com as cinco crianças no bote, já na metade da travessia da enseada, quando uma lancha veio em disparada na nossa direção. Agitei as mãos no ar, mas nem reduziram a velocidade. Por fim, agarrei as cinco crianças e mergulhei o mais fundo que pude. Poxa, Brené, a Ellen e a Lorna sabem nadar, mas a Gabi, a Amaya e o Charlie são muito pequenos, e a profundidade é de quase 20 metros. Agarrei os cinco no bote e os puxei para baixo o máximo que pude. Segurei-os lá embaixo e esperei o barco passar por cima de nós. Eu sabia que, se viéssemos à tona, seríamos mortos. Então esperei. Mas, num dado momento, olhei para o Charlie e vi que ele estava sem fôlego. Eu sabia que se afogaria se ficássemos mais um minuto lá embaixo. Não sei o que você estava dizendo. Eu só estava contando as braçadas e tentando voltar logo para o cais.

Meu coração se condoeu e meus olhos lacrimejaram. Fazia sentido. Havíamos chegado à casa num dia de semana, quando o lago costuma ser bem tranquilo. Mas era sexta-feira, o tráfego de embarcações dobraria no fim de semana e era líquido e certo que haveria bêbados pilotando. Quando a gente cresce perto de "gente da água", ouve uma porção de histórias sobre acidentes de barco e de jet-ski causados pela bebida e, não raro, conhecemos pessoas que foram profundamente afetadas por esses acontecimentos.

– Fico muito feliz por você ter me contado, Steve.

Ele revirou os olhos e exclamou:

– Mentira.

*Ah, meu Deus, faça esta conversa acabar. E agora?* Eu não conseguia acreditar.

– O que você está dizendo? É claro que fiquei feliz por você me contar.

Steve balançou a cabeça e retrucou:

– Olhe, não me venha citar as suas pesquisas. Por favor. Não me diga o que você acha que deve dizer. Eu sei o que você quer. Você quer o cara durão, capaz de salvar as crianças no trajeto de uma lancha, jogando-as na margem e nadando tão depressa que estará lá para segurá-las antes de elas caírem no chão. O cara que depois olha para você, do outro lado da enseada, e grita: "Não se preocupe, meu bem! Deixe comigo!"

Ele estava magoado. Eu estava magoada. Estávamos ambos cansados e no limite absoluto da nossa vulnerabilidade. Tínhamos a obrigação de dizer a verdade um ao outro. Eu não citaria minha pesquisa para ele, mas já a fazia por tempo suficiente para saber que, por mais que gostássemos de culpar um pai distante ou cruel, colegas tirânicos e treinadores despóticos pela enorme parcela de vergonha que os homens sentem, são as mulheres que sabem ser mais assustadoras em matéria de derrubá-los do cavalo branco do príncipe encantado e que mais tendem a criticar a vulnerabilidade masculina.

É comum eu dizer: "Mostre-me uma mulher capaz de dar espaço a um homem que esteja numa situação real de medo e vulnerabilidade, e eu lhe mostrarei uma mulher que aprendeu a abraçar a própria vulnerabilidade e cujos poder e status não dependem desse homem. Mostre-me um homem capaz de se sentar ao lado de uma mulher que esteja numa situação real de medo e vulnerabilidade e apenas ouvi-la falar sobre suas dificuldades, sem tentar consertar o problema nem dar conselhos, e eu lhe mostrarei um homem que está à vontade com a própria vulnerabilidade e cujo poder não depende de ser onisciente e onipotente."

Aproximei-me e segurei a mão de Steve:

– Sabe de uma coisa? Dez anos atrás, essa história me deixaria assustada. Não sei direito se eu seria capaz de lidar com ela. Talvez eu dissesse as coisas certas, mas, uns dias depois, se algum acontecimento servisse de gatilho, eu poderia trazê-la à baila de uma forma cretina, perguntando algo como: "Tem certeza que você quer levar as crianças para passear de bote?" Eu meteria os pés pelas mãos. Magoaria você e trairia sua confiança. Tenho certeza que já fiz isso no passado, e sinto muito, de verdade. Cinco anos atrás, eu teria sido melhor. Compreenderia e agiria com respeito, mas é provável que continuasse com medo. Mas hoje? Hoje eu me sinto muito grata por ter você ao meu lado e pelo nosso relacionamento, e não quero nada nem ninguém senão você. Estou aprendendo a sentir medo. Você é o melhor homem que eu conheço. Além disso, somos tudo que nós temos. Somos o bilhete premiado.

Steve sorriu. Eu estava falando em código, mas ele sabia o que eu queria dizer. "O bilhete premiado" está em um trecho de uma das nossas músicas favoritas – "In Spite of Ourselves", de John Prine e Iris DeMent.

Subimos no cais, nos enxugamos e começamos a subir a escada. Steve acertou meu traseiro com a toalha molhada e sorriu.

– Para sua informação, você ainda fica linda de maiô.

Aquela manhã representou uma virada em nosso relacionamento. Lá estávamos nós, completamente engolidos por nossas histórias de vergonha. Eu pensando na minha aparência, na minha imagem corporal – o gatilho de vergonha mais comum nas mulheres. Steve com medo de que eu o achasse fraco – o gatilho de vergonha mais comum nos homens. Nós dois tivemos receio de abraçar nossa própria vulnerabilidade, mesmo sabendo muito bem que essa era a única maneira de sair da tempestade de vergonha e voltar um para o outro. De algum modo, conseguimos encontrar coragem para confiar em nós mesmos e um no outro, evitando as ferroadas de palavras que nunca poderíamos desdizer e a repressão afetiva de uma guerra fria. Aquela manhã revolucionou nossa maneira de pensar sobre nosso casamento. Não foi uma evolução sutil: foi algo que alterou para sempre o nosso relacionamento. E foi melhor assim.

Para mim, essa se tornou uma história de enormes possibilidades do que *poderia acontecer* se a melhor versão de nós se manifestasse ao sentirmos raiva, frustração ou mágoa. Nossas brigas não costumavam correr tão bem – foi uma transformação. Na verdade, a história foi tão poderosa que perguntei o que Steve achava de eu passar a usá-la como exemplo do poder da vulnerabilidade em minhas apresentações em público. Ele concordou de imediato, dizendo que era mesmo uma história incrível.

Conseguimos ressuscitar algumas de nossas habilidades aprendidas no lago em discussões posteriores, mas, por alguma razão desconhecida, as brigas subsequentes nunca foram tão produtivas quanto a daquele dia. Eu me convenci de que a magia do lago Travis e a grandiosidade da própria natureza tinham nos tornado mais delicados e amorosos um com o outro. Tempos depois, descobri que havia muito mais nessa história.

## NÃO SE PODE PULAR O SEGUNDO DIA

Dois anos depois, lá estava eu num palco contando a história do lago Travis a uma plateia abarrotada, com muitas pessoas em pé, nos Estúdios de Animação da Pixar.

Primeiro, como acontece com frequência na minha vida, a sincronicidade desempenhou seu papel no modo como fui parar na Pixar. Eu estava num aeroporto qualquer dos Estados Unidos, à espera de um voo atrasado, quando fui a uma livraria procurar alguma coisa para ler. Tive a surpresa de ver Eric Clapton na capa da *Fast Company*, uma de minhas revistas favoritas, por isso a comprei e a enfiei na bolsa.

Quando finalmente decolamos, peguei a revista e, olhando mais de perto, vi que não se tratava de Eric Clapton. Era uma foto em estilo rock'n'roll de Ed Catmull, e a reportagem referia-se a seu novo livro. Ed é o presidente dos Pixar Animation & Walt Disney Animation Studios, e não é exagero dizer que seu livro sobre liderança, *Criatividade S. A.*, viria a me influenciar muito. Suas lições – sobre como bons líderes devem identificar fatores que matam a confiança e a criatividade a fim de estimular uma cultura que permita que bons profissionais façam o melhor que sabem – modificaram meu modo de pensar sobre meu papel na minha organização e na minha família. Depois que distribuí exemplares por todos os membros da minha equipe, as ideias e os conceitos de Ed logo se tornaram parte do nosso jargão no trabalho.

Fiquei tão impressionada com o trabalho dele que procurei meu editor na Random House (que também publica os livros de Catmull) para lhe pedir que nos apresentasse. Eu tinha a esperança de entrevistá-lo para este livro. Acontece que Ed e um grupo de pessoas da Pixar haviam assistido a minhas conferências no TED e me perguntaram se eu gostaria de ir à empresa passar um dia com eles. Minha primeira ideia foi: *Será que é demais eu aparecer lá vestida como a Jessie de* Toy Story? Ora, é claro que eu iria visitá-los.

Certo, muita gente atribuiria o nosso interesse recíproco em estabelecer contato a uma coincidência aleatória. Eu o classifico como uma "coisa de Deus". Ou, como diz Paulo Coelho no livro *O alquimista*, quando você quer alguma coisa, o Universo conspira a seu favor.

Depois de dar uma palestra, fui almoçar com Ed e alguns líderes da Pixar – quase todos produtores, diretores, animadores e escritores. A conversa se concentrou na insegurança, na vulnerabilidade e no desconforto inevitáveis do processo criativo. Enquanto eles explicavam como era frustrante o fato de absolutamente nenhum grau de experiência ou sucesso dar a alguém um salvo-conduto para escapar da dúvida assustadora que é uma parte inexorável do processo de criação, pensei em minhas próprias experiências com The Daring Way.

The Daring Way é um programa de certificação para profissionais de áreas de assistência que queiram ser facilitadores do meu trabalho. Em nossos seminários nacionais de treinamento, usamos um modelo intensivo de três dias como a principal ferramenta didática. Os membros docentes examinam a grade curricular com pequenos grupos de dez a doze pessoas, permitindo que os novos candidatos vivenciem o trabalho como participantes e aprendam sobre as pesquisas que estão por trás do conteúdo. Por mais que o tenhamos repetido e independentemente do número de pessoas que já credenciamos, o segundo dia do modelo de três dias continua a ser um horror. Na verdade, os facilitadores credenciados que passam a usá-lo com os clientes sempre nos dizem: "Eu achava que conseguiria fazer melhor e tornar o segundo dia mais fácil, mas não consigo. Ele continua sendo muito difícil."

De repente, quando eu estava na Pixar, enxerguei uma luz. Olhei para Ed e disse:

– Ah, meu Deus, já entendi tudo. Vocês não podem pular o segundo dia.

Ed percebeu de imediato que eu havia compreendido. Sorriu como quem dissesse: "Isso mesmo. Não dá para pular a parte do meio."

*O segundo dia*, ou seja o que for esse espaço intermediário para o seu processo, é quando você fica "no escuro" – a porta já se fechou às suas costas. Você está longe demais para dar meia-volta, mas ainda não se aproximou o bastante do final para enxergar a luz. No meu trabalho com militares veteranos e da ativa, conversamos sobre esse obscuro lugar intermediário. Todos eles o conhecem como o "ponto sem retorno" – uma expressão da aviação, cunhada pelos pilotos para designar o ponto de um voo em que o combustível que lhes resta já não permite o regresso ao aeroporto de origem. Ele é estranhamente universal e remonta à famosa expressão de Júlio César, "*Alea iacta est*" – "A sorte está lançada" –, proferida em 49 a.C., depois de o imperador e seus soldados fazerem a travessia do Rubicão, que deu início a uma guerra. Quer se trate de uma antiga estratégia de batalha, quer do processo criador, há um ponto em que não há como retornar.

Nos grupos da Daring Way, o dia dois significa que entramos na parte do conteúdo referente à vergonha e ao mérito pessoal, e as pessoas ainda não se familiarizaram. O brilho de uma nova empreitada e a centelha da possibilidade são ofuscados, deixando em seu rastro uma densa nuvem de incerteza. As pessoas estão cansadas. Em nossos grupos – e nos outros grupos em geral –, chega-se também à parte difícil do que Bruce Tuckman, um pesquisador da dinâmica de grupos, descreve como ciclo de "formação – tormenta – norma – desempenho". Quando um grupo ou equipe se reúne pela primeira vez (*formação*), é comum a coisa ficar um pouco vacilante por algum tempo, enquanto os membros decifram a dinâmica (*tormenta*). Em algum ponto, o grupo encontra seu caminho (*norma*) e começa a avançar (*desempenho*). A *tormenta* é o que ocupa o espaço intermediário. Não apenas uma fase obscura e vulnerável, a tormenta costuma ser também turbulenta. As pessoas descobrem toda a sorte de meios criativos de resistir à escuridão, inclusive descontar umas nas outras.

O que acho mais chato a respeito do dia dois é exatamente o que Ed e a equipe da Pixar apontaram – é uma parte inegociável do processo. A experiência e o sucesso não oferecem a ninguém uma passagem tranquila pelo espaço intermediário. Proporcionam apenas um pouco de boa vontade, uma boa vontade que sussurra: "Isto faz parte do processo. Aguente firme." A experiência não cria nem ao menos um lampejo de luz na escuridão do segundo dia. Apenas instila no sujeito um pouquinho de confiança em sua capacidade de se deslocar no escuro. O meio do caminho é confuso, mas é também onde a mágica acontece.

Quando íamos encerrando nossa conversa durante o almoço na Pixar, um dos escritores na sala fez uma observação perspicaz sobre toda a discussão:

– O dia dois é como o segundo ato das nossas histórias. É sempre o mais difícil para a equipe. É sempre nele que enfrentamos dificuldades com os personagens e com nossa curva narrativa.

Todos os presentes reagiram com um enfático aceno da cabeça ou com um sonoro "Sim!".

Depois que retornei a Houston, Ed me mandou um e-mail dizendo que nossa conversa sobre o segundo dia tinha causado um grande impacto na sala. Na ocasião, eu não fazia ideia de como esse impacto e a minha visita à Pixar um dia viriam a afetar minha vida pessoal e profissional.

No Cantinho das Histórias, na Pixar, havia três frases penduradas na parede:

>    A história é o panorama geral.
>    A história é processo.
>    A história é pesquisa.

No alto ficava a imagem de uma coroa, simbolizando o axioma "A história é a rainha". Ao voltar para casa, usei adesivos de recados para recriar aquela parede no meu estúdio, só para me lembrar da importância das histórias na nossa vida. Aquilo também se revelou o prenúncio de algo importante para mim. Eu sabia que a ida à Pixar tinha significado mais do que passar um dia excelente com gente talentosa – havia algo além. Naquele momento, eu só não sabia como seria forte o poder de reverberação daquele impacto.

Antes da visita à Pixar, eu nunca havia pensado muito sobre a ciência da contação de histórias. E, com certeza, nunca utilizara conscientemente nenhuma técnica quando contava histórias em minhas palestras.

Aprecio a arte de contar histórias e sei que não é algo fácil, mas devo ter aprendido alguma coisa com a longa linha de contadores do lugar de onde vim. Acho que minha criação – combinada com anos de estudos da ciência e da arte de ensinar – fez com que eu me tornasse uma contadora de histórias ocasional. E, embora eu talvez fosse capaz de conduzir o fio de um enredo, sabia que precisava aprender mais sobre essa arte por uma razão: a contação de histórias vinha despontando como uma variável fundamental no meu estudo mais recente. Assim, fiz o que faço melhor – pesquisei.

Enviei um e-mail a Darla Anderson, uma produtora da Pixar que eu havia conhecido e que estava por trás de alguns dos meus filmes favoritos, entre eles *Toy Story 3*, *Monstros S. A.*, *Vida de inseto* e *Carros*. Perguntei se ela poderia me ajudar a entender como o pessoal da Pixar pensava na estrutura tradicional em três atos das narrativas. Embora eu viesse acumulando um número crescente de livros e arquivos sobre tudo, desde a neurociência da contação de histórias até a redação de roteiros de cinema, queria que alguém que vivenciasse esse trabalho – alguém que o tivesse nas veias – me explicasse o processo. É daí que vêm meus dados mais ricos: da experiência vivida pelas pessoas.

Darla foi fantástica. Num par de e-mails, ela me ajudou a compreender a construção dos três atos:

Ato 1: O protagonista recebe o chamado à aventura e o aceita. As regras do mundo são estabelecidas e o final do Ato 1 é o "incidente incitador".

Ato 2: O protagonista procura todas as maneiras confortáveis de solucionar o problema. No clímax, aprende o que será realmente preciso para resolvê-lo. Esse ato inclui "o fundo do poço".

Ato 3: O protagonista precisa provar que aprendeu a lição, em geral parecendo disposto a demonstrá-lo a qualquer preço. Este ato é sobre redenção – um personagem esclarecido, que sabe o que fazer para solucionar um conflito.

A primeira coisa em que pensei foi: *Caramba, isso é a jornada do herói de Joseph Campbell!* Joseph Campbell foi um pensador, professor e escritor norte-americano conhecido por seu trabalho sobre mitologia comparada e religião. Ele descobriu que inúmeros mitos de diferentes épocas e culturas compartilham estruturas e etapas fundamentais, que ele chamou de jornada do herói, ou monomito. Li o livro em que ele apresenta essa ideia, *O herói de mil faces*, aos 20 e poucos anos e, de novo, aos 30 e poucos. Durante minha infância e minha adolescência, as prateleiras de livros da minha mãe tinham pilhas enormes de livros de Joseph Campbell e Carl Jung. Essa nova descoberta me fez perceber que, além da contação de histórias em volta da fogueira por parte de pai, eu tinha sido exposta a mais coisas do que percebia no tocante a esse assunto.

Mandei um e-mail para Darla perguntando se minha comparação com Campbell tinha acertado o alvo, e ela respondeu: "Sim! Nós citamos Joseph Campbell e a jornada do herói no começo de todos os filmes!" A coisa toda começou a fazer sentido e, quando dei por mim, estava tendo a oportunidade de aplicar à minha própria história tudo o que estava aprendendo.

Uma tarde, após uma conversa muito difícil com Steve sobre nossas abordagens aparentemente diferentes na hora de lidar com o dever de casa das crianças – uma discussão que *não* terminou com uma toalhada no bumbum e um elogio, mas com minha recomendação de que devíamos "parar de discutir antes que disséssemos algo de que pudéssemos nos arrepender" –, sentei-me sozinha no escritório, olhando fixo para minha versão das frases na parede da Pixar. *Talvez só devêssemos brigar quando estivéssemos no lago... Será que eu me apego à história do lago Travis por ela ser fora do comum?* Nenhuma das brigas que tivéramos desde então havia terminado tão bem. Comecei a repassar a história na minha cabeça e dei uma olhada no resumo dos três atos que eu havia afixado no mural.

Cada vez mais frustrada com nossa incapacidade de falar o que estamos pensando e elaborar as coisas como tínhamos feito em Austin, resolvi mapear a história do lago em seus três atos. Talvez aprendesse algo novo. O que consegui foi:

Ato 1: Chamado para a aventura de atravessar o lago nadando. Incidente incitador: Steve me ignorou quando eu estava vulnerável e tentava me conectar com ele.
Ato 2: Na verdade, nada. Só uma volta angustiada e horrorosa.
Ato 3: Acolhemos o incômodo e a vulnerabilidade e resolvemos o problema.

E então o choque percorreu meu corpo, literalmente do alto da cabeça à sola dos pés. *Não se pode pular o segundo dia. Não se pode pular o segundo dia. Não se pode pular o segundo dia. Onde está o meio do caminho confuso? Onde está o segundo ato?*

Eu havia contado essa história inúmeras vezes e nunca dera corpo ao segundo ato, muito menos o contara. *E aquele caminho terrível de volta ao cais? E se a chave para a história do lago estivesse embaixo d'água, não na superfície?* Veio-me à lembrança que tanto Carl Jung quanto Joseph Campbell tinham escrito sobre a água como símbolo do inconsciente. O simbolismo e a metáfora estão gravados em nossos genes na hora de contar histórias, mas normalmente não uso termos como *consciência* e *inconsciente*. Acredito nesses conceitos, mas essas palavras não me parecem muito acessíveis nem práticas – realmente não encontram ressonância em mim, não me dizem nada. Prefiro usar outras. Mesmo assim, ficou claro que algo além da minha consciência havia acontecido, e o que simbolizaria melhor "além da consciência" do que águas profundas?

A angústia que Steve e eu tínhamos vivenciado ao nadar naquele dia não é incomum entre nadadores e mergulhadores. Abrimos mão de muita coisa quando nos aventuramos num ambiente que não podemos controlar e no qual nossos sentidos não são confiáveis. Hunter S. Thompson escreveu: "A civilização termina na linha d'água. Mais além dela, todos entramos na cadeia alimentar, e nem sempre lá no alto." Será que eu apenas não estava ciente do que realmente havia acontecido naquele dia? Será que eu vinha contando a versão civilizada da história? Será que algo importante, mantido fora da minha consciência, estaria acontecendo até agora?

Peguei meu diário de pesquisas e comecei a anotar tudo que conseguia lembrar a respeito da volta a nado para o cais.

Primeiro, tinha sido horroroso, como se eu estivesse nadando em areia movediça. Os óculos mantinham a água fora dos meus olhos, mas no lago Travis não dá para enxergar dois palmos diante do nariz. Desde criança eu já me perguntava como aquela água turquesa podia ser tão densa.

Lembrei-me de que, num dado momento, mais ou menos na metade do trajeto de volta, eu tinha ficado realmente angustiada. Começara a pensar: *O que há embaixo de mim? Será que há corpos lá embaixo? Haverá cobras?* Num incidente devastador, Vô Baldwin, o vizinho da tia Lorenia que mencionei antes, se afogou no lago quando eu tinha 8 anos. Estava pescando sozinho no cais, caiu na água, bateu com a cabeça e morreu. Enquanto eu continuava a nadar, minha imaginação entrou numa espiral e comecei a pirar (o que, para ser franca, não exige muito no meu caso). Quando eu já estava prestes a virar de costas e começar a boiar até que alguém me resgatasse do meu próprio reservatório represado de angústia, recuperei o autocontrole.

Além de combater as pirações das águas profundas, eu estava me fazendo uma série de perguntas aleatórias sobre Steve e a situação. Estava encenando hipóteses e fazendo um teste de realidade comigo mesma enquanto avançava pela água opaca. Não conseguia enxergar nada, mas sentia tudo. Era como se a emoção gerada pelo meu cérebro houvesse acrescentado pesos de 25 quilos aos meus tornozelos. Eu mal conseguia obrigar as pernas a continuarem batendo. Normalmente, adoro a falta de peso da água. Nesse trajeto a nado, porém, eu só tinha a sensação de estar afundando.

Quanto mais escrevia no diário, mais surpresa ficava com a nitidez das lembranças daquele dia. Passei a captar os momentos numa lista numerada.

1. No princípio do trajeto de volta, eu estava contando a mim mesma uma versão da história que me permitia ser a vítima (e a heroína) – e que terminava com Steve levando o troco quando menos esperasse.

**2**. Continuei pensando com meus botões, a cada braçada: *Estou muito irritada, muito irritada*. Mas, passados alguns minutos, acabei admitindo. Fazia anos que eu tinha aprendido que, quando planejo revidar ou ensaio conversas em que sou supermalvada, ou tento fazer alguém se sentir mal, em geral não estou zangada, mas magoada, sentindo-me incomodamente vulnerável ou envergonhada. Eu estava sendo afetada por essas três coisas naquele percurso de volta. Estava magoada por Steve ter me afastado e envergonhada pela razão pela qual ele fizera isso.

**3**. Então comecei a questionar a história da retaliação. Detesto os finais em que Steve leva a pior, mas é o que faço melhor quando estou magoada. A única maneira de conseguir alterar o final seria contando uma história diferente, na qual as intenções do meu marido não fossem más. Fiz muitas perguntas enquanto nadava: *Eu poderia ser tão generosa assim? Tinha alguma participação naquilo? Podia confiar nele? Confiava em mim? Qual era a suposição mais generosa que eu podia fazer sobre a reação dele, sem deixar de reconhecer meus próprios sentimentos e necessidades?*

**4**. A pergunta mais difícil de responder naquele dia envolvia a decisão mais vulnerável que preciso tomar quando estou com medo ou com raiva: quais são as consequências de depor as armas e tirar a armadura? *E se ele estivesse me magoando de propósito? E se ele fosse mesmo uma pessoa insensível? Se eu lhe desse o benefício da dúvida e estivesse errada, ficaria duplamente envergonhada por ter sido rejeitada e por ser ingênua.* Tinha sido nesse ponto que eu começara a me preocupar com corpos na água e com *krakens* – as lulas gigantes temidas por gerações de marinheiros. Até me lembro de ter pensado, naquela manhã, na cena do segundo filme *Piratas do Caribe* em que Davy Jones grita: "Soltem o *kraken*!" Não era de admirar que eu estivesse zonza ao chegar ao cais.

**5**. Lembro-me de ter tido vontade de conversar com minhas irmãs sobre aquilo antes de estragar tudo.

Antes que eu pudesse escrever e pontuar o número seis da lista, fui sacudida por um segundo choque. Ah, meu Deus! Naquela manhã eu não estivera tentando responder a perguntas aleatórias. Aquelas indagações diziam respeito aos conceitos que emergiam da minha pesquisa contínua sobre a superação das adversidades. Eu tinha passado um ano contando essa história como exemplo da aplicação da vulnerabilidade e da resiliência no trato com a vergonha; mal sabia que o que estava por trás daquilo tudo – naquelas águas turvas – era também a história da volta por cima.

Enquanto escrevia *A coragem de ser imperfeito*, resolvi não incluir o que estava aprendendo sobre a superação da adversidade. Não só seria exagero incluir isso num livro que já apresentava conceitos importantes, como os de vulnerabilidade e escassez, como eu também ainda não o compreendia plenamente. Conhecia os elementos da resiliência à vergonha e o papel desempenhado pela vulnerabilidade na coragem, mas, no que dizia respeito ao processo em si de dar a volta por cima, apenas os elementos básicos estavam claros. Ainda tinha que organizar todo o processo e rotular as partes.

Ao reexaminar o efeito da minha pesquisa embaixo d'água naquele verão, fui apanhada desprevenida pela aplicabilidade do que eu vinha aprendendo sobre dar a volta por cima a situações menores do cotidiano – como o incidente no lago. Eu pensava estar trabalhando num processo para abordar as grandes dificuldades da vida. Como todo mundo, conheço o fracasso e já tive o coração partido – sobrevivi a fracassos profissionais e desilusões pessoais que transformam a nossa vida. Embora uma das bases da teoria fundamentada em dados consista na geração de processos sociais básicos de aplicação extremamente ampla, eu me preocupava em saber se a volta por cima poderia ser aplicada a uma vasta gama de questões – ou se eu queria que se aplicasse. Sua força poderia, de algum modo, ser diminuída se a aplicássemos a acontecimentos menores, como a briga no lago? A resposta é não. Não devemos reduzir a importância de contar com um processo para elaborar as mágoas e decepções do cotidiano. Elas têm o mesmo poder de moldar nosso modo de ser e de sentir que aquilo que consideramos grandes acontecimentos.

Ainda penso no lago Travis como um lugar mágico, mas não por ter dissolvido em suas águas os conflitos entre mim e Steve. Aquele foi um momento revolucionário em nosso relacionamento, que só pôde acontecer porque cada um de nós assumiu a própria história. Não entendemos tudo e acolhemos a vulnerabilidade. Como disse Darla em seu e-mail, o nosso Ato 2 foi tentar todas as maneiras cômodas de resolver o problema, até enfim nos rendermos a nossas verdades. Depois de ter passado os últimos dois anos investigando os menores componentes do processo da volta por cima, tentando entender como cada uma de suas partes funciona e de que modo as peças se encaixam, agora posso olhar para trás e ver exatamente por que as coisas aconteceram daquela forma em nossa manhã de verão. Eu estava elaborando esse processo.

## O processo da volta por cima

O objetivo do processo é levantar de nossas quedas, superar nossos erros e enfrentar as mágoas de modo a trazer mais sabedoria e plenitude à nossa vida.

### O RECONHECIMENTO: ENTRAR EM NOSSA HISTÓRIA

Reconhecer as emoções e sentir curiosidade em relação aos nossos sentimentos e à maneira como eles estão ligados ao nosso modo de pensar e agir.

### A DESCOBERTA: ASSUMIR A NOSSA HISTÓRIA

Ser sincero em relação às histórias que inventamos sobre nossas dificuldades e colocar essas fabulações e suposições em questão para determinar o que é verdade, o que é autoproteção e o que precisa mudar se quisermos levar uma vida mais plena.

### A REVOLUÇÃO

Escrever um novo final para nossa história com base nos principais ensinamentos extraídos da nossa descoberta e usar essa narrativa nova e mais corajosa para modificar a forma de nos relacionarmos com o mundo, para, em última análise, transformar nossa maneira de viver, amar, liderar e cuidar dos filhos.

A IRONIA É QUE *tentamos* REJEITAR *nossas* HISTÓRIAS DIFÍCEIS *para parecermos mais plenos ou mais* ACEITÁVEIS, *mas nossa plenitude* DEPENDE, NA VERDADE, DA INTEGRAÇÃO DE TODAS AS NOSSAS EXPERIÊNCIAS, *inclusive as quedas.*

*Três*
# ASSUMINDO NOSSAS HISTÓRIAS

Um mapa não faz apenas cartografar – ele revela e formula o sentido. Forma pontes entre aqui e lá, entre ideias díspares que não sabíamos que estavam previamente ligadas.

– Reif Larsen

Adoro mapas, não por ditarem o trajeto nem por me dizerem quando ou como viajar, mas simplesmente por assinalarem os pontos importantes por onde um dia passarei. Saber que esses lugares existem e são muito visitados, ainda que não sejam explorados por mim, é algo poderoso.

Desenhei o mapa do processo da volta por cima a partir das histórias e experiências de homens e mulheres que encontraram maneiras plenas de superar as dificuldades. Esse processo nos ensina a assumir nossas histórias de queda, as besteiras que fizemos e a enfrentar as mágoas para podermos integrá-las à nossa vida e escrever um novo final.

"Assumir nossa história, amando a nós mesmos durante esse processo, é a coisa mais corajosa que podemos fazer." Ainda confio nessa ideia – agora, talvez mais do que nunca. Mas sei que é preciso mais do que coragem para assumirmos nossas histórias e não passar a vida sendo definidos por elas ou as rejeitando. Embora a jornada seja longa e difícil às vezes, esse é o caminho para uma vida mais plena.

## O PROCESSO DA VOLTA POR CIMA

O objetivo do processo é levantar de nossas quedas, superar nossos erros e enfrentar as mágoas de modo a trazer mais sabedoria e plenitude à nossa vida.

**O reconhecimento** – Homens e mulheres que dão a volta por cima estão aptos e dispostos a lidar com suas emoções. Primeiro, reconhecem que estão sentindo algo – eles são fisgados, alguma coisa se desencadeia, suas emoções parecem fora de lugar. Depois, ficam curiosos para saber o que está acontecendo e como seus sentimentos estão ligados a seus pensamentos e comportamentos. Entramos em nossa história quando nos comprometemos com esse processo.

**A descoberta** – Homens e mulheres que dão a volta por cima estão aptos e dispostos a mergulhar fundo em suas histórias. Com "descoberta", estou me referindo a serem sinceros a respeito das histórias que criam sobre suas dificuldades, reexaminando-as, questionando-as e verificando se elas correspondem à realidade quando precisam lidar com temas como limites, vergonha, culpa, ressentimento, coração partido, generosidade e perdão.

Esmiuçar esses temas e passar das nossas respostas iniciais para uma compreensão mais profunda de nossos pensamentos, sentimentos e comportamentos é essencial para termos acesso a ensinamentos fundamentais sobre quem somos e como nos relacionamos com os outros. A descoberta é o lugar em que a plenitude é cultivada e a mudança começa.

**A revolução** – Ao contrário da mudança evolutiva, que é gradual, a mudança revolucionária transforma por completo nossas ideias e convicções. Descobrir nossas histórias e assumir nossa verdade para escrever um final novo e mais corajoso modifica quem somos e nossa maneira de lidar com o mundo. Homens e mulheres que dão a volta por cima integram os principais ensinamentos extraídos desse processo à sua maneira de viver, amar, liderar, criar os filhos e participar da sociedade como cidadãos. Isso tem implicações extraordinárias não apenas em sua própria vida, mas também em suas famílias, organizações e comunidades.

É PRECISO MAIS
*do que coragem*
PARA ASSUMIRMOS
NOSSAS HISTÓRIAS
*e não passar a vida sendo definidos*
POR ELAS
*ou as*
REJEITANDO.

# A INTEGRAÇÃO

O verbo *integrar* vem do latim *integrare*, que significa "tornar inteiro". A integração é o motor que nos move através do reconhecimento, da descoberta e da revolução, e o objetivo de cada um desses processos é nos tornar inteiros. Os participantes de minha pesquisa mencionaram a importância de se sentirem verdadeiros, autênticos e plenos em vez de estarem sempre dividindo a vida em compartimentos, escondendo partes de si ou editando suas histórias. As ferramentas usadas por eles para integrar suas histórias de fracasso são de fácil acesso para todos nós porque são profundamente humanas e fazem parte de nós: contar histórias e usar a criatividade (sobretudo escrevendo ou fazendo anotações sobre suas experiências).

## *A integração pela criatividade*

Steve Jobs acreditava que "criatividade é apenas estabelecer conexões". Ele defendia que criar era ligar os pontos das experiências vividas para sintetizar coisas novas e argumentava que isso só é possível se tivermos mais experiências ou dedicarmos mais tempo a pensar nas que já vivemos. Concordo com ele – é exatamente por isso que considero a criatividade uma ferramenta de integração tão poderosa. Ao criar, aprendemos mais sobre nós mesmos e o mundo que nos cerca. Além de lecionar disciplinas baseadas na criatividade e de aprender com esse processo, pude entrevistar mais de uma centena de profissionais criativos para esta pesquisa. Nenhum grupo me ensinou tanto sobre o segundo ato intrinsecamente árduo dos processos e o poder da integração.

Para nossos propósitos aqui, só precisamos escrever um pouquinho – nada de formal, apenas algumas anotações sobre nossas experiências. É claro que você pode ficar à vontade para fazer algo mais elaborado, porém não é necessário. O que realmente importa é dedicar tempo e atenção a suas experiências.

Shonda Rhimes, criadora e principal produtora dos seriados *Grey's Anatomy* e *Scandal*, além de ser uma de minhas roteiristas favoritas, está entre os contadores profissionais de histórias que entrevistei para este livro. Quando lhe perguntei sobre o papel das dificuldades na hora de contar histórias, ela disse: "Não sei quem é um personagem até ver como ele lida com as adversidades. Na tela e fora dela, é assim que descobrimos quem as pessoas são."

Se *integrar* significa "tornar inteiro", seu oposto é fraturar, rejeitar, desarticular, desligar, desatar, separar. Acho que muitos passam pelo mundo sentindo-se dessa maneira. A ironia é que tentamos rejeitar nossas histórias difíceis para parecermos mais plenos ou mais aceitáveis, mas nossa plenitude depende, na verdade, da integração de todas as nossas experiências, inclusive as quedas.

A CURIOSIDADE *vive* CAUSANDO PROBLEMAS, MAS TUDO BEM. *Às vezes precisamos* BRIGAR COM UMA HISTÓRIA *para descobrir a verdade.*

*Quatro*
# O RECONHECIMENTO

A grande questão é saber se você será capaz de dizer um efusivo sim à sua aventura.

– Joseph Campbell

Você pode não ter se candidatado à jornada do herói, mas, no instante em que caiu, quebrou a cara, sofreu uma decepção, meteu os pés pelas mãos ou ficou de coração partido, ela começou. Não importa se estamos prontos para uma aventura emocional – as mágoas acontecem. E ninguém está livre delas. Sem exceção. A única decisão que podemos tomar é sobre o papel que vamos desempenhar na própria vida: queremos escrever nossa história ou queremos entregar esse poder a outra pessoa? Optar por escrever a própria história significa encarar o desconforto, escolher a coragem em vez do conforto.

Uma das máximas sobre uma vida plena é: *Ou você entra na sua história e assume a sua verdade ou vive fora da sua história, negociando seu amor-próprio.* Entrar numa história sobre fracasso pode dar a sensação de ser tragado pelas emoções. É comum nosso corpo responder antes da mente consciente, e ele foi programado para proteger – fugir ou lutar. Mesmo no caso de pequenos conflitos e decepções do dia a dia, a intolerância física e emocional ao incômodo é a principal razão de ficarmos na periferia das nossas histórias, sem nunca enfrentá-las de verdade nem integrá-las à nossa vida. Nós nos desligamos por autoproteção.

Na navegação, para calcular onde o navio se encontra, em condições ruins de visibilidade, é preciso saber onde ele esteve e quais fatores influenciaram sua chegada ao ponto em que está (velocidade, curso, ventos, etc.). Sem essa avaliação, não se pode traçar o curso futuro. No processo da volta por cima, só podemos traçar um caminho novo e corajoso depois de reconhecer onde estamos, de ter a curiosidade de saber como chegamos ali e de decidir para onde queremos ir. Trata-se de um cálculo emocional.

Há um padrão que se repete entre os homens e mulheres que demonstram capacidade de dar a volta por cima das mágoas e adversidades – eles lidam com as emoções. O reconhecimento tem duas partes que parecem simples, mas não são: (1) entrar em contato com os sentimentos e (2) sentir curiosidade sobre a história por trás deles – quais emoções estamos experimentando e de que modo elas se ligam a nossos pensamentos e comportamentos.

Para dar a volta por cima, precisamos, antes de tudo, reconhecer que estamos "com a cara no chão da arena" – passando por uma reação emocional. Lembre-se, esses momentos podem ser pequenos, e, toda vez que tentamos nos mostrar e ser vistos, estamos suscetíveis a eles. Algo se ativa, um sentimento de decepção ou raiva nos invade, nosso coração dispara – algo nos diz que as coisas não estão bem. Fomos fisgados. A boa notícia é que, em nosso reconhecimento, não precisamos identificar com precisão as emoções – basta reconhecer que estamos sentindo alguma coisa. Mais tarde, haverá tempo suficiente para desvendarmos exatamente o que está acontecendo.

> Não sei o que está acontecendo, mas estou com vontade de me esconder.
> Só sei que quero esmurrar uma parede.
> Quero chocolate. Montanhas de chocolate!
> Eu me sinto _____ (decepcionado, arrependido, furioso, magoado, irritado, com o coração partido, confuso, amedrontado, preocupado, etc.).

Estou _____ (com muita dor, me sentindo muito vulnerável, passando por uma tempestade de vergonha, constrangido, esgotado, num mundo de mágoas).

Steve ignorou minha tentativa de aproximação, e agora sinto algo entre a raiva e o medo.

Sinto um nó na boca do estômago.

Isso parece fácil, mas você se surpreenderia ao saber quantos nunca reconhecem os próprios sentimentos e emoções – apenas os descarregam. Em vez de dizer *eu fracassei e estou arrasado*, passam logo para *eu sou um fracasso*. Fazem drama e se fecham em vez de buscar ajuda.

O objetivo aqui é apenas reconhecer que há emoções e sentimentos em jogo. Alguns podem ser alertados por suas reações corporais. Outros sabem que há algo de errado porque os pensamentos começam a disparar ou porque um acontecimento é relembrado obsessivamente em câmera lenta. E outros talvez só reconheçam que há uma emoção em jogo quando seu comportamento dispara uma advertência, como gritar com os filhos ou mandar um e-mail malcriado para um colega. Comigo, tudo depende da emoção. Quando estou com vergonha, às vezes a reação corporal é a primeira dica de que estou sendo tomada por esse sentimento. Fico com a visão estreita e o coração em disparada. Meu comportamento não muito bonito de colocar a culpa nos outros costuma ser sinal de que estou ressentida e, quando começo a ensaiar umas conversas malvadas, do tipo "te peguei", normalmente estou me sentindo vulnerável ou com medo.

Reconhecer a emoção significa desenvolver a consciência de como nossos pensamentos, sentimentos (inclusive as sensações físicas) e comportamentos estão interligados. Embora alguns pesquisadores afirmem que é possível transformar a sua vida mudando apenas seus pensamentos, suas ações ou seus sentimentos, não encontrei nenhuma prova de que seja possível operar transformações reais sem abordar esses três elementos dando-lhes igual importância, como partes inextricavelmente interligadas, como os três pés de uma banqueta.

Em segundo lugar, precisamos sentir curiosidade sobre a experiência. Isso significa estarmos dispostos a abrir uma linha de investigação sobre o que está acontecendo e por quê. Mais uma vez, a boa notícia é que você não precisa responder de imediato a estas perguntas. Só precisa querer saber mais.

> Por que estou sendo tão ríspido com todo mundo hoje?
> O que está me irritando?
> Como cheguei ao ponto de sentir vontade de socar a parede?
> Quero descobrir por que estou tão esgotado.
> Por que será que não consigo parar de pensar naquela conversa do trabalho?
> Estou tendo uma reação emocional muito forte – que está havendo?
> Sei que comer chocolate não vai adiantar. O que está acontecendo de verdade?
> O que está havendo com meu estômago?

Por exemplo, seu rosto fica vermelho e um calor se irradia pelo seu peito quando você toma conhecimento de que sua chefe entregou a coordenação de um novo projeto a um colega seu. Dar a volta por cima exige que você reconheça que está sentindo uma emoção e fique curioso sobre a razão dela: *Estou muito irritado por ela ter dado a direção ao Todd. Preciso entender isso antes de perder a cabeça com todos os membros da equipe.* Ou talvez, durante uma reunião festiva de família, seu pai esteja mais uma vez criticando sua maneira de educar os filhos. Você basicamente se retira. Passa o resto da noite em silêncio, quase escondida. Ao chegar em casa, percebe que está tomada de emoção. Vira-se para seu companheiro e diz: *Estou cansada de me sentir um lixo perto do meu pai. Fico esperando que melhore, mas ele nunca dá uma folga. Por que continuo a me deixar afetar por isso?*

Esse reconhecimento parece bastante direto, mas, como eu disse antes, não é tão fácil quanto parece e, sejamos francos, não é assim que a maioria de nós age. Não se esqueça de que nosso corpo é o primeiro a reagir à emoção, e não raro nos orienta a assumir uma postura defensiva ou parar de nos envolver com o assunto. Na primeira situação, é muito mais fácil passar por cima da emoção, como um rolo compressor: *Minha chefe é uma babaca. O Todd é um tremendo puxa-saco. Quem é que está ligando? Este emprego é um saco e esta em-*

*presa é uma piada*. Não há nenhum reconhecimento da emoção. Nenhuma curiosidade.

No segundo cenário, há algumas opções mais fáceis do que se envolver. A pessoa pode engolir a crítica do pai e permanecer completamente retraída, pode começar a planejar como vai impressioná-lo da próxima vez, pode descontar gritando com o parceiro sem motivo, pode tomar mais uma cerveja, ou três – o que for necessário para afogar a crítica –, pode facilmente se enfurecer e colocar a culpa nos filhos por a terem feito causar má impressão, pode passar todo o trajeto de volta para casa jurando nunca mais se encontrar com o pai... e a lista continua.

O oposto de reconhecer o que estamos sentindo é rejeitar nossas emoções. O oposto de ter curiosidade a respeito delas é se desligar. Quando rejeitamos nossa história e nos desligamos das emoções difíceis, elas não vão embora; ao contrário, apoderam-se de nós e passam a nos definir. Nossa tarefa não é negar a história, mas questionar seu final – levantar do tombo, reconhecer nossa história e tentar descobrir a verdade até chegar a um ponto em que pensemos: *Sim, foi isso que aconteceu. Esta é a minha verdade. E vou escolher o final desta história.*

Nas seções a seguir, examinarei as duas partes do processo de reconhecimento: perceber a emoção e sentir curiosidade sobre ela. Especificamente, examinarei quais obstáculos esses dois esforços costumam encontrar e como podemos desenvolver novas práticas que nos deem os instrumentos e a coragem necessária para entrar na arena.

## LIDANDO COM A EMOÇÃO

O que mais atrapalha na hora de enfrentar uma emoção difícil é o elemento que costuma servir de obstáculo a outros comportamentos corajosos: o medo. Não gostamos do que estamos sentindo e temos medo do que os outros podem pensar. Não sabemos o que fazer com o desconforto e a vulnerabilidade. A emoção pode ser terrível, mesmo fisicamente. Podemos nos sentir expostos, em risco e inseguros em meio às emoções. Nosso instinto é fugir da dor. Na verdade, a maioria de nós nunca foi ensinada a acolher o incômodo, conviver com ele ou comunicá-lo, mas apenas a descarregá-lo, se livrar dele ou fingir que não está acontecendo. Se você combinar isso com a tendência a fugir da dor, será fácil entender por que a descarga se torna um hábito. A natureza e o meio social nos levam a descarregar a emoção e o incômodo, muitas vezes nos outros. A ironia é que, ao mesmo tempo que criamos distância entre nós e as pessoas ao redor, descontando tudo nos outros, ansiamos por laços afetivos mais profundos e por uma vida emocional mais rica.

Miriam Greenspan, psicoterapeuta e autora de *Healing Through the Dark Emotions* (A cura através das emoções obscuras), foi entrevistada pela terapeuta junguiana Barbara Platek na *The Sun Magazine*. Esse artigo se tornou leitura obrigatória em minhas aulas desde que foi publicado pela primeira vez, em 2008. Greenspan explica por que acredita que nossa cultura tem "fobia de emoção" e afirma que tememos e desvalorizamos as emoções. Ela alerta:

Mas, apesar do medo, há em nós algo que quer sentir todas essas energias emocionais, porque elas são a seiva da vida. Quando reprimimos e diminuímos nossas emoções, sentimo-nos privados de algo. Por isso assistimos a filmes de terror ou a *reality shows*. Buscamos a intensidade porque, quando ficamos emocionalmente entorpecidos, precisamos de muito estímulo para sentir alguma coisa, qualquer coisa. Por isso, a pornografia emocional proporciona o estímulo, mas trata-se apenas de uma emoção falsificada – não nos ensina nada sobre nós mesmos nem sobre o mundo.

Não creio que possamos aprender muito sobre nós mesmos, nossos relacionamentos ou o mundo sem reconhecer as emoções e cultivar a curiosidade a respeito delas. Por sorte, não precisamos acertar de primeira para encontrar o caminho. Trazer nossos sentimentos à luz já é suficiente. Precisamos apenas ser francos e curiosos. *Estou tendo uma reação emocional ao que aconteceu e quero entendê-la*: basta isso para o reconhecimento. Mas é algo que continua difícil em nossa cultura. Agora, vamos examinar a curiosidade mais de perto.

## CULTIVANDO A CURIOSIDADE

Optar por ser curioso é escolher a vulnerabilidade, porque, para isso, precisamos nos render à incerteza. Mas nem sempre tivemos escolha: nós nascemos curiosos. Com o tempo, entretanto, aprendemos que a curiosidade, assim como a vulnerabilidade, pode causar sofrimento. Então adotamos estratégias de autoproteção – preferimos a certeza à curiosidade, a armadura à vulnerabilidade, o que já sabemos ao que podemos aprender. Mas esse isolamento cobra um preço – que raramente é levado em conta quando estamos concentrados em encontrar uma saída para a dor.

Einstein dizia: "O importante é não parar de perguntar. A curiosidade tem sua razão de ser." Não se trata de uma simples ferramenta usada na aquisição de conhecimento; ela nos lembra de que estamos vivos. Vários pesquisadores já encontraram provas de que a curiosidade está relacionada à criatividade, à inteligência, à melhora do aprendizado e da memória e à resolução de problemas.

Há uma relação profunda – um caso de amor, na verdade – entre a curiosidade e a vida plena. Como podemos chegar àqueles momentos de virada se não nos dispusermos a explorar e a fazer perguntas? As novas informações não vão transformar nosso modo de pensar, e muito menos nossa vida, se simplesmente caírem do céu. Para que sejam integradas à nossa vida como consciência verdadeira, as experiências e as informações novas têm que ser recebidas de braços abertos pela mente inquisitiva e o coração indagador.

Uma parte crucial da minha jornada foi parar de fazer julgamentos e começar a ter curiosidade sobre meu próprio caminho. O poeta e escritor William Plomer escreveu: "A criatividade é o poder de conectar o aparentemente desconexo." Ligar os pontos da nossa vida, sobretudo aqueles que preferiríamos apagar ou ignorar, exige parcelas iguais de amor-próprio e curiosidade: *Como é que todas essas experiências se juntam para compor a pessoa que eu sou?*

A curiosidade me levou a adotar a convicção de que "nada se perde" – uma ideia que molda minha maneira de ver o mundo e a vida. Hoje posso relembrar o passado, tantas vezes complicado, e compreender que abandonar a escola, viajar de carona pela Europa, trabalhar como garçonete ou como representante sindical e receber os telefonemas em espanhol no turno da noite do serviço de atendimento ao cliente da AT&T me ensinaram tanto sobre empatia quanto a carreira de professora e pesquisadora na área de serviço social. Eu costumava ver esses acontecimentos dispersos como erros e tempo perdido, mas permitir-me ter a curiosidade de saber quem sou e como tudo está interligado modificou essa visão. Por mais difíceis e sombrios que tenham sido alguns daqueles períodos, todos se ligaram para formar o meu eu real, o eu integrado e pleno que sou hoje.

A curiosidade é um ato de vulnerabilidade e coragem. Nessa etapa do processo da volta por cima – o reconhecimento –, precisamos ser curiosos e corajosos o suficiente para *querer saber mais*.

Falo em *coragem* porque cultivar a curiosidade em relação às nossas emoções nem sempre é uma escolha fácil. Tenho que respirar fundo e pensar em perguntas como: *O que estará em jogo, se eu me abrir para investigar estes sentimentos e descobrir que estou mais magoado(a) do que pensava? Ou: E se a culpa não for realmente dela e tiver sido eu que errei? Vai ser um saco se eu descobrir que eu é que tenho de me desculpar.*

Mas, em contrapartida, o lado positivo da curiosidade compensa todo o desconforto. Um estudo publicado na edição de 22 de outubro de 2014 da revista *Neuron* sugere que a química do cérebro se modifica quando ficamos curiosos, ajudando-nos a aprender e a reter melhor as informações. Mas trata-se de um sentimento incômodo, porque envolve incerteza e vulnerabilidade.

A curiosidade vive causando problemas, mas tudo bem. Às vezes precisamos brigar com uma história para descobrir a verdade.

Em seu livro *Curious: The Desire to Know and Why Your Future Depends on It* (Curioso: O desejo de saber e por que seu futuro depende dele), Ian Leslie escreve: "A curiosidade é indomável. Não gosta de regras – ou no mínimo presume que todas as regras são provisórias, sujeitas à laceração de uma pergunta inteligente que até hoje ninguém pensou em fazer. Ela despreza os caminhos aprovados e prefere desvios, saídas não planejadas do rumo, viradas impulsivas à esquerda. Em suma, a curiosidade é desviante."

É exatamente por isso que a curiosidade é tão vital nesse processo: o curso desviante e às vezes errático da volta por cima também não suporta regras. Abraçar a vulnerabilidade necessária para se levantar mais forte depois de uma queda é algo que nos torna meio perigosos. As pessoas que não permanecem no chão quando caem ou tomam uma rasteira costumam criar problemas. São difíceis de controlar. E esse é o melhor tipo possível de pessoa perigosa: os artistas, os inovadores, os causadores de mudanças.

O obstáculo mais comum à curiosidade sobre as nossas emoções é ter um **poço seco.** Num artigo inovador de 1994, intitulado "A psicologia da curiosidade", George Loewenstein introduziu sua visão da **lacuna de informação.** Professor de economia e psicologia na Universidade Carnegie Mellon, ele propôs que a curiosidade é a sensação de privação que vivenciamos quando identificamos e nos concentramos numa lacuna em nosso conhecimento.

O importante nessa perspectiva é que ela implica que **temos que ter algum nível de conhecimento ou percepção prévio para ficar curiosos.** Não sentimos curiosidade sobre algo de que não temos notícia ou de que nada sabemos. Loewenstein explica que o simples incentivo às perguntas não vai muito longe em matéria de estimular a curiosidade. Ele escreve: "Para induzir a curiosidade sobre determinado assunto, talvez seja necessário 'dar o tranco inicial' – usar informações intrigantes para despertar o interesse das pessoas e deixá-las mais curiosas."

A boa notícia é que um número cada vez maior de pesquisadores acredita que a curiosidade e a construção do conhecimento andam de mãos dadas – quanto mais sabemos, mais queremos saber. A má notícia é que muitas pessoas foram criadas achando que as próprias emoções não merecem atenção. Em outras palavras, não temos o conhecimento suficiente e/ou não estamos cientes do poder de nossas emoções e de como elas estão ligadas a nossos pensamentos e comportamentos, por isso não ficamos curiosos.

Ainda não há respostas definitivas sobre como desenvolvemos a curiosidade, mas o que posso dizer com certeza é isto: os participantes do meu estudo que mais me ensinaram sobre o assunto aprenderam a investigar suas emoções de alguma destas três maneiras:

**1.** Seus pais ou outro adulto importante em sua vida (não raro um professor, um treinador ou orientador) lhes deram ensinamentos explícitos sobre as emoções e a importância de explorar os sentimentos.

**2.** Seus pais ou outro adulto importante em sua vida (comumente um professor, um treinador ou orientador) foram um modelo de curiosidade sobre as emoções.

**3.** Eles foram orientados por um terapeuta que lhes ensinou sobre o poder da indagação.

Em outras palavras, eles receberam o "tranco inicial", entrando em contato com conhecimentos suficientes sobre a emoção, o que lhes serviu de base para desenvolverem a curiosidade.

Há razões numerosas e complexas para o poço acabar ficando seco – motivos para haver tão poucas discussões francas sobre as emoções e tão pouco compromisso com elas. As pesquisas deixaram claro que grande parte do muito ou pouco que valorizamos as emoções provém do que nos foi ensinado ou do que testemunhamos à medida que crescíamos. O pouco valor que se dá a isso costuma resultar de alguma combinação das sete ideias listadas abaixo:

**1.** Ser emotivo é sinal de vulnerabilidade, e vulnerabilidade é fraqueza.

**2.** Não pergunte. Não revele. Você pode sentir as emoções que quiser, mas não vai ganhar nada contando-as aos outros.

**3.** Não temos acesso à linguagem emocional ou a um vocabulário emocional completo, então silenciamos sobre os sentimentos ou zombamos deles.

**4.** Discutir as emoções é frívolo e autocomplacente, além de ser perda de tempo. Não é para gente como nós.

**5.** Estamos tão entorpecidos para os sentimentos que não há mais nada para discutir.

**6.** A incerteza é muito desconfortável.

**7.** Conversar sobre isso e fazer perguntas é um convite ao aborrecimento. Vou acabar descobrindo algo que não quero ou não devo saber.

Quando eu era pequena, o menor vislumbre de um novo mundo podia desencadear em mim uma torrente de curiosidade. Se eu deparava com uma palavra que não conhecia, consultava o dicionário. Se um programa de televisão se referia a uma ilha no Pacífico, eu corria para nossa *Enciclopédia Britânica*, rezando para que houvesse fotos coloridas do lugar. Eu queria saber mais sobre tudo, menos as emoções.

Cresci com um poço emocional seco. Eu não queria aprender mais sobre o assunto porque não sabia que havia mais a saber – não conversávamos sobre sentimentos. Não ficávamos vulneráveis. Se por acaso acontecesse de sermos tomados pela emoção de tal forma que surgisse uma brecha em nossa dura carapaça sob a forma de lágrimas ou uma expressão de medo, éramos prontamente lembrados, sem muita sutileza, de que as emoções não resolviam problemas – apenas faziam com que piorassem. Era a ação, não o sentimento, que resolvia as questões.

Minha educação emocional começou no final da adolescência, quando vi minha mãe romper todos os tabus familiares e procurar uma terapia. Nossa família era como muitas outras que eu conhecia – estava implodindo em silêncio. Estávamos no começo da década de 1980 e morávamos num subúrbio residencial de Houston. Minha escola, ao lado de várias outras, figurava no noticiário nacional por causa do número de suicídios. Meus irmãos e eu estávamos totalmente perdidos. Éramos rebeldes e, na maior parte do tempo, ninguém ligava para a gente. Como muitos houstonianos que enfrentaram a crise do petróleo do início da década, meus pais apenas tentavam arcar com o básico e adiar as inevitáveis consequências da crise.

A despeito de quão sombria e difícil a situação foi se tornando, nunca houve uma única conversa sobre como estávamos passando, ou o que estávamos sentindo, até minha mãe começar a fazer terapia. Quanto mais curiosidade ela sentia sobre sua vida e seus sentimentos – e sobre os nossos –, pior a situação ficava. A escavação de mágoas, ressentimentos e tristezas parecia não ter fim. Eu não sabia se tudo aquilo valia a pena. Mas minha mãe, que vivia à base de cigarros e refrigerantes diet, considerava sua avaliação emocional uma questão de vida ou morte. Restou-nos imaginar se a implosão estava acontecendo por nunca havermos reconhecido nem questionado nossa dor ou se tudo estava desmoronando exatamente porque havíamos transgredido as regras e ficado curiosos demais sobre nossos sentimentos. A segunda alternativa era o que sempre nos tinha sido dito e ensinado.

Mas, contrariando todas as expectativas, minha mãe começou a dar a volta por cima depois de uma longa e lenta queda que teve início quando eu tinha uns 12 anos. Nos anos seguintes, ela serviu de modelo e nos ensinou o que estava aprendendo na terapia, e essa pequena centelha desencadeou uma transformação da nossa família. Levou também a muitos anos de enorme sofrimento e desconforto, assim como à destruição de grande parte do que conhecíamos – inclusive o casamento de meus pais. Embora o divórcio deles fosse a coisa certa a fazer, deixou todos nós de coração partido.

Mas, como escreveu o poeta Mizuta Masahide, "Minha casa se incendiou. / Agora nada mais oculta / a visão da Lua". O incêndio, por fim, não apenas revelou uma nova luz, mas, revolvendo o novo solo e plantando novas sementes, trouxe amor e renovação. Se alguém me dissesse, naqueles dias sombrios e difíceis, que tudo ficaria bem desde que todo mundo continuasse a falar sobre seus sentimentos e a estabelecer limites, e que, um dia, todos os quatro – meus pais e seus novos parceiros – estariam na sala de espera do hospital dando vivas enquanto eu dava à luz meus filhos, eu não acreditaria. O que foi reconstruído está longe de ser perfeito, e ainda há mágoas e desentendimentos familiares – brigas, relacionamentos difíceis, sentimentos feridos e um ou outro arranca-rabo –, mas a hipocrisia e o silêncio acabaram. Simplesmente não funcionam mais.

Essa experiência e o modo como se desenrolou ao longo dos anos despertou em mim a centelha da curiosidade sobre as emoções, que continuou crescendo. Essa centelha me levou à minha carreira e é a provável razão de eu ter encontrado meu próprio terapeuta (que incentivou a minha crescente curiosidade emocional). Creio que a disposição de entrar em contato com os meus sentimentos é a razão de eu ainda estar casada com o homem que amo e de me orgulhar da criação que damos aos nossos filhos. O passo inicial foi dado – aprendi o bastante sobre as emoções para ficar curiosa e permanecer assim. E, se você duvida da capacidade de uma simples centelha iniciar uma revolução, pense nisto: se minha mãe houvesse rejeitado suas emoções e se desligado de seu sofrimento, tenho sérias dúvidas de que este livro pudesse existir. Muitas vezes, basta uma pessoa corajosa para transformar a trajetória de toda a família ou, pensando bem, de qualquer sistema.

## DESCARREGANDO AS MÁGOAS:
## OBSTÁCULOS AO RECONHECIMENTO DAS EMOÇÕES

Deixar de reconhecer a existência de uma mágoa não faz com que ela vá embora. Na verdade, quando deixada por conta própria, ela cresce, apodrece e dá margem a comportamentos inteiramente destoantes da pessoa que queremos ser e a ideias capazes de sabotar nossos relacionamentos e nossa carreira. A seguir estão cinco armadilhas em que às vezes caímos para descarregar as mágoas que pensávamos já ter resolvido no momento em que nos recusamos a admitir sua existência.

**Subir pelas paredes.** Minha filha, Ellen, e uma de suas melhores amigas, Lorna, jogam hóquei em times diferentes. Num dia em que os planetas do hóquei estavam em óbvio desalinho, as duas machucaram a mão em seus respectivos treinos. Ellen chegou em casa com um dedo roxo e inchado, com o dobro do tamanho normal. Sou muito calma nessas situações, mas essa é uma das vantagens de ser casada com um pediatra. Depois de puxar, empurrar e apalpar o dedo por alguns minutos, Steve o enfaixou junto do dedo ao lado e anunciou que de manhã veríamos como estava.

Não se passaram nem duas horas e lá estava minha amiga Suzanne na sala de jantar com sua filha, Lorna, nos contando que alguém tinha atingido sua mão com o taco. Steve se preparava para fazer o mesmo exame que fizera em Ellen. Lorna é durona e deu o melhor de si para nos convencer de que estava ótima. No entanto, no instante em que Steve tocou em sua mão, ela praticamente deu um salto. Ele olhou para Suzanne e disse:

– Está delicadamente sensível. Ela precisa de um exame e de uma radiografia.

No dia seguinte, Steve me contou que usa essa expressão para descrever o tipo de dor que a pessoa não consegue esconder, mesmo quando se esforça ao máximo. Em seguida, me disse:

– Também damos a isso o nome de *subir pelas paredes*, porque dói tanto que as pessoas dão pulos e quase batem com a cabeça no teto.

Um dos resultados de tentar ignorar a dor emocional é ficar "subindo pelas paredes". Pensamos ter guardado a dor tão direitinho que seria impossível que voltasse à tona, mas, de repente, um comentário aparentemente inofensivo nos causa um acesso de fúria ou desencadeia uma crise de choro. Ou um pequeno erro no trabalho dá início a um gigantesco ataque de vergonha. Ou a crítica construtiva de um colega pode tocar naquele ponto *delicadamente sensível*, e nós reagimos quase num salto.

Subir pelas paredes é especialmente comum e perigoso em situações de poder sobre os outros – ambientes em que, em razão de diferenças hierárquicas, as pessoas ocupando cargos ou posições superiores tendem a ser menos responsabilizadas quando perdem a cabeça ou têm reações exageradas. Trata-se dos lugares ideais para trabalhar nosso sentimento de impotência e nossas mágoas. Mantemos a compostura na frente das pessoas que queremos impressionar ou influenciar, mas, no instante em que nos vemos diante de indivíduos sobre os quais exercemos algum poder emocional, financeiro ou físico, explodimos. E, como esse nosso lado não é visto por muitos dos superiores, nossa versão da história ganha ares de verdade. Vemos esse fenômeno em famílias, igrejas, escolas, comunidades e escritórios. E quando a isso se misturam questões de gênero, classe, raça, orientação sexual e idade, a combinação pode ser letal.

O trânsito e os esportes com frequência são considerados áreas socialmente aceitáveis para dar vazão à dor escondida. Não me entenda mal – sou grande fã de esportes e tenho o péssimo hábito de mostrar o dedo do meio por baixo do volante (para que os outros motoristas e as crianças no meu banco traseiro não possam ver). Mas não vou me perder num ataque de fúria de fazer saltarem as veias porque o meu time está numa temporada ruim ou porque você me deu uma fechada no estacionamento. Cresci e trabalhei perto de muita gente que "subia pelas paredes", que reprimia a emoção e depois explodia. Sei em primeira mão que irrupções descontroladas de emoções sabotam a segurança que a maioria de nós está tentando criar, seja em família, seja nas empresas. Quando acontece com muita frequência, isso leva à criação de ambientes em que todo mundo fica pisando em ovos, com medo de desencadear reações exageradas.

Não podemos reprimir o sofrimento nem descontá-lo em outra pessoa sem colocar em jogo nossa autenticidade ou nossa integridade. A maioria de nós já teve que lidar com uma dessas explosões. Mesmo quando temos discernimento suficiente para saber que nosso chefe, amigo, colega ou parceiro estourou conosco porque algum ponto sensível foi acionado nele – e que aquilo na verdade não tem nada a ver com a gente –, isso costuma abalar a confiança e o respeito. Morar, crescer, trabalhar ou frequentar cultos religiosos pisando em ovos criam enormes brechas em nosso senso de segurança e de valor pessoal. Com o tempo, isso pode até ser vivenciado como um trauma.

**Driblar a dor.** O ego é a parte de nós que se importa com nosso status e com o que os outros pensam, com o fato de ser sempre *melhor do que alguém* e estar sempre com a razão. Penso no meu ego como um vigarista interior que vive me dizendo para comparar, provar, agradar, aperfeiçoar, superar o desempenho alheio e competir. E ele tem pouquíssima tolerância ao incômodo ou à autorreflexão. O ego não assume histórias nem quer escrever um novo final; ele rejeita a emoção e detesta a curiosidade. Na verdade, apenas usa as histórias como armaduras e álibis. Ele tem medo – um medo calcado na vergonha – de ser comum (é assim que defino o narcisismo). Diz que "sentimentos são coisa de fracassados e fracotes". Evitar a verdade e a vulnerabilidade são partes cruciais de sua trapaça.

Como todo bom vigarista, o ego tem alguns capangas para a eventualidade de não obedecermos às suas demandas. A raiva, a culpa e a negação são seus ajudantes. Quando chegamos muito perto de reconhecer uma experiência emocional, os três entram em ação. É muito mais fácil dizer "Não dou a mínima" do que "Estou sofrendo". O ego gosta de culpar, colocar defeitos, inventar desculpas, se vingar e perder a cabeça – e tudo isso são formas de autoproteção. Ele também é adepto da negação – garante ao agressor que estamos ótimos, finge que aquilo não tem importância, que somos insensíveis. Adotamos uma postura de indiferença ou estoicismo – ou então tiramos a atenção da questão usando cinismo e humor. *Tanto faz. Quem se importa com isso?*

Quando os ajudantes são bem-sucedidos – quando a raiva, a culpa e a negação empurram a mágoa, a decepção ou a dor para longe –, o ego fica livre para trapacear como bem quiser. Muitas vezes sua primeira vigarice consiste em menosprezar e envergonhar os outros por seu "descontrole emocional". Como todos os vigaristas, o ego é um mentiroso astuto, calculista e perigoso.

**Entorpecer a dor.** O entorpecimento foi um dado constante em minha pesquisa, desde o começo. Pense nas emoções como se tivessem pontas afiadas, espinhos. Quando nos espetam, elas causam desconforto ou mesmo dor. Após algum tempo, a simples expectativa dessa sensação pode desencadear uma impressão de vulnerabilidade intolerável: já sabemos o que vem pela frente. Para muitos, a primeira reação não é aceitar o desconforto e ir tateando para atravessá-lo, mas tentar fazer com que ele vá embora, entorpecendo a dor com o que quer que traga alívio mais imediato. Podemos deixar a dor emocional menos "afiada" usando uma porção de coisas: álcool, drogas, comida, sexo, relacionamentos, dinheiro, trabalho, prestação de cuidados, jogos de azar, aventuras amorosas, religião, caos, compras, planejamento, perfeccionismo, mudanças constantes, internet...

E, só para não perdê-la em meio a essa longa lista de todas as maneiras pelas quais podemos nos entorpecer, há sempre a falta de tempo: permanecer ocupado e viver de maneira tão intensa que as verdades da nossa vida não consigam nos alcançar. Preenchemos cada pedacinho do tempo a fim de que não haja nenhum espaço livre para as emoções se fazerem conhecer.

Entretanto, qualquer que seja o método escolhido, não podemos embotar as emoções de forma seletiva: ao entorpecer o que é sombrio, o que é luminoso também fica embotado. Quando relaxar tomando algumas taças de vinho se torna rotina, nossas experiências de alegria, amor e confiança também ficam enfraquecidas. Com menos emoções positivas na vida, somos levados a nos entorpecer mais. É um círculo vicioso – que tanto pode ser desencadeado com uma sofisticada degustação de vinhos quanto com uma garrafa de aguardente barata.

Quando agimos assim de modo compulsivo e crônico, isso passa a constituir um vício. E, como assinalei na palestra do TEDx, isso é um problema. Somos os adultos mais endividados, obesos, medicados e viciados da história humana. Voltando os olhos para os últimos 14 anos de pesquisas, fico convencida de que o vício, ao lado da violência, da pobreza e da desigualdade, é um dos maiores desafios sociais que enfrentamos hoje. Você pode não ser a pessoa viciada, mas garanto que alguém que você ama, com quem trabalha ou que é importante em sua vida está lutando contra o vício. É uma pandemia que está destruindo as famílias.

**Armazenar a dor.** Há uma alternativa silenciosa e insidiosa a subir pelas paredes, driblar a dor ou entorpecê-la: podemos armazená-la. Não explodimos com emoções "fora de lugar", não usamos a culpabilização para desviar a atenção dos nossos verdadeiros sentimentos nem embotamos a dor. Essa armadilha começa como o mecanismo de "subir pelas paredes", quando deixamos a dor muito bem guardada. Só que, nesse caso, não descontamos em ninguém, mas continuamos a acumulá-la, até a nossa parte mais sábia – o corpo – resolver que já chega. Sua mensagem é sempre clara: pare com a armazenagem, senão eu desligo você. O corpo sempre vence.

Em centenas de entrevistas, pessoas me contaram como simplesmente "guardavam tudo" até não conseguirem mais dormir nem comer, ou ficarem tão ansiosas que não podiam se concentrar no trabalho ou deprimidas demais para fazerem qualquer coisa além de permanecer na cama. A depressão e a ansiedade são as primeiras reações do corpo ao armazenamento de mágoas. É claro que existem razões orgânicas e bioquímicas para o desenvolvimento de depressão clínica e ansiedade – causas sobre as quais não temos controle –, mas a dor não reconhecida e a mágoa não resolvida também podem levar ao mesmo resultado.

Em seu livro *The Body Keeps the Score* (O corpo marca os pontos), Bessel van der Kolk, professor de psiquiatria da Universidade de Boston, examina como o trauma literalmente remodela o cérebro e o corpo, e como as intervenções que visam capacitar os adultos a retomarem suas vidas devem abordar a relação entre nosso bem-estar emocional e o corpo. Há uma enorme sabedoria no corpo. Só precisamos aprender a ouvi-lo e a confiar no que ouvimos.

**As mágoas e o medo de ficar encalhado.** Se algum dia você já ficou com o carro preso numa lombada ou em outro obstáculo, com as rodas no ar, sabe exatamente a sensação de medo e desamparo que isso traz. Há algumas semanas, eu estava dirigindo ao lado da Ellen num estacionamento em San Antonio, à procura de uma livraria em que eu já estivera ao menos vinte vezes. Eram dez horas da manhã de um domingo, de modo que o estacionamento estava quase vazio. Fiquei meio desorientada, porque a loja que eu conhecia tão bem havia sumido, assim como a loja ao lado dela. A primeira coisa em que pensei foi que tinha entrado no shopping errado, então comecei a olhar em volta, para me orientar. Nessa fração de segundo, deixei o carro subir num canteiro alto, com uns 60 centímetros de largura. O barulho do cimento arranhando o metal do chassi foi medonho. Um paralelepípedo se deslocou e ficou na vertical, empurrando ainda mais a chapa de aço que fica embaixo do carro. Os pneus dianteiros e traseiros ficaram no ar, nos dois lados do canteiro. Eu não podia avançar nem dar ré. Estava encalhada.

Uma das razões pelas quais negamos nossos sentimentos é o medo de ficarmos emocionalmente paralisados. É o temor de que, se eu reconhecer minha mágoa, meu medo ou minha raiva, vou ficar encalhado. No momento em que começar a trabalhar isso, por menor que seja o esforço, não terei como recuar e fingir que não tem importância – e seguir adiante poderá dar início a uma enxurrada de emoções que eu não saberia controlar. Ficarei encalhado. Desamparado. O reconhecimento da emoção nos leva a senti-la. E se eu reconhecer a emoção, mas ela deslocar alguma coisa dentro de mim e eu não conseguir manter o controle? Não quero chorar no trabalho, no campo de batalha ou quando estou com meus pais. Ficar encalhado é ainda pior, porque sentimos uma perda completa do controle. Sentimo-nos impotentes.

Naquele dia em San Antonio, desci do carro e comecei a andar de um lado para outro. Por fim, um homem gentil parou e se aproximou. Depois de se deitar no chão e avaliar o problema, disse:

– Você vai precisar de ajuda. Podemos resolver, só temos que pensar no assunto.

Após alguns minutos trocando ideias, traçamos um plano. Ellen engatou a marcha a ré, enquanto o homem e eu levantamos a frente do carro, apenas o bastante para que o paralelepípedo caísse, libertando o automóvel. No panorama geral dos encalhes, minha situação concreta com o carro foi mais fácil de solucionar do que algumas experiências emocionais que o episódio suscitou.

Arranhar a parte de baixo das nossas emoções quando estamos em situações difíceis já é ruim o bastante. Encalhar nelas é a definição de vulnerabilidade e desamparo. Mas rejeitar a emoção não significa evitar os canteiros altos – é nunca tirar o carro da garagem. Lá ele está seguro, mas você nunca irá a lugar algum.

## *Descarregar versus integrar*

> Você pode não controlar tudo o que lhe acontece, mas pode tomar a decisão de não se deixar reduzir pelos acontecimentos.
> – Maya Angelou

O oposto de descarregar é integrar. Os métodos de que falamos representam diferentes maneiras de não integrar à nossa vida as mágoas que nascem de nossas histórias de luta. Fingir que não estamos magoados é optar por ficarmos aprisionados pela emoção sombria que vivemos, ao passo que reconhecer a emoção e encontrar uma forma de atravessá-la é escolher a liberdade. É sedutor achar que não falar sobre a nossa dor é a maneira mais segura de impedir que ela nos defina, mas essa negação acaba dominando nossa vida. A ideia de que "o que nos adoece são nossos segredos" é mais do que crendice popular: há cada vez mais indícios empíricos de que não reconhecer e não integrar nossas histórias afeta não apenas nossa saúde emocional, mas também nosso bem-estar físico.

### O UMBRIDGE

Em termos de relacionamentos, pode ser muito inquietante ficar perto de alguém que costuma sempre descarregar as emoções. Essas pessoas não parecem autênticas. Além do temperamento explosivo e do medo contagiante, um dos padrões mais difíceis de lidar é o que chamo de *O Umbridge*. Ele aparece quando não há qualquer integração entre luz e trevas. Há quase que um mau presságio ligado a quem demonstra modos excessivamente doces e obsequiosos. Toda essa gentileza parece inautêntica, como uma bomba-relógio. Dei-lhe esse nome com base em Dolores

Umbridge, personagem de J. K. Rowling em *Harry Potter e a Ordem da Fênix*. Umbridge usa lindos terninhos cor-de-rosa e chapeuzinhos redondos, adorna o escritório cor-de-rosa com tigelas e quinquilharias decoradas com gatinhos e é fã de torturar as crianças malcriadas. Rowling escreve sobre ela: "Em mais de uma ocasião, notei que o gosto pelo que é meloso pode andar lado a lado com uma visão nitidamente impiedosa do mundo." E acrescenta: "O amor por tudo que é açucarado parece estar muitas vezes presente quando falta o verdadeiro calor humano ou a caridade." Percebi a mesma coisa. O excesso de expressões emocionais melosas – de afirmações como "Tudo é maravilhoso", "Eu nunca fico zangado nem irritado" ou "Se você pensar positivo, poderá transformar essa careta num sorriso" – com frequência mascara sofrimento e mágoas reais. Esses comportamentos são sinais de alarme tão importantes quanto viver de cara fechada e com raiva.

As crianças têm um excelente radar para as emoções que vicejam logo abaixo da superfície açucarada. Meu filho Charlie, que está no quarto ano, às vezes diz "Cuidado, acho que ela é uma Unikitty", uma referência à gata do filme *Uma aventura LEGO*, que era toda sol e arco-íris, até de repente virar uma gata raivosa. O segredo é a integração. Ser só luz é tão perigoso quanto ser só trevas, pelo simples fato de que é a negação das emoções o que alimenta as trevas.

## *Estratégias para lidar com as emoções*

E como lidar com a emoção, em vez de descarregá-la? O que aprendi com minha pesquisa e tentei colocar em prática na vida pessoal parece muito mais simples do que realmente é: permita-se sentir emoções, sentir curiosidade a respeito delas, prestar atenção nelas e praticá-las. Esse trabalho exige prática – uma prática desajeitada e incômoda.

### BILHETES DE PERMISSÃO

Escrevi meu primeiro bilhete de permissão num papel de recados, na manhã em que encontrei Oprah Winfrey pela primeira vez e gravei um episódio do programa *Super Soul Sunday*. O bilhete dizia: "Permissão para se entusiasmar, se divertir e fazer gracinhas." Agora, os bolsos das minhas calças jeans vivem repletos de papeizinhos como esse. É comum minha equipe e eu começarmos reuniões difíceis escrevendo e compartilhando esses bilhetes antes de mergulhar no trabalho. Não reconheceremos a emoção se acharmos que não temos permissão para senti-la.

Se você cresceu numa família em que as emoções eram não apenas permitidas, mas incentivadas, talvez ache mais fácil dar a si mesmo a autorização para senti-las e reconhecê-las. Talvez até pense: *Não preciso fazer isso, sou bom na hora de lidar com as emoções*. Mas ainda assim acho que os bilhetes são um passo importante, porque escrever uma permissão demonstra uma poderosa intenção de permanecermos conscientes.

Se você foi criado num ambiente em que as emoções eram minimizadas, vistas como um sinal de fraqueza, invalidadas, abafadas, percebidas como um desperdício (por exemplo, *Chorar não vai adiantar nada*) ou até punidas, talvez seja um desafio maior se dar permissão para senti-las, reconhecê-las e explorá-las. É possível que você seja a primeira pessoa da sua vida a se dar a permissão de que precisa para vivenciar seus sentimentos. Se você tem medo de que isso possa transformá-lo em algo que você não é ou em alguém que não quer ser, não há o que temer. O que isso vai lhe trazer, porém, é a oportunidade de ser o seu eu mais autêntico. Somos seres emocionais. Quando essa parte de nós é abafada, não estamos plenos.

### PRESTAR ATENÇÃO

O reconhecimento começa quando nos permitimos entrar em contato com a emoção. O passo seguinte é prestar atenção – respirar fundo e atentar para o que estamos sentindo. Sempre tive tendência a prender a respiração, de modo que o poder de respirar fundo era desconhecido por mim e até hoje parece um pouco esquisito. Não só prendo a respiração quando estou nervosa, ansiosa, fazendo ginástica ou zangada, como também tenho uma reação visceral a quem me diga algo como "Respire fundo, Brené", ou "Apenas respire". Basicamente, isso me dá vontade de socar essa pessoa – prendendo a respiração.

Nos últimos dois anos, no entanto, respirar tornou-se um dos pontos principais do meu "exercício de calma" – o modo como me refiro à minha abordagem não-perca-a-cabeça para enfrentar a vida. Curiosamente, os participantes da pesquisa que mais me ensinaram sobre a respiração ocupam lados que em geral consideramos opostos na linha contínua das profissões: de um lado, professores de ioga, líderes da meditação e praticantes da atenção plena; de outro, soldados, bombeiros, socorristas e atletas de elite. Seja qual for o professor, porém, na prática os métodos são os mesmos.

Mark Miller se descreve como poeta-guerreiro, herói acidental e estudioso da ciência. É também um Boina Verde que passou anos em combate, e suas descrições das técnicas de respiração tática usadas pelos militares foram incrivelmente úteis. Cheguei até a ensiná-las aos meus filhos. De fato, nas entrevistas com veteranos de guerra, soldados da ativa e socorristas, eles se apressaram em me dizer que confiam nessas técnicas para se acalmar e se concentrar, tanto na vida pessoal quanto nas situações de crise – um bombeiro me disse que as usou, muito recentemente, para negociar com o filho adolescente a questão dos deveres de casa. Vejamos a explicação de Mark Miller sobre a respiração tática:

### Respiração Tática

**1.** Respire fundo pelo nariz, inalando o ar e dilatando o abdômen enquanto conta até quatro – um, dois, três, quatro.

**2.** Prenda a respiração contando até quatro – um, dois, três, quatro.

**3.** Exale todo o ar lentamente pela boca, contraindo o abdômen, enquanto conta até quatro – um, dois, três, quatro.

**4.** Mantenha os pulmões vazios enquanto conta até quatro – um, dois, três, quatro.

O método de respiração ensinado por muitos terapeutas, professores de ioga e praticantes da atenção plena é a respiração do quadrado ou da caixa. Eles a usam para aumentar a consciência e reduzir a ansiedade e o estresse. Veja como é semelhante à respiração tática:

**Respiração do quadrado ou da caixa**

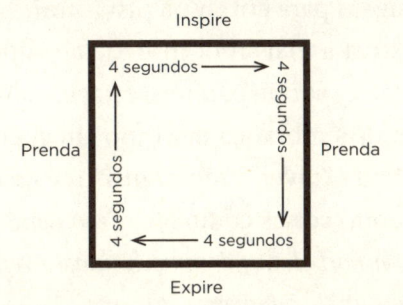

```
            Inspire
    ┌── 4 segundos ──┐
    │                │
 Prenda  4 segundos  Prenda
    │   4 segundos   │
    │                │
    └── 4 segundos ──┘
            Expire
```

A respiração é um elemento central na prática da atenção plena, técnica conhecida como *Mindfulness*. A definição de *atenção plena* que mais combina com o que ouvi dos participantes da pesquisa é a do Greater Good Science Center (Centro de Ciência para o Bem Maior), da Universidade da Califórnia em Berkeley – um dos meus sites favoritos na internet (greatergood.berkeley.edu):

Atenção plena significa manter, a cada momento, a consciência de nossos pensamentos, sentimentos, sensações corporais e do ambiente à nossa volta. Isso também envolve aceitação, pois prestamos atenção em nossos pensamentos e sentimentos sem julgá-los – sem achar, por exemplo, que existe uma forma "certa" ou "errada" de pensar ou sentir num dado momento. Quando praticamos a atenção plena, nosso pensamento entra em sintonia com o que estamos sentindo no momento presente, em vez de ficar repetindo o passado ou imaginando o futuro.

Na história do lago Travis, minha respiração durante o trajeto de volta se mostrou crucial para o desfecho. Eu conto as braçadas ao nadar e, em geral, respiro a cada quatro braçadas, e há algo na respiração ritmada que deixa minha mente e meus pensamentos mais focados.

Quando se trata da vida cotidiana em terra firme, permanecer consciente é uma luta. Minha cabeça costuma ficar uns 5 quilômetros à frente do meu corpo, preocupada com o que virá a seguir, ou subindo no meio-

-fio três ruas atrás de mim, à procura da pessoa que não me agradeceu quando lhe dei passagem para entrar na pista à minha frente. Viver dessa maneira torna exaustiva a mais inocente ida ao supermercado. Quando fico muito agitada, sou capaz de parar no estacionamento da loja sem ter rigorosamente a menor lembrança de como cheguei lá.

No começo, a ideia de "viver o momento" me assustou. Imaginei que passaria a vida pensando coisas como *Neste momento, está ventando e vejo uma borboleta. Agora a borboleta foi embora, mas o vento continua a soprar. Um mosquito me picou apesar do vento. Ah, meu Deus, faça isto parar! Não posso viver cada momento quadro a quadro. Tenho coisas em que pensar e trabalho a fazer*. Basicamente, eu temia que a atenção plena perturbasse meu estado de fluxo – que o estudioso Mihaly Csikszentmihalyi descreve como a sagrada interseção entre satisfação profunda e concentração disciplinada.

E então um dia, no meio de uma caminhada, notei algo. Eu já havia descoberto que penso melhor quando caminho sozinha. É nessa hora que separo e organizo as ideias. Mesmo que já tenha ido caminhar com algum amigo, fico ansiando por uma oportunidade de andar sozinha. Quando tenho algo a resolver, mesmo que esteja chovendo e fazendo -1°C do lado de fora, saio para dar uma volta. Bem, na verdade, andar e falar. Meus vizinhos sempre caçoam de mim por falar sozinha e agitar os braços pelas ruas. Não há nada que eu possa fazer – esse é o meu processo.

Naquele dia, porém, de repente fui atingida pela percepção de como estava ciente de tudo ao meu redor. Eu estava completamente mergulhada em meu trabalho – com o cérebro trabalhando a todo o vapor –, mas também tinha uma consciência aguda do cheiro da grama recém-cortada e da cor das bocas-de-leão que minha vizinha estava plantando. Gostei da sensação que me davam, por dentro do tênis, as meias novas que eu havia surrupiado da gaveta da minha filha, e saboreava a temperatura ligeiramente mais fresca pela qual todos os houstonianos anseiam com grande expectativa. Foi então que me dei conta de que a atenção plena e o estado de fluxo nunca competem entre si. Não se trata da mesma coisa, mas compartilham a mesma base: a decisão de prestar atenção.

Umas duas semanas depois, eu voltava de uma caminhada de trabalho muito produtiva quando encontrei meu filho, Charlie, segurando o dedo e tentando segurar o choro. Havia espetado uma farpa e precisava de ajuda. Antes da percepção sobre o estado de fluxo e a atenção plena, eu ficaria aflita por não poder me sentar imediatamente para registrar todas as ideias que tivera enquanto andava. Nesse dia, porém, resolvi apenas estar presente e focar minha atenção plena em Charlie. Não levou mais que alguns minutos para encontrar a pinça e os óculos, mas não saí correndo pela casa, em pânico. Extraí a farpa e fiquei com Charlie até ele se sentir pronto para continuar a brincar.

Quando enfim me sentei diante do computador, lá estavam todas as minhas ideias à minha espera. Minhas inspirações não eram algo externo que eu houvesse atraído para casa: eram parte de mim. Eu estivera presente para elas, que, por sua vez, permaneceram presentes para mim.

A terceira lei de Newton diz que "para toda ação existe uma reação oposta de igual intensidade". Acredito que essa lei também se aplica à nossa vida afetiva. Para toda emoção sentida existe uma reação. Ao ficar com raiva, podemos perder a cabeça ou nos fechar, ou nossa reação pode ser intencional – respirar, manter a cabeça fria e ter consciência do que de fato estamos sentindo e de nossa maneira de reagir. Quando estamos com medo, é fácil seguir o padrão instintivo de luta ou fuga, mas também podemos respirar e reagir de forma ponderada. A respiração e a atenção plena nos dão a consciência e o espaço de que necessitamos para fazer escolhas alinhadas com nossos valores.

## ENTRAR VOCÊ DEVE

Agora, talvez você esteja pensando: *Não quero fazer isso. Parece que vai dar um trabalhão. Deve ser muito difícil.* Eu entendo. Concordo com você. O simples fato de o sujeito voltar a si depois de uma queda, por mais zonzo que esteja, já exige muito – deveria bastar. Mas não basta. Entrar na nossa história é o reconhecimento, nosso ajuste de contas. Pode parecer perigoso, mas "entrar você deve".

Há uma cena crucial de *O Império contra-ataca* em que Yoda está treinando Luke para ser um guerreiro Jedi e lhe ensina a usar a Força para o bem, mostrando-lhe que o lado negro – a raiva, o medo e a agressividade – pode consumi-lo se ele não aprender a encontrar a calma e a paz interior. Nessa cena, Luke e Yoda estão no pântano escuro em que vinham fazendo o treinamento e o rapaz assume uma expressão estranha. Ele aponta para uma caverna sombria na base de uma árvore gigantesca e, olhando para o mestre, diz: "Há alguma coisa errada aqui... Estou com frio. Morte."

Yoda lhe explica que a caverna é perigosa e está carregada do lado negro da Força. Luke parece confuso e temeroso, mas a resposta simples de Yoda é: "Entrar você deve."

Quando Luke pergunta o que há na caverna, Yoda diz: "Só o que levar com você."

Luke começa a pegar suas armas, mas Yoda o adverte, persistente: "Das armas você não vai precisar."

A caverna é escura e cheia de trepadeiras. Um vapor sinistro se eleva do chão, enquanto uma cobra enorme se enrosca num ramo e um lagarto de aparência pré-histórica empoleira-se num galho. Ao avançar lentamente pela caverna, Luke encontra seu inimigo, Darth Vader. Ambos sacam os sabres de luz e o rapaz decepa a cabeça de Vader, com capacete e tudo. A cabeça rola pelo chão e a proteção do rosto cai, revelando o rosto de Vader. Só que não é o rosto de Darth Vader, e sim o de Luke, que fita sua própria cabeça no chão.

Entrar em nossas histórias de mágoa é como entrar na caverna do filme. Pode dar uma sensação de perigo e de que algo de ruim vai acontecer, mas, em última análise, o que devemos confrontar somos nós mesmos. A parte mais difícil de nossas histórias muitas vezes consiste no que levamos para elas – no que inventamos sobre quem somos e como os outros nos veem. Sim, talvez tenhamos perdido um emprego ou enfiado os pés pelas mãos num projeto, mas o que torna a história tão dolorosa é o que dizemos a nós mesmos sobre nosso valor.

Assumir nossas histórias significa fazer um ajuste de contas com nossos sentimentos e descobrir nossas emoções sombrias – medo, raiva, agressividade, vergonha e culpa. Não é fácil, mas a alternativa – negar nossas histórias e nos desligarmos da emoção – significa optar por permanecer a vida inteira no escuro.

Quando decidimos reconhecer nossa própria história e viver segundo a nossa verdade, levamos nossa luz às trevas.

É hora de partir para a descoberta.

*As histórias* **MAIS PERIGOSAS** QUE CRIAMOS SÃO AS *narrativas que diminuem nosso* **VALOR INERENTE.** TEMOS QUE RECUPERAR **A VERDADE:** *somos criativos,* **DIVINOS** e DIGNOS DE AMOR.

*Cinco*
# A DESCOBERTA

> Quando se está no meio de uma história, ela não é história alguma, apenas uma confusão; um rugir obscuro, uma cegueira, um amontoado de vidro estilhaçado e lascas de madeira; é como uma casa num tornado, ou um barco esmagado por icebergs ou arrastado pelas corredeiras, com todos a bordo mostrando-se impotentes para detê-lo. Só depois é que ela se torna algo parecido com uma história: quando a contamos a nós mesmos ou a outra pessoa.
>
> – Margaret Atwood, *Vulgo, Grace*

O reconhecimento é a maneira de entrar em nossa história; a descoberta é onde a assumimos. A meta é passarmos a ser sinceros a respeito das histórias que criamos sobre nossas dificuldades, reexaminar e questionar essas narrativas, vendo se correspondem à realidade, à medida que refletimos sobre temas como limites, vergonha, culpa, ressentimento, desgosto, generosidade e perdão. Elaborar esses temas e passar de nossas respostas iniciais a uma compreensão mais profunda de nossos pensamentos, sentimentos e comportamentos é algo que dá origem a ensinamentos fundamentais sobre quem somos e como nos relacionamos com os outros. A descoberta é o lugar em que a plenitude é cultivada e a mudança começa.

## CONSPIRAÇÕES E FABULAÇÕES

A descoberta começa quando aumentamos nosso nível de curiosidade e tomamos consciência da história que contamos a nós mesmos sobre nossa mágoa, raiva, frustração ou dor. No minuto em que estamos de cara no chão da arena, nossa cabeça começa a tentar encontrar um sentido para o que está acontecendo. Essa história é movida pela emoção e pela necessidade imediata de autoproteção, o que significa que provavelmente não será fidedigna, bem pensada nem civilizada. Na verdade, quando a primeira história que lhe vem à cabeça tem qualquer uma dessas características, ou você é fora de série ou não está sendo inteiramente sincero.

Lembra-se da citação de Thompson, "A civilização termina na linha d'água"? A descoberta começa quando temos disposição, capacidade e coragem para vencer a linha d'água – para mergulhar na primeira história nada civilizada que estamos criando. Esse é o começo do Segundo Ato.

Por que é necessário captar essa história sem censurá-la? Porque nessa narrativa não editada estão incrustadas as respostas a três perguntas de importância crucial – que cultivam a plenitude, trazendo coragem, compaixão e um vínculo mais profundo com a vida:

**1.** O que mais preciso aprender e entender sobre a situação?

**2.** O que mais preciso aprender e entender sobre as outras pessoas da história?

**3.** O que mais preciso aprender e entender sobre mim mesmo?

Na falta de dados, inventamos histórias. Fomos programados para isso. A necessidade de criar histórias, sobretudo quando estamos feridos, faz parte de nossa estrutura mais primitiva de sobrevivência. Dar sentido às coisas está na nossa biologia e, com frequência, nosso comportamento-padrão consiste em inventar uma história que faça sentido, pareça familiar e nos ofereça recursos para nossa proteção. O que tentamos fazer na descoberta – optar pela insegurança e a vulnerabilidade na hora de encarar a verdade – é uma escolha consciente. Uma escolha consciente e corajosa.

Robert Burton, neurologista e romancista, explica que nosso cérebro nos recompensa com uma descarga de dopamina quando reconhecemos e completamos padrões – como as histórias são. O cérebro reconhece a estrutura familiar de começo-meio-fim de uma história e nos recompensa por nos livrarmos da ambiguidade. Infelizmente, não precisamos ser fiéis à realidade, basta termos certeza.

Sabe aquela sensação maravilhosa que temos ao ligar os pontos, ou quando algo finalmente faz sentido pela primeira vez? O "momento arrá", como diria Oprah Winfrey? Burton o usa como exemplo de como vivenciamos a recompensa que nosso cérebro nos oferece quando reconhecemos um padrão. A parte traiçoeira é que a promessa dessa sensação pode nos seduzir, levando-nos a evitar ao máximo a insegurança e a vulnerabilidade, que muitas vezes são necessárias para chegarmos à verdade.

Burton escreve: "Por sermos impelidos a criar histórias, é comum seguirmos narrativas incompletas e nos guiarmos por elas." Em seguida, ele diz que, mesmo quando achamos que só resolvemos parte da história, "ganhamos uma 'recompensa' de dopamina toda vez que ela nos ajuda a compreender alguma coisa em nosso mundo – mesmo que essa explicação esteja incompleta ou equivocada".

Por exemplo, na história do lago Travis, a primeira história se definia por estes pontos factuais:

- Steve e eu estamos nadando juntos pela primeira vez em décadas.
- Estou sendo mais vulnerável do que de costume e tentando me conectar com ele.
- Steve não está dando uma resposta positiva à minha tentativa de contato.

A primeira história que contei a mim mesma foi que ele era um idiota que havia me iludido, fazendo-me acreditar, durante 25 anos, que era gentil e amoroso, quando na realidade estava me dispensando só porque eu não fico mais tão bonita de maiô e meu nado livre é um horror.

Por que foi essa a minha primeira história? Porque "não sou boa o bastante" é uma das narrativas a que mais recorro quando fico magoada. É o equivalente da minha calça jeans preferida. Quando estou em dúvida, a explicação do "nunca sou boa o bastante" costuma ser a primeira coisa a que me agarro. A história da culpa é outra favorita. Quando algo dá errado, me sinto mal ou fico com a sensação de estar exposta ou vulnerável demais, quero logo saber de quem é a culpa. Sou capaz de inventar uma história dessas num piscar de olhos.

Que nome damos a uma história construída de dados reais limitados e dados imaginados, misturados numa versão coerente e emocionalmente satisfatória da realidade? Teoria da conspiração. Recorrendo à história e a extensas pesquisas, Jonathan Gottschall, professor de inglês e jornalista científico, examinou a necessidade humana de histórias em seu livro *The Storytelling Animal* (O animal contador de histórias). Ele explica que há cada vez mais indícios de que "pessoas comuns e mentalmente sadias têm notável tendência para fabulações nas situações do cotidiano". Os assistentes sociais sempre usaram o termo *fabulação* ao falarem de como, vez por outra, devido a demência ou a lesões cerebrais, as pessoas passam a substituir as informações que faltam por dados falsos, que elas acreditam ser reais. Quanto mais me aprofundei na pesquisa de Gottschall, mais concordei com sua teoria de que a fabulação é uma questão humana, presente no dia a dia, não apenas resultante de problemas de saúde mental.

Num dos meus experimentos favoritos descritos nesse livro, uma equipe de psicólogos pediu a pessoas que faziam compras que escolhessem um par de meias entre sete pares e lhes dissessem as razões de sua escolha. Todos explicaram a escolha com base em diferenças sutis de cor, textura e costuras. Nenhum deles disse "Não sei por que escolhi esta", ou "Não faço ideia do motivo por que escolhi esta". Todos tinham uma história para explicar sua decisão. Mas aí está a graça: as meias eram idênticas. Gottschall explicou que todos os participantes contaram histórias que faziam sua decisão parecer racional. Mas na verdade não era: "As histórias eram fabulações – mentiras contadas com sinceridade."

Muitas fabulações são menos um resultado de problemas de saúde mental ou de memória que da interação entre emoções, pensamentos e ações. Se meu marido e eu não tivéssemos resolvido nosso problema no lago, é muito provável que eu dissesse a minhas irmãs (a quem amo e respeito e com quem sou sincera) que tivéramos uma briga terrível porque Steve havia achado que eu estava horrorosa com meu maiô novo. Isso teria sido uma fabulação. E, por mais sincera que eu fosse ao transmitir essa inverdade, ela poderia ter magoado Steve, o nosso relacionamento e a mim mesma. E talvez até minha relação com minhas irmãs. Imagino uma delas, ou ambas, dizendo: "Isso não parece coisa do Steve. Você tem certeza?" E minha resposta provável seria: "Perfeito. Fiquem do lado dele. Vocês são todas um saco!" Produtivo, não é?

Todos fabulamos e criamos teorias da conspiração, e há ocasiões em que as consequências parecem insignificantes. Mas eu diria que não são. Com o tempo, criar conspirações pode se tornar um padrão destrutivo e, às vezes, uma única fabulação pode causar muitos danos a nosso amor-próprio e aos nossos relacionamentos.

As histórias mais perigosas que criamos são as narrativas que diminuem nosso valor inerente. Temos que recuperar a verdade: somos criativos, divinos e dignos de amor.

**Dignos de amor.** Muitos participantes da minha pesquisa que passaram por um rompimento ou divórcio doloroso, foram traídos pelo parceiro ou viveram um relacionamento distante ou indiferente com um dos pais ou um membro da família contaram que uma de suas reações à dor eram histórias sobre sua incapacidade de inspirar amor – narrativas que questionavam se eles eram dignos de ser amados. Essa talvez seja a teoria da conspiração mais perigosa de todas. Se aprendi algo nos últimos treze anos, foi isto: o simples fato de alguém não querer ou não poder nos amar não significa que não sejamos dignos de amor.

**Divinos.** Os participantes que contaram histórias de vergonha que giravam em torno da religião tinham menos pontos em comum do que a maioria das pessoas supõe. Nenhuma religião específica se destacou como mais causadora de vergonha; entretanto, há um padrão marcante que vale a pena assinalar. Mais da metade dos participantes que mencionaram experimentar esse sentimento em suas histórias ligadas à religião também encontraram resiliência e cura através da espiritualidade. A maioria deles mudou de igreja ou de crença, mas a espiritualidade e a fé continuaram a ser uma parte importante de sua vida. Eles acreditavam que a origem de sua vergonha estava nas normas e regras terrenas, feitas e interpretadas por seres humanos, e nas expectativas sociais e/ou comunitárias da religião, não em sua relação pessoal com Deus ou o divino. Nossas narrativas de fé precisam ser protegidas e devemos lembrar que ninguém é juiz da nossa religiosidade nem autor da história de nosso valor espiritual.

**Criativos.** Em *A coragem de ser imperfeito*, escrevi:

> Uma razão para minha certeza de que a ferramenta da vergonha vigora nas escolas é saber que 85% dos homens e mulheres que entrevistei na pesquisa puderam se lembrar de algum episódio de vergonha na escola durante a infância que tenha mudado sua maneira de se enxergarem como alunos. O que torna isso ainda mais espantoso é que quase metade dessas recordações eram o que chamo de "cicatrizes de criatividade". Os participantes da pesquisa podiam apontar algum episódio específico em que escutaram que eles não eram bons escritores, artistas, músicos, dançarinos ou alguma outra coisa ligada à sua produção criativa. Ainda vejo isso acontecendo nas escolas o tempo todo. A arte é avaliada segundo padrões rigorosos, e é dito às crianças, desde o jardim de infância, que elas não têm dons criativos. Isso nos ajuda a entender por que os *gremlins* são tão bem-sucedidos quando se trata de criatividade e inovação.

Da mesma forma, devemos cultivar as histórias que contamos a nós mesmos sobre nossa criatividade e nossas habilidades. O fato de não termos ficado à altura de um determinado padrão não significa que não tenhamos dons e talentos que só nós podemos oferecer ao mundo. O simples fato de alguém não ter reconhecido a importância do que somos capazes de criar ou realizar não modifica o valor do que produzimos nem o nosso.

Gottschall afirma que o pensamento conspiratório "não se limita aos deficientes, ignorantes e loucos. Ele é um reflexo da necessidade de nossa mente contadora de histórias de criar experiências significativas". Ele destaca ainda a ideia convincente de que, em última análise, as teorias da conspiração são usadas para explicar por que coisas ruins acontecem: "Para a mente conspiratória, a desgraça *nunca* acontece pura e simplesmente", e as complexidades da vida humana ficam reduzidas a teorias que são "sempre de uma simplicidade consoladora".

Sua conclusão sobre o pensamento conspiratório em nível social reflete alguns problemas semelhantes. Gottschall escreve que, para os teóricos da conspiração, "as coisas ruins não acontecem por causa de um turbilhão loucamente complexo de variáveis históricas e sociais abstratas. Acontecem porque há homens maus que vivem para acabar com a nossa felicidade. E você pode combatê-los e até derrotá-los – *se* conseguir descobrir a história oculta".

Em minhas pesquisas, constatei que o mesmo se pode dizer das fabulações que inventamos para justificar certos estereótipos e explicar uma briga com o parceiro, o olhar de reprovação do chefe ou o comportamento de um filho na escola. Inventamos histórias ocultas que nos dizem quem está contra nós e quem está do nosso lado, em quem podemos confiar e quem não é confiável. O raciocínio conspiratório nasce do desejo de autoproteção baseado no medo e de nossa intolerância à incerteza. Quando dependemos muito de narrativas autoprotetoras, elas se tornam nossas narrativas-padrão. Não devemos esquecer que contar histórias é um poderoso instrumento de integração. Começamos a entremear em nossa vida esses enredos ocultos e falsos, e logo estamos distorcendo quem somos e nosso modo de nos relacionar com os outros.

Quando a narrativa inconsciente se torna o nosso padrão de funcionamento, é comum sempre tropeçar na mesma questão, ficar no chão ao cair e criar versões diferentes de um mesmo problema em nossas relações – colocamos a história em modo de repetição automática. Barton explica que nosso cérebro gosta de histórias previsíveis: "Com efeito, os padrões eficientes de observação estimulam nosso cérebro a compor a história que esperamos ouvir."

Os homens e mulheres que já haviam cultivado práticas para se recuperar e dar a volta por cima se mostraram cientes da armadilha representada pela primeira história que nos vem à cabeça, ao passo que os participantes que continuavam enfrentando dificuldades pareciam ter ficado presos nelas. A boa notícia é que as pessoas não nascem com um entendimento excepcional das histórias que inventam nem essa compreensão cai do céu. Elas o praticam. Às vezes, durante anos. O primeiro passo é ter a intenção de tomar consciência das histórias e não desistir até conseguir pegar suas conspirações e fabulações no flagra.

### *Pegar as conspirações e fabulações no flagra*

Para flagrar as primeiras histórias que nos vêm à cabeça e aprender com elas, precisamos empregar nossa segunda ferramenta de integração – a criatividade. A maneira mais eficaz de promover a percepção é escrever nossas histórias. Nada sofisticado. A meta aqui é colocar no papel o que Anne Lamott chamaria de "tentativa de rascunho inicial", ou TRI. O conselho de Lamott, extraído de seu excepcional livro *Palavra por palavra*, é exatamente o que precisamos fazer:

> A única maneira de eu conseguir escrever alguma coisa é fazendo rascunhos iniciais que são realmente, realmente terríveis. O primeiro rascunho é o da criança, no qual você despeja tudo e se deixa fazer bagunça, sabendo que ninguém vai ler o que escreveu e que depois você poderá lhe dar forma. Você apenas deixa essa sua parte infantil canalizar todas as vozes e visões que surgirem e colocá-las na página. Se um personagem quiser dizer "Bom, e daí, Sr. Calça de Cocô?", você deixa. Ninguém vai ver. Se a criança quiser entrar num território sentimental, choroso, emotivo, você deixa. É só pôr tudo no papel, porque pode haver algo genial nessas seis páginas malucas a que você nunca chegaria por meios adultos mais racionais.

Posso jurar que, em quase todas as minhas histórias iniciais como a do lago Travis, você vai encontrar a Brené com 5 anos, dada a acessos de birra e ataques de malcriação. Nosso eu adulto e racional é um bom mentiroso. Os tiranos de 5 anos dentro de nós é que são capazes de dizer a verdade.

O que você vai escrever não precisa ser uma narrativa abrangente. Pode ser uma lista em tópicos anotada num bilhete ou um simples parágrafo num diário. Apenas anote. E, como sua meta é a plenitude, precisamos considerar nosso ser completo ao redigir nosso rascunho inicial. A essência (e, às vezes, a totalidade) da minha TRI em geral consiste nos seis itens abaixo – talvez com algumas anotações:

A história que estou criando:
Minhas emoções:
Meu corpo:
Meu pensamento:
Minhas crenças:
Minhas ações:

Contar histórias também é um esforço de criação, de modo que, se tiver uma pessoa de confiança dotada da habilidade e da paciência para ouvir, você poderá lhe contar a sua TRI, embora escrever seja sempre mais eficaz. James Pennebaker, pesquisador da Universidade do Texas em Austin e autor de *Writing to Heal* (Escrever para curar), fez uma das pesquisas mais importantes e fascinantes sobre o poder da escrita expressiva no processo de cura. Numa entrevista divulgada no site da Universidade do Texas, Pennebaker explica: "As reviravoltas emocionais afetam todas as partes da nossa vida. Você não perde um emprego, pura e simplesmente, tampouco apenas se divorcia. Esse tipo de coisa tem implicações em todos os aspectos de quem somos – nossa situação financeira, nossas relações com os outros, nossa opiniões sobre nós mesmos, nossas questões de vida e morte. Escrever nos ajuda a colocar as questões em perspectiva e organizar a experiência." Pennebaker acredita que, pelo fato de nossa mente ser projetada para tentar compreender o que ocorre conosco, traduzir em palavras as experiências confusas e difíceis torna os acontecimentos apreensíveis.

O importante a assinalar na pesquisa de Pennebaker é o fato de ele defender uma escrita limitada, com irrupções breves. Ele constatou que escrever sobre reviravoltas emocionais por apenas quinze a vinte minutos diários, durante quatro dias consecutivos, é suficiente para reduzir a angústia, a ruminação e os sintomas depressivos, além de fortalecer nosso sistema imunológico.

Os participantes de minha pesquisa não se referiram a uma abordagem específica, porém mais de 70% deles usavam alguma forma de escrita curta. Muitos elaboravam suas emoções em cartas que sabiam que não mandariam nunca, mas precisavam escrever. Uma participante me contou que ela e o marido, depois de descobrirem que o filho de 19 anos havia largado a faculdade e estava usando o dinheiro que os dois lhe enviavam para dar festas aos amigos, escreveram pequenas cartas ao rapaz, todas as noites, durante uma semana. Depois ela contou: "Sem aquelas cartas, não teria havido nada além de berros e gritaria. Quando nos sentamos com ele para conversar, estávamos calmos e prontos para responsabilizá-lo por suas decisões."

Compartilho minha história pessoal do uso de cartas como TRI no Capítulo Dez. Como você poderá ver, elaborar uma vergonha terrível no papel é muito menos doloroso do que falar sobre ela com alguém. A pesquisa de Pennebaker, combinada com o que aprendi no meu próprio trabalho, foi suficiente para me convencer de que mesmo os mais breves compromissos com a escrita podem gerar resultados significativos.

Em matéria de TRIs, é importante não filtrar a experiência, não polir as palavras nem se preocupar com o que vão pensar de você (razão pela qual, muitas vezes, escrever é mais seguro do que conversar). Não é possível chegar a um novo e corajoso final se partirmos de um lugar que não seja autêntico. Permita-se chapinhar pelas águas às vezes turvas do que você está pensando e sentindo. Você pode ficar zangado, ser pretensioso, culpar os outros, se confundir. Só não edite o texto nem tente fazê-lo ficar perfeito. Noventa por cento das minhas TRIs começam por "Estou com raiva. Sinto uma necessidade física de gritar, de esmurrar alguém ou de chorar."

Mais uma vez, você pode realizar esse processo em voz alta – em vez de escrevê-lo –, mas isso traz certos riscos. Enxergar com clareza a história que estamos criando em meio à dor não tem nada a ver com desabafar ou dizer desaforos. Sua TRI não é uma permissão para magoar as pessoas. Se você se colocar diante de alguém e disser "Estou achando que você é egocêntrico, cheio de si, e que todos que trabalham com você o consideram um babaca", estará no caminho errado. O objetivo desse processo é captar a história que está contando a si mesmo sobre a sua queda. Isso deve trazer a sensação de vulnerabilidade e intimidade. Sua intenção deve ser abraçar a curiosidade, a consciência e o crescimento.

Às vezes, Steve e eu vamos direto às histórias – como no episódio do lago. Mas não se esqueça de que, naquele dia, eu dispunha de um longo trajeto de volta a nado para organizar minhas fabulações e conspirações. Quando pulamos para as histórias um com o outro ou com as crianças, temos enorme cuidado e respeito por essa ferramenta. O rascunho inicial é um instrumento de investigação e intenção – não uma arma.

No geral, tenho que caminhar, nadar ou fazer algo que me dê o tempo e o espaço de que necessito para que minha TRI fique clara antes de compartilhá-la. Cerca de 50% dos participantes da pesquisa citaram as atividades físicas como um modo de elaborar TRIs mais complexas, quando sentem emoções fortes demais. Um deles subia e descia cinco lances de escada no escritório.

Minha equipe de liderança também usa com regularidade a expressão "a história que estou criando". O que reparei é que quase todo mundo passa pela fase da bagunça e da raiva antes de se sentar para discutir o assunto em questão. De vez em quando, também usamos a TRI sem ensaio prévio, mas isso veio com a prática. Por exemplo, recentemente estávamos numa reunião de intensa troca de ideias sobre novos empreendimentos quando notei que uma integrante da equipe foi ficando cada vez mais calada. Quando lhe perguntei se estava tudo bem, ela respondeu: "Fico fazendo perguntas difíceis sobre essas ideias e estou começando a criar a história de que os outros não estão me achando suficientemente entusiasmada ou comprometida." Isso me deu a oportunidade de redefinir o objetivo daquela reunião e assegurar à equipe que eu esperava ouvir o ponto de vista de cada um e que valorizava acima de tudo a franqueza e as perguntas difíceis.

Pense em como isso é muito mais produtivo do que alguém sair da reunião aborrecido, ressentido e confuso ou questionando suas contribuições. Como líder da equipe, realmente valorizo e respeito esse tipo de franqueza, que me oferece a oportunidade inestimável de me comunicar de modo sincero com as pessoas em quem mais confio.

A TRI modificou nossa forma de comunicação. Pense em quantas vezes você deu as costas após um conflito com alguém no trabalho, ou leu um e-mail que o deixou enfurecido, e depois criou uma história inteira sobre o que estava acontecendo. De todos os contatos que recebo de líderes que estão implementando meu trabalho com suas equipes, a vasta maioria fala de como o esclarecimento dessas histórias iniciais alterou sua maneira de liderar e levar a vida.

Em 2014, a Daring Way iniciou uma colaboração de três anos com a organização Team Red, White, and Blue (Team RWB), a fim de levar a veteranos de guerra o que estamos aprendendo sobre ousadia e dar a volta por cima. A missão da Team RWB é enriquecer a vida dos veteranos norte-americanos, ligando-os a suas comunidades por meio de atividades físicas e sociais. Tive a oportunidade de conhecer líderes da organização durante visitas que fiz a West Point, o campus da Academia Militar dos Estados Unidos no vale do Hudson, estado de Nova York. O que eles me ensinaram e o que aprendi em minhas entrevistas com eles trouxeram contribuições inestimáveis para a pesquisa.

Blayne Smith, que se formou em West Point e é ex-oficial das Forças Especiais, é o diretor executivo da Team RWB. Eis o que ele compartilhou comigo sobre sua experiência de descoberta da "história que estamos criando":

A possibilidade de dizer "a história que estou criando" é extremamente útil sob vários aspectos. Primeiro, cria a oportunidade de um diálogo interior. Ela me dá a chance de parar e avaliar o que estou pensando e sentindo antes mesmo de mencionar o assunto a outra pessoa. Em alguns casos, é só disso que preciso. Às vezes, quando tenho que comunicar uma frustração ou um problema, começar com "a história que estou criando" me permite falar de maneira honesta e franca, sem medo de colocar o interlocutor na defensiva. Ela também é muito útil para desarmar os ânimos e quase sempre resulta numa conversa produtiva – em lugar de um bate-boca acalorado.

Como primeiro funcionário remunerado de uma organização sem fins lucrativos, sempre fui extremamente frugal quanto aos gastos. Apesar de havermos crescido e hoje gozarmos de certa estabilidade financeira, mantenho meus velhos hábitos com o cartão de crédito da empresa. Nas viagens, é muito raro eu pagar um café ou uma refeição com verbas da firma. No entanto, numa viagem recente a Washington, um de meus colegas de equipe disse que precisava me pedir um favor: "Preciso que você use o cartão da companhia quando for pagar suas refeições durante as viagens." Quando lhe perguntei por quê, ele respondeu: "Porque a história que estou criando é que, toda vez que uso meu cartão da companhia para pagar uma refeição, você está me julgando." Fiquei arrasado. Nem sequer havia pensado nisso. Ele me disse que nossa equipe precisava se sentir à vontade ao gastar o dinheiro da organização de maneira apropriada e que minha resistência a fazê-lo vinha dificultando as coisas. Não era uma grande questão estratégica nem uma decisão empresarial num debate acalorado, mas esse tipo de comunicação e de sinceridade é grande parte do que faz da Team RWB um ótimo lugar para se trabalhar.

Além das advertências sobre não tentar "melhorar" a sua TRI, tome cuidado com a necessidade de certezas. A incerteza é ardilosa e serve para levar uma boa história adiante – a graça da trama policial é o mistério –, mas pode bloquear as histórias difíceis que estamos tentando captar. Quando se trata do processo de reconhecer nossas histórias pessoais mais difíceis, a incerteza pode ser desconfortável a ponto de nos afastar do assunto ou nos precipitar para o final. Por isso, se deparar com uma parte da história que você não entende ou lhe traz uma sensação de incerteza ou aflição, apenas coloque um ponto de interrogação ou escreva uma nota para si mesmo: *Que será que aconteceu aqui? Confusão total. Quem sabe?* O importante é não pular esse pedaço. Continue com a história até tocar em todas as partes dela.

Você saberá se está sendo sincero quando tiver medo de que alguém veja a sua TRI e o considere um completo babaca ou um perfeito maluco. Essas preocupações são um bom sinal de que você está no caminho certo. Não se contenha. Não há volta por cima sem um relato verdadeiro das histórias que criamos.

## A DESCOBERTA

É hora da descoberta. Hora de soltar a curiosidade, cutucar, sondar e explorar os pormenores da nossa história. As primeiras perguntas que fazemos nesse processo às vezes são as mais simples:

1. O que mais preciso aprender e entender sobre a situação?
    *O que sei em termos objetivos?*
    *Que suposições estou fazendo?*
2. O que mais preciso aprender e entender sobre as outras pessoas da história?
    *De que informações adicionais preciso?*
    *Que perguntas ou esclarecimentos poderiam ajudar?*

Agora chegamos às perguntas mais difíceis – aquelas que é preciso ter coragem e prática para responder:

**3.** O que mais preciso aprender e entender sobre mim mesmo?
*O que está por trás da minha reação?*
*O que estou sentindo de verdade?*
*Qual foi o meu papel nisso?*

A maneira de descobrir nossa história e abordar essas perguntas depende de quem somos e do que vivenciamos. Como disse Yoda a Luke, o que está na caverna depende de quem entra nela. Portanto, alguns temas de descoberta dignos de investigação emergiram sistematicamente nas minhas entrevistas – questões reveladas pela curiosidade dos participantes, à medida que lidavam com as perguntas sobre o que estavam sentindo. Eis uma lista:

### TEMAS DE DESCOBERTA

Tristeza
Vulnerabilidade Fracasso
Perdão Culpa e responsabilidade
Decepção, expectativas e ressentimento
Medo Nostalgia Estereótipos e rótulos
Limites Perfeccionismo
Identidade Confiança Amor, aceitação e mágoas
Arrependimento Carências e vínculos Críticas
Generosidade Vergonha
Integridade

À medida que avançar na leitura, você vai descobrir que, enquanto já pesquisei e conheço bem alguns desses temas (como vergonha, culpa e responsabilização), outros (como perdão e nostalgia) me colocam na posição de aluna. Quando os assuntos estiverem fora da minha área de estudo, apresentarei especialistas que conhecem bem esses campos e exploraremos juntos o trabalho deles.

# O DELTA

**delta** *substantivo* Quarta letra do alfabeto grego – símbolo matemático da *diferença*. O delta maiúsculo é representado por um triângulo.

A diferença – o *delta* – entre a história que criamos sobre as nossas vivências e a verdade a que temos acesso através do processo de descoberta é onde estão o sentido e a sabedoria dessa experiência. O delta contém os principais ensinamentos – basta estarmos dispostos a entrar em nossas histórias e descobri-los.

Embora as palavras *diferença* e *delta* possam ter o mesmo significado, prefiro usar *delta* por duas razões, uma profissional e uma pessoal. O símbolo do triângulo nos leva de volta à banqueta de três pés formada por emoção, pensamento e comportamento. A verdadeira descoberta afeta nossa maneira de sentir, pensar e agir – nosso ser pleno.

A razão pessoal é mais sentimental. A música "Delta", de Crosby, Stills & Nash, é uma daquelas a que mais recorri durante os altos e baixos dos últimos trinta anos. Eu me sentei no chão do meu apartamento em San Antonio e escutei essa música quando recebi a notícia de que Ronnie, o único irmão de minha mãe, tinha sido morto com um tiro num ato aleatório de violência. Escutei-a depois que meus pais telefonaram para meu quarto na faculdade para me contar que iam se divorciar. Toquei-a a caminho da minha cerimônia de casamento; ouvi-a no carro, parada no estacionamento, antes da minha defesa de tese; também a caminho do meu primeiro encontro com minha terapeuta, Diana; e no hospital, quando dei à luz meus dois filhos. A letra faz com que eu me sinta menos sozinha – e me permite ver que não sou a única que está navegando os "rios velozes da escolha e do acaso".

*Os pensamentos*
*Como folhas dispersas*
*Caem mais lentos*
*Na correnteza*

*Dos rios velozes*
*Da escolha e do acaso.*
*E o tempo se detém aqui no delta*
*Enquanto eles dançam, dançam.*

*Gosto da criança*
*Que pilota este barco,*
*Mas, ultimamente, ela anda louca*
*Por águas profundas...**

Gosto muito da criança que pilota meu barco, mas há momentos em que ela tem tão pouco medo das águas profundas, escuras e revoltas que me flagro mais envolvida com esse processo do que seria capaz. Costumo me comportar muito melhor quando estou com raiva do que quando me sinto magoada, decepcionada ou com medo. É por isso que a descoberta é tão importante – muitos têm emoções mais familiares que mascaram o que realmente estão sentindo. Os deltas são os locais em que o rio encontra o mar – são lodosos, cheios de sedimentos e vivem em eterna mudança. São também áreas ricas e férteis de cultivo. É neles que precisamos concentrar nossos esforços – é do delta que emergem nossos principais ensinamentos.

Na história do lago, tive que lidar com a vergonha, a culpabilização, os vínculos, o amor, a confiança e a generosidade. O delta entre a história que criei e a verdade deu origem a um ensinamento fundamental, que até hoje tem um valor inestimável em nosso relacionamento: Steve e eu nos amamos e confiamos um no outro, mas, quando a vergonha e o medo aparecem, tudo pode desandar num instante se não estivermos dispostos a ser vulneráveis no exato momento em que mais desejamos nos proteger. Outros ensinamentos essenciais que surgiram desse delta foram:

---

* Os versos originais em inglês são: "Thoughts / Like scattered leaves / Slowed in mid-fall / Into the streams / Of fast running rivers / Of choice and chance / And time stops here on the delta / While they dance, while they dance. / I love the child / Who steers this riverboat, / But lately he's crazy / For the deep..."

- Fui lembrada de que a vergonha é mentirosa e rouba histórias. Tenho que confiar mais em mim e nas pessoas com quem me importo do que nos meus fantasmas, mesmo que isso signifique correr o risco de me machucar.
- Aprendi que preciso ser generosa em minhas suposições e que uma das partes mais difíceis de amar alguém é acreditar que o outro retribui nosso amor.
- Quando revi a história completa que criei no meu regresso a nado, pela primeira vez percebi que muitas das nossas guerras frias e discussões decorriam de mal-entendidos e que em geral me apresso em culpar os outros quando estou com medo.

À medida que começamos a integrar à nossa vida tudo que aprendemos no processo da volta por cima, vamos nos aperfeiçoando na fase da descoberta. Em alguns casos, consigo ir da "cara no chão" ao delta dos principais ensinamentos em cinco minutos. Em outros, levo meses. Mas, se você é como eu, sempre haverá ocasiões em que vai "quebrar a cara" de um jeito inédito, e então, mais uma vez, terá que preencher o vazio desse delta com novos conhecimentos.

A coragem para reconhecer nossas emoções e descobrir nossas histórias é o caminho para escrever nosso novo e corajoso final – e a estrada que leva à vida plena. Também é um recomeço. Compreender a queda e se levantar, assumir nossa história e a responsabilidade por nossas emoções – é aí que começa a revolução. Falaremos dela no último capítulo.

As seções que vêm a seguir incluem histórias que nos permitem examinar o processo da volta por cima em ação. Cada capítulo inclui pesquisas adicionais sobre os temas de descoberta.

**INTEGRIDADE É** escolher **A CORAGEM EM VEZ DO COMODISMO; É OPTAR PELO QUE É CERTO** em vez do que é **DIVERTIDO, RÁPIDO OU FÁCIL; É DECIDIR PRATICAR NOSSOS VALORES** em vez de apenas **PROFESSÁ-LOS.**

*Seis*
# RATOS DE ESGOTO E ESPERTALHÕES
## LIDANDO COM LIMITES, INTEGRIDADE E GENEROSIDADE

Eu soube que iria me arrepender no instante em que resmunguei meu "ok" desanimado. Não era por causa do dinheiro. Sempre faço pelo menos um terço das minhas palestras de graça. É minha maneira de apoiar organizações ou iniciativas com as quais me identifico. Mas esse não era o motivo; concordei em fazer a conferência porque, na primeira vez que havia recusado o convite, os organizadores reagiram com uma frase nada sutil, mas muito eficaz: "Tomara que você não tenha esquecido as pessoas que a apoiaram antes de você ganhar tanta popularidade."

Como as duas mensagens que mais desencadeiam vergonha em todos nós são "Nunca sou bom o bastante" e "Quem você pensa que é?", a reação deles me pegou em cheio na minha pretensão, daí meu sim relutante. Infelizmente, meu sim relutante leva uns dez minutos para se transformar num sim ressentido, e eu já estava nesse ponto quando uma das organizadoras do evento me telefonou para informar que eu iria dividir o quarto de hotel com outra palestrante.

Depois de eu levar uns cinco minutos fazendo rodeios sobre dispor de um quarto só para mim – mas sem pedi-lo de forma explícita –, ela acabou dizendo:

– Todos os palestrantes dividem quartos. Sempre foi assim, e isso nunca trouxe problemas. Você está me dizendo que precisa de tratamento especial?

*Metida. Cuidado com a pretensão.*

Na minha família, ser exigente era um grande motivo de vergonha, especialmente para as mulheres. Seja descontraída, divertida e flexível. Precisa parar para usar o banheiro? Vamos parar quando não tivermos que atravessar a estrada para chegar ao posto de gasolina. Não gosta do que estamos comendo? Pois não coma. Fica enjoada no carro? Isso é coisa da sua cabeça. Infelizmente, ser fácil de agradar também significava não pedir o que eu precisava e nunca ser um inconveniente para ninguém.

Assim, virei perita em provar que sou tão pouco exigente quanto qualquer um – e especialista em ficar ressentida. A expressão "tratamento especial" me acertou em cheio.

– Não, eu divido o quarto. Está ótimo assim – respondi, pensando: *Detesto essa gente. Eles são um saco e esse evento vai ser um saco. E minha companheira de quarto vai ser um saco também.*

No fim das contas, o evento foi maravilhoso, os organizadores me deram uma lição valiosa e minha colega de quarto mudou a minha vida. Certo, ela não fez isso de um modo inspirador; foi mais no estilo "juro por Deus que *nunca mais*..." Isso também funciona.

Na noite anterior ao evento, parei do lado de fora do quarto do hotel e fiz uma pequena prece antes de entrar. *Por favor, Deus, permita que eu seja receptiva e gentil. Permita que eu abrace esta experiência e me sinta grata por todas as novas oportunidades.*

Bati à porta enquanto usava a chave para entreabri-la:
– Olá?
Fiquei desolada quando alguém respondeu com um caloroso:
– Vamos entrando!
*E, por favor, Deus, não me deixe ficar irritada por não ter chegado primeiro para marcar o território.*

Ao entrar no quarto, encontrei-a sentada no sofá, comendo um enorme pão doce, com as pernas esticadas e as solas das botas afundadas no braço acolchoado. Aproximei-me e me apresentei:
– Olá. Eu sou a Brené.
Achei que minha prece estivesse funcionando, porque consegui me abster de dizer "É um prazer conhecê-la. Tire essa porcaria de bota suja do sofá". Percebi que já havia uma pegada no tecido bege.

A mulher agitou as mãos grudentas diante de mim e respondeu:

– Desculpe. Estou toda suja desse treco. Não fosse isso, apertaria a sua mão.

Sorri e retribuí o aceno, sentindo uma pontada de culpa por ser tão crítica.

– Não tem importância! – respondi, no meu tom mais animado. – Parece uma delícia.

Com as duas mãos sujas e pegajosas, ela foi remexendo o corpo, na tentativa de descobrir um jeito de mudar de posição sem tocar no sofá. Quando eu já ia me oferecer para buscar um guardanapo, ela endireitou o corpo e se sentou. Então enfiou o resto do pão doce na boca e limpou as duas mãos na almofada do assento. Em seguida olhou para as mãos e, claramente insatisfeita com a quantidade de cobertura que restava nelas, tornou a limpá-las no sofá, evitando o pedaço do forro em que as esfregara na primeira vez. Meu rosto deve ter deixado transparecer meu horror enquanto eu olhava fixo para as almofadas sujas, porque ela apenas sorriu, deu de ombros e disse:

– Este sofá não é nosso.

Fiquei sem ação. E totalmente enojada. Ainda segurava a minha mala numa das mãos. Enquanto eu permanecia imóvel no meio do quarto, ela foi até a pequena cozinha, pegou um copo plástico de café, encheu-o com uns dois dedos de água e saiu para a varandinha minúscula. Em seguida, acendeu um cigarro.

Apertando a alça da mala com tanta força que meus dedos ficaram brancos, elevei um pouco a voz, para que ela pudesse me ouvir pela fresta da porta da varanda:

– Este quarto é de não fumantes. Acho que você não pode fumar aqui.

Ela riu:

– Eles não disseram nada sobre a varanda.

*Você está brincando comigo?*

– Falando sério, é proibido fumar em todo o hotel – retruquei, no meu tom mais severo e abalizado de ex-fumante. – Além disso, a fumaça está entrando no quarto.

Ela tornou a rir:

– Não tem importância. Depois a gente borrifa um pouco de perfume.

*Está bem, Deus, vou baixar as expectativas. Por favor, não me deixe matar ninguém nem cometer nenhuma estupidez. Permita que eu guarde o ódio e a fúria dentro de mim. E, por tudo que há de mais sagrado, permita que haja outro quarto disponível.*

Três pedidos atendidos de quatro não são um mau resultado, e, olhando para trás, acho que foi mesmo melhor não haver outro quarto disponível.

Fiz a palestra de abertura na manhã seguinte e parti para o aeroporto quinze minutos depois de descer do palco. Parada no portão de embarque, aguardando a chamada para meu voo, percebi que havia algo de errado. Eu estava encontrando defeitos em todas as pessoas que passavam por mim na área de embarque. A mulher à minha frente usava perfume em excesso. O homem atrás de mim fazia barulho ao mascar chiclete. Os pais do outro lado do saguão não deviam deixar os filhos comerem tanto doce. Fiquei na fila ruminando minha experiência no hotel e colhendo mais provas, nas pessoas à minha volta, do estado decadente da humanidade.

Não conseguia tirar da cabeça a imagem da minha colega de quarto limpando as mãos no sofá. Mas minha irritação crescente era um sinal de alerta que eu já tinha aprendido a reconhecer. Uma coisa era ficar frustrada, enojada ou até ofendida com o comportamento dela, mas eu estava sentindo outra coisa, algo mais próximo da fúria do que da indignação. Estava fervendo de raiva, me sentindo a dona da verdade, o que para mim é uma emoção-gatilho.

Depois de anos lidando com esse sentimento, eu aprendera que, por mais que achasse estar certa – ou por mais errada que a outra pessoa parecesse estar –, me sentir dona da verdade era uma emoção proibida para mim. Ela começa com a crença de que sou melhor do que os outros e sempre acaba por trazer à tona o pior de mim. No fim me pego pensando: *Não sou boa o bastante.* Enquanto estava parada ali – julgando todo mundo –, fiquei curiosa a respeito do que estava acontecendo e compreendi que queria me livrar do peso de toda aquela negatividade que me oprimia. Assim que me sentei no avião, telefonei para a minha terapeuta, Diana, e marquei uma sessão.

Ao chegar em casa no fim da tarde e contar toda a história a Steve, dava para ver que ele não sabia se devia rir ou se enfurecer. Optou por oferecer apoio de modo cauteloso:

– As crianças estão na casa da sua mãe – disse ele. – Quer jantar fora e conversar mais um pouco?

– De que adianta? – rebati. – Não há nada que eu possa comer para me sentir melhor. O que eu quero mesmo é um frango frito com purê de batata. Preciso afogar meu ressentimento e minha raiva em comida.

Ele riu:

– Parece uma delícia. Podemos comer o que você quiser!

Mas eu sabia que essa seria apenas uma solução de curto prazo e iria de encontro ao meu frágil compromisso de não me entorpecer com comida, de modo que sugeri jantarmos uma salada no Café Express e darmos uma passada rápida no shopping para fazer umas compras. Sou decididamente capaz de sufocar a raiva com um lindo suéter novo.

Relutante, Steve me lembrou do corte em nosso orçamento e sugeriu que déssemos uma volta depois da salada. Foi um momento sombrio. Não dá para enterrar o ressentimento com alface, e andar é bom para discutir e elaborar sentimentos, não para abafá-los. Então entrei na cozinha batendo os pés, feito uma criancinha birrenta, enrolei uma fatia de carne do almoço num espetinho de queijo, comi tudo em três dentadas e fui dormir.

Acordei muito irritada na manhã seguinte. A raiva continuava afiada. Não havia ressaca de comilança para embotar os sentidos nem roupa nova no armário para me distrair da minha soberba. Quando cheguei ao consultório de Diana, não me sentei no sofá – praticamente me deixei desabar nele entre resmungos. Cruzei os braços com força e esperei que ela dissesse alguma coisa. Diana apenas me olhou com uma expressão receptiva e um sorriso bondoso. Não era a resposta que eu queria.

Por fim, eu disse:

– Olhe, esse negócio de vida plena, despertar espiritual, é ótimo. Por mim, tudo bem. Na verdade, eu gosto disso. Exceto pelos ratos de esgoto e os espertalhões. Essas pessoas não valem nada.

Mais tarde, fiquei sabendo que Diana elegeu essa declaração como uma de suas melhores introduções de uma sessão de terapia. Ainda lembro muito bem como estava me sentindo naquela manhã. Lembro-me da minha convicção e da minha fúria contida.

Diana se manteve receptiva e gentil. Era o nosso jeito de trabalhar. Ela criava um espaço livre de críticas e eu o preenchia até a borda com as emoções não filtradas que conseguisse reunir. Depois organizávamos as coisas.

Sem julgamentos de valor, ela disse:

– Vejo que você está mesmo muito irritada. Fale-me dos ratos de esgoto e dos espertalhões. Quem são eles?

Perguntei-lhe se tinha visto o filme de animação *Por água abaixo*. Ela pensou por um minuto, lembrando-se de todos os filmes que tinha visto com os netos, e por fim respondeu:

– Não, acho que não. É sobre o quê?

– Fala de um ratinho ótimo, chamado Roddy, que é o animal de estimação de uma menina rica de Londres. Quando a família viaja em férias, ele sai de sua elegante gaiola e desfruta de toda a casa. Anda de smoking e dirige o carro da Barbie, à James Bond. Ele é britânico e fala um inglês impecável. Assiste à televisão e tem seus brinquedos. É supermeticuloso e trabalhador. Mantém tudo limpíssimo e respeita os pertences da família. Um dia, quando a família ainda está fora da cidade, há um refluxo do esgoto e um rato de esgoto horroroso salta do ralo na pia da cozinha. O barrigão lhe cai sobre os jeans rasgados e ele usa uma jaqueta puída de couro. Os dedos dos pés ficam para fora dos buracos de seus tênis velhos e ele tem unhas compridas e sujas. É um perfeito desordeiro. Arrota e solta gases. Faz cocô no chão. Vive farejando queijo e se empanturrando. É medonho. E quebra tudo na casa da família.

Diana me olhava enquanto eu prosseguia:

– Então o rato do bairro elegante tenta jogá-lo no vaso sanitário e puxar a descarga, mas Sydney, o outro rato, acaba fazendo Roddy descer pelo vaso, direto para o esgoto de Londres. O resto da história é a trama previsível. O mocinho aprende a ser menos certinho, faz amizades e combate um vilão, blá-blá-blá. O importante é que o rato de esgoto estraga tudo.

Diana captou a ideia e me perguntou se eu havia encontrado algum rato de esgoto nos últimos tempos. Enveredei por minha história da mulher que limpara os dedos no sofá, da negação da comilança e do nosso compromisso idiota com o corte no orçamento.

– Só para esclarecer – disse ela –, a sua colega de quarto era um rato de esgoto ou uma espertalhona?

Tive que pensar por um minuto.

– As duas coisas. Ela era as duas coisas. O pior é isso.

Diana disse então que precisava de ajuda para compreender os dois termos, de modo que fiz o melhor possível para explicar:

– O rato de esgoto não se importa com regras e não respeita as coisas dos outros. O espertalhão, além de não obedecer às regras, ainda zomba das pessoas que as respeitam. Ele caçoa da lei. Faz troça de quem é como eu: gente que segue as normas. Por exemplo, uma amiga minha de faculdade estava saindo com um sujeito que era o pior espertalhão de todos os tempos. Num fim de semana, alugamos um buggy na praia. Havia um cartaz enorme na locadora que dizia: "Mantenha os pés e as mãos dentro do veículo." Então, é claro que, assim que saímos do estacionamento da locadora, ele começou a colocar o pé para fora, pela lateral do carro. Eu o mandei parar com aquilo e ele riu. "Opa! Fique com os pés dentro do buggy. A Brené é a polícia do buggy." Dez minutos depois, ele esmagou o tornozelo num meio-fio e passamos cinco horas na emergência do hospital. Todos ficaram com pena dele, menos eu. Achei que aquilo foi uma babaquice.

Os olhos de Diana foram se arregalando à medida que ela escutava.

– Entendi. Acho que compreendo a diferença entre os dois. Então vamos falar da sua companheira de quarto. Acha que ela estava zombando de você?

Percebi o rumo que aquilo estava tomando e não ia deixar a coisa terminar numa discussão sobre eu estar levando o incidente para o lado pessoal.

– Ela estava zombando das regras, desrespeitando-as, apesar de eu ter deixado claro que elas eram importantes para mim; logo, estava zombando do que era importante para mim. E isso é o mesmo que zombar de mim.

*Vi todos os episódios de* Law & Order. *Não venha tentar me enrolar.*

– Sei. – Diana respirou fundo e ficou calada.

Não mordi a isca. Também respirei fundo e permaneci calada. *Eu também sei jogar esse jogo.*

– Você acha possível que, nesse fim de semana, a sua companheira de quarto estivesse dando o melhor de si? – Diana perguntou.

*Você está gozando com a minha cara?* Fiquei furiosa. Total e completamente furiosa. Pela primeira vez desde que começáramos a trabalhar juntas, eu não sabia ao certo nem mesmo se gostava dela e questionei seu julgamento. Fiquei totalmente fria. Estivera agitando os braços ao contar minha história, mas, nesse momento, voltei a cruzá-los bem apertados no peito e franzi os lábios. Depois respondi no meu tom mais formal:

– Não. Não acredito que ela estivesse fazendo o melhor que podia. Você acha que ela estava dando o melhor de si?

À medida que minha rigidez aumentava, Diana parecia descontrair-se um pouquinho, abrindo o rosto, o corpo e o coração para as possibilidades. Aquilo estava me deixando com náuseas.

– Sabe, não tenho certeza – respondeu. – Mas penso, sim, que em geral as pessoas fazem o melhor que podem. Qual é a sua opinião?

*Qual é a minha opinião? Minha opinião é que esta conversa é uma completa idiotice. É isso que eu acho. Acho que a ideia de que as pessoas fazem o melhor que podem também é uma idiotice. Nem acredito que estou pagando por isto.*

Diana interrompeu essa reflexão de alto nível:

– Brené, você parece zangada. O que está havendo?

Descruzei os braços, inclinei-me para a frente e apoiei os antebraços nos joelhos. Olhei bem nos olhos de Diana e perguntei:

– Você acha mesmo, no fundo do coração, que as pessoas fazem o melhor que podem? Ou será que é nisso que devemos acreditar, por causa da nossa profissão? Falando sério. Diga a verdade.

Eu estava tão perto que, se ela vacilasse, seria impossível não notar.

Diana sorriu e olhou para o alto, depois fez que sim com a cabeça.

*Ah, meu Deus. Você só pode estar gozando com a minha cara.*

– Sim – ela disse. – Sim, realmente acredito que quase todos nós fazemos o melhor que podemos com as ferramentas de que dispomos. Creio que podemos crescer e melhorar, mas também penso que a maioria de nós realmente dá o melhor de si.

– Bem, que ótimo. Bom para você. Eu não acho.

*E você e seja lá quem está vendo seu sorriso lá no alto podem sair cavalgando seus unicórnios pelo arco-íris e deixar o resto de nós, reles mortais, com o nosso sofrimento e nosso frango frito com purê.*

Nesse momento, Diana me disse que nosso horário havia acabado e, pela primeira vez em muito tempo, fiquei grata ao ouvir isso. *Não temos nada em comum. E eu estou com raiva. Ela ficou do lado da limpadora de mãos no sofá!*

Arrastei-me até o carro e saí para resolver umas coisas antes de ir para casa. Diana me apresentara algumas ideias extravagantes no decorrer do nosso trabalho conjunto, mas aquela era, sem sombra de dúvida, a mais ridícula e enfurecedora. Na fila do banco, me flagrei balançando a cabeça e soltando suspiros exasperados.

Fui arrancada dos meus resmungos quando a mulher à minha frente, que havia chegado ao balcão, começou a gritar com o caixa do banco que a atendia:

– Isso não pode estar certo! Não fiz esses saques. Quero falar com o gerente!

Eu estava poucos passos atrás dela, de modo que pude ver e ouvir tudo. Era uma senhora branca, de 70 e tantos anos, e o rapaz que a atendia era negro e devia ter quase 30. O homem apontou para sua supervisora, que atendia outro cliente uns dois guichês adiante. A supervisora também era negra.

– Não! Eu quero outro supervisor! – gritou a mulher junto ao caixa. *Lá vamos nós. Será que ela vai mesmo esperar até arrumar um supervisor branco? Qual é o problema das pessoas?*

A essa altura, a supervisora já tinha visto a comoção e se aproximou. Quando começou a acompanhar a senhora até seu escritório, o caixa me chamou ao guichê:

– Em que posso ajudá-la? – perguntou.

Possuída pelos demônios liberados na terapia, soltei o verbo num impulso:

– Você acha que as pessoas dão o melhor de si?

– A senhora viu o que acabou de acontecer? – retrucou ele, sorrindo.

Confirmei com a cabeça.

– Vi, sim. Ela não gostou do que você lhe disse e queria um supervisor branco. Um horror.

– É. Ela tem medo que peguem o dinheiro dela – explicou ele, arqueando as sobrancelhas e dando de ombros.

– Sim, eu ouvi tudo. Mas, voltando à minha pergunta, já que este é um exemplo perfeito, você acha que *ela* está fazendo o melhor que pode?

O rapaz pensou um pouco.

– Deve estar. Sei lá. Ela está com medo. Quem sabe? – Então fez uma breve pausa e perguntou: – A senhora é psiquiatra?

Ele não estava entendendo.

– Não, sou pesquisadora. Mas não consigo acreditar que você realmente acha que ela está fazendo o melhor que pode. Você tem certeza?

Ignorando por completo a minha pergunta, ele explicou que havia se consultado com um psiquiatra quando voltou de duas missões no Iraque. Disse que sua mulher tivera um caso com um conhecido dos dois e que isso havia "acabado" com ele. Na mesma hora, minha pergunta pareceu muito menos importante e conversamos durante uns dois minutos sobre as experiências dele e a minha pesquisa. Ciente da fila que aumentava atrás de mim, agradeci ao caixa e guardei o dinheiro na bolsa.

Quando me virei para sair, ele disse:

– A questão é que, em matéria de gente, nunca se sabe. Pode ser que aquela senhora tenha um filho viciado em drogas que rouba dinheiro da conta dela, ou um marido com Alzheimer que faz saques e depois não lembra. Nunca se sabe. As pessoas não pensam direito quando estão com medo. Talvez isso seja o melhor que são capazes de fazer.

Embora eu tentasse considerar a ideia de Diana absurda, havia algo de insidioso nela. Fui ficando obcecada. Nas três semanas seguintes, fiz a mesma pergunta a pouco mais de quarenta pessoas. Primeiro a um par de colegas e alguns alunos de pós-graduação, depois recorri a alguns participantes de pesquisas anteriores. Era uma pergunta simples: *Você acha que, de modo geral, as pessoas dão o melhor de si?* Ao completar quinze entrevistas, cheguei à saturação – já tinham aparecido os padrões e temas a partir dos quais eu poderia prever com precisão o que encontraria nas entrevistas restantes.

Em primeiro lugar, os que diziam acreditar que as pessoas dão o melhor de si faziam ressalvas sistemáticas a suas respostas: "Sei que parece ingenuidade...", ou "Não há como ter certeza, mas acho que sim...", ou "Sei que parece esquisito, mas...". Eles demoravam a responder e pareciam quase se desculpar, como se tivessem tentado se convencer do contrário, mas simplesmente não conseguissem perder a fé na humanidade. Também tomavam o cuidado de explicar que isso não significava que as pessoas não pudessem crescer ou mudar. Mesmo assim, achavam que as pessoas em geral faziam o melhor que podiam com os recursos de que dispunham.

Já os que não acreditavam que as pessoas dão o melhor de si eram passionais e não tinham dúvida da resposta. Não os ouvi dizer nem uma vez sequer algo como "Não tenho certeza, mas acho que não". Era sempre alguma versão de um enfático "*Não!* Não mesmo! De jeito nenhum!".

Ao contrário dos partidários do "sim", cerca de 80% dos que responderam "não" usaram a si mesmos como exemplos: "Sei que eu não faço o melhor possível, então por que deveria supor que os outros fazem?" Ou ainda: "Eu vivo fazendo corpo mole", ou "Não me empenho 110% quando deveria". Eles julgavam seus esforços com a mesma rigidez com que julgavam os esforços dos outros. Era claramente importante para eles reconhecer essa paridade.

Também comecei a ver outro padrão que me preocupou. Os participantes de pesquisas anteriores que responderam "não" também eram pessoas que tinham dificuldade para lidar com o próprio perfeccionismo. Apressavam-se em destacar que nem sempre faziam o melhor que podiam e davam exemplos de situações em que não tinham dado o melhor de si. Eram tão rigorosos com os outros quanto consigo mesmos. Todos os participantes que responderam "sim" estavam no grupo das pessoas que eu havia identificado como "de bom coração" – pessoas dispostas a serem vulneráveis e que confiavam no próprio valor. Elas também ofereceram exemplos de situações em que cometeram erros ou não deram o melhor de si, mas, em vez de destacarem que poderiam ou deveriam ter se saído melhor, explicavam que, apesar de não terem ficado à altura das exigências, suas intenções eram boas e elas haviam tentado. Em termos profissionais, logo vi o que estava emergindo. Mas, em termos pessoais, não me identifiquei até ser sugada sanitário abaixo pela força da descarga – como o ratinho Roddy.

Isso aconteceu perto do final do experimento, quando fui jantar com uma nova amiga. É claro que achei que seria divertido fazer a pergunta a ela. Tínhamos muito em comum, e calculei que ela responderia "não", como eu. Nossa hiperatividade e baixa tolerância a gente preguiçosa eram pontos em comum que nos haviam atraído como amigas em potencial. Entrei no assunto no instante em que nos sentamos:

– Pois é, tenho uma pergunta de pesquisa para você. Você acha que, de modo geral, as pessoas dão o melhor de si?

Ela rebateu com uma negativa atrevida e previsível:

– Caramba, de jeito nenhum!

– Não é? Concordo plenamente – emendei, sorrindo.

Então ela se debruçou sobre a mesa e deu início a uma explicação acelerada:

– Veja a amamentação, por exemplo. Atualmente estou amamentando minha filha. Sim, é difícil. Sim, é exaustivo. Sim, tive três infecções e, toda vez que ela começa a sugar, parece que há cacos de vidro cortando o meu mamilo. Mas, por favor! *Não me venha* com essa de precisar ter o corpo de volta, de se sentir cansada demais ou de precisar dar mamadeiras por causa do trabalho. Se a mulher não pretende amamentar por pelo menos um ano, deve pensar duas vezes antes de ter filhos. Ela *não vai* dar o melhor de si. Será que não pensa que os filhos merecem o melhor? Desistir é pura preguiça. E, se desistir é mesmo o melhor que a mulher pode fazer, então talvez o melhor dela não seja bom o bastante.

E lá estava eu – um ratinho de esgoto barrigudo, com minha jaquetinha surrada de couro e minhas minicalças jeans puídas. Quase dava para sentir o cheiro do queijo. Eu era o rato de esgoto dela.

Amamentei meus filhos por um período muito curto de tempo, que não chegou nem perto de um ano. Senti uma necessidade avassaladora de explicar à minha nova amiga que eu tivera hiperêmese gravídica aguda nas primeiras vinte semanas de minhas duas gestações e que tinha feito o máximo que podia em matéria de amamentação. Queria explicar que usar a bomba para tirar leite tinha sido dificílimo para mim e que eu havia tentado até não conseguir mais. Queria convencê-la de que amo tanto os meus filhos quanto ela ama os dela. *Queria que ela soubesse que eu tinha feito o melhor que podia.*

Mas não disse nada, porque a única coisa em que consegui pensar foi nas pessoas que eu julgava e que provavelmente gostariam de me dizer: "Você não me conhece. Você não sabe nada a respeito de mim. Por favor, não me julgue."

Aliás, eu também não queria ser obrigada a defender minhas escolhas como mãe. Há pelo menos um milhão de maneiras de uma mulher ser uma mãe excelente – e nenhuma delas depende da amamentação ou de qualquer uma dessas questões polêmicas. Boas mães sabem que são dignas de amor e de aceitação, e por isso criam filhos que sabem que merecem o mesmo. Envergonhar outras mães não é uma dos milhões de maneiras de ser uma excelente mãe.

Ao chegar em casa nessa noite, encontrei Steve sentado na cozinha. Quando ele me perguntou como tinha sido o jantar, eu me dei conta de que não lhe fizera a pergunta da pesquisa, então lhe disse que queria sua resposta antes de lhe dar o resumo do jantar. Ele passou uns bons dez minutos pensando. Como ele é pediatra, costuma ver o que há de melhor e de pior nas pessoas. Ficou olhando fixo pela janela. Percebi que não estava sendo fácil responder.

Por fim, quando tornou a olhar para mim, ele tinha a mesma expressão que Diana no consultório.

– Não sei. Não sei mesmo. Só sei que a minha vida fica melhor quando suponho que as pessoas estão fazendo o melhor que podem. Isso evita que eu faça julgamentos e permite que eu me concentre nas coisas como são, não em como deveriam ou poderiam ser.

Sua resposta me soou verdadeira. Não era uma verdade fácil, mas era verdade.

Um mês e quarenta entrevistas depois, voltei ao consultório de Diana. Sentei-me no sofá, com as pernas cruzadas sob o corpo e meu diário na mão. Diana também segurava seu caderno de notas e me fitava com seu rosto receptivo e seus olhos bondosos quando perguntou:

– Como você está?

Desatei a chorar e afirmei:

– As pessoas fazem o melhor que podem.

Diana não fez nada além de me olhar com compaixão. Não me deu uma estrelinha dourada nem um tapinha nas costas. Não disse "Muito bem, jovem Jedi!". Neca.

– Já sei o que aconteceu. Eu devia ter dito a eles do que precisava. Devia ter recusado o convite para o evento ou, no mínimo, insistido em ter um quarto só para mim.

Diana me olhou e, sem um pingo de ironia nem tiradas do tipo *Eu bem que avisei*, disse:

– Você fez o melhor que podia.

No instante em que ela disse isso, pensei estar ouvindo Maya Angelou falar de como é mais fácil agir corretamente quando temos o conhecimento necessário.

Falei então das ideias de Steve, que me pareciam muito sensatas e bonitas.

– Steve diz que a vida dele fica melhor quando ele supõe que as pessoas estão fazendo o melhor que podem. Acho que ele tem razão. Aprendi umas coisas difíceis a respeito de mim mesma e de outras pessoas. É uma questão muito poderosa.

– Sim – concordou Diana –, é uma questão muito poderosa. Quer me contar o que aprendeu? Eu adoraria ouvir.

Expliquei que, logo no início do meu trabalho, eu havia descoberto que as pessoas mais compassivas que eu entrevistava também eram as que tinham os limites mais bem definidos e respeitados. Na época, aquilo me surpreendera, mas agora eu entendia. Essas pessoas presumiam que os outros estavam dando o melhor de si, mas também deixavam claras as suas necessidades e não toleravam papo furado. Eu vivia da maneira oposta: supunha que as pessoas não faziam o melhor que podiam, por isso as julgava e lutava constantemente contra o sentimento de decepção – o que era mais fácil do que estabelecer limites. É difícil demarcar limites quando a pessoa quer ser benquista, agradar todo mundo e ser descontraída, divertida e flexível.

As pessoas compassivas pedem aos outros o que necessitam. Dizem não quando precisam e só dizem sim quando falam sério. São compassivas porque seus limites as mantêm longe de ressentimentos. Ao receber o convite para fazer uma palestra no evento, eu disse sim quando, na verdade, queria dizer não. Não valorizei meu trabalho nem minhas necessidades, e os organizadores do evento, por sua vez, não valorizaram meu trabalho nem minhas necessidades.

Sabe qual é a ironia em relação aos honorários por palestras ou conferências? Quando cobro o valor total dos honorários, as pessoas se mostram respeitosas e profissionais. Quando faço alguma palestra sem cobrar porque me importo com a causa, as pessoas se mostram respeitosas e profissionais. Quando faço algo por me sentir forçada, pressionada ou levada a agir por culpa ou vergonha, espero que as pessoas, além de respeitosas e profissionais, também se mostrem agradecidas. Em noventa por cento das vezes, elas não fazem nada disso. *Como podemos esperar que as pessoas valorizem nosso trabalho quando não nos valorizamos o bastante para estabelecer e manter limites desconfortáveis?*

Contei a Diana que tinha levado a questão ainda mais longe, com um grupo de religiosos que ajudam famílias da zona rural que vivem na pobreza. Descrevi como havia pedido a esses homens e mulheres que pensassem em alguém que eles julgavam mal e por quem nutrissem certo ressentimento, e escrevessem o nome dessa pessoa num pedaço de papel. Depois pedi a eles que acompanhassem meu raciocínio por um minuto.

– E se a fonte mais segura de todas lhes dissesse que a pessoa cujo nome vocês escreveram no papel está fazendo absolutamente o melhor que pode?

A resistência foi imediata. *Não acredito. Quem é essa fonte segura?* Essa foi fácil. Afinal, tratava-se de religiosos!

– Quem disse isso foi Deus – respondi.

Uma mulher irrompeu em prantos. Ela e o marido estavam sentados lado a lado. Os dois eram diáconos e, sem combinar nada, tinham escrito o nome da mesma pessoa. Perguntei à mulher se ela gostaria de compartilhar com o grupo o que estava sentindo.

James, a pessoa que ambos haviam apontado, era um homem que morava com seis filhos pequenos no deserto. Ele e sua mulher tinham um longo histórico de abuso de substâncias e fazia anos que assistentes sociais entravam e saíam de sua vida. Com certa regularidade, os religiosos levavam para James e seus familiares comida, fraldas e fórmula infantil, mas estavam convencidos de que o homem vendia esses produtos para arranjar dinheiro para beber, pelo menos com a mesma frequência com que o usava para comprar algo para a família.

Com voz trêmula, a mulher afirmou:

– Se Deus me dissesse que James está fazendo o melhor que pode, eu faria das duas uma: ou continuaria a levar tudo o que pudesse, quando pudesse, e deixaria de julgá-lo ou tomaria a decisão de que eu não poderia continuar dando qualquer coisa diretamente a ele. De um modo ou de outro, eu teria que parar de sentir tanta raiva, de julgar e de esperar que aconteça algo diferente.

O marido pôs o braço em volta dos ombros dela. Segurando o próprio choro, olhou para o grupo e disse:

– Só estamos muito cansados. Muito cansados de ficar com raiva e de sentir que não dão valor aos nossos esforços.

Diana escutava atentamente e, quando terminei, disse:

– Tem razão. Esse é um trabalho difícil e importante para você.

Dessa vez, senti meu rosto e meu coração se abrirem.

– Sim. É difícil. E estou cansada. Mas o cansaço que sinto ao fazer esse tipo de exploração é diferente do cansaço por ficar irritada e ressentida o tempo todo. É um cansaço bom, não um cansaço do tipo que pede frango frito para ser compensado.

## O RECONHECIMENTO

Aquele sentimento de ser a dona da verdade que experimentei no aeroporto desencadeou o verdadeiro reconhecimento das minhas emoções. Meu momento "de cara no chão" se deu quando eu estava na fila, tendo ideias cheias de ódio e críticas sobre todo mundo ao meu redor, e, na superfície, me sentia superior. Digo "na superfície" porque estudei os julgamentos e censuras aos outros, e sei que não julgamos ninguém quando estamos bem conosco. Eu sabia que havia algo errado. Houvera um reconhecimento menor naquela hora em que eu segurava com força a minha mala e minha colega de quarto se levantou do sofá sujo de pão doce para ir fumar na varanda. Do mesmo modo que os jogadores de pôquer avaliam os adversários, eu já conhecia meus sinais reveladores e sabia estar afundada na emoção e na vulnerabilidade sempre que minhas orações incluíam não ferir ninguém, ou quando eu ensaiava na cabeça conversas realmente ferinas. No final das contas, porém, minha curiosidade sobre esses sentimentos debilitantes de me sentir a dona da verdade me levara a dar aquele telefonema no avião e marcar um horário com Diana.

# A DESCOBERTA

Comecei a redigir a minha tentativa de rascunho inicial (TRI) no voo de volta para casa. Ela se compunha sobretudo de tópicos e rabiscos coloridos (com um desenho da limpadora de mãos como o diabo). Minha TRI foi bastante direta – e se aproximou embaraçosamente de um acesso de raiva:

- Fui descontraída e flexível (a contragosto) e, em vez de se mostrarem gratos, os organizadores do evento se aproveitaram de mim.
- Eu fui boa. Eles foram maus. Aquilo não foi justo e eu não merecia.

Também rabisquei uma teoria elementar sobre dois tipos gerais de comportamento humano:

- Tipo 1: Aqueles que tentam fazer o melhor possível, que seguem as regras e são respeitosos.
- Tipo 2: Os ratos de esgoto e espertalhões do mundo, que não tentam fazer o melhor possível e se aproveitam das pessoas.

Ao chegar em casa, acrescentei à minha TRI que não era justo eu não poder comer, gastar dinheiro nem fazer o que quisesse para me consolar depois de uma viagem tão difícil assim. Não faltaram comentários do tipo "Não é justo".

Tive que lidar com a vergonha de ser superexigente, com meu amor-próprio e minha culpa, meu ressentimento e meu perfeccionismo – meus fantasmas de praxe. Mas a maior dificuldade foi com os limites, a soberba e a minha integridade. O **delta** entre as fabulações da minha TRI e a verdade era largo, escuro e pantanoso. Extraí dele os seguintes **ensinamentos principais:**

- Todo mundo faz o melhor que pode. Olhar o mundo pelo filtro dos ratos de esgoto e espertalhões é perigoso, porque, por mais que a pessoa trabalhe, por maior que seja o número de bolas que consegue manter no ar, quem vê o mundo dessa forma durante bastante

tempo uma hora acaba enxergando a si mesmo como um roedorzinho vestido com jaqueta de motociclista.
- O macete para ficar longe do ressentimento é estabelecer limites melhores – culpar menos os outros e me responsabilizar mais por pedir aquilo que quero e de que preciso.
- Não há integridade em atribuir culpas e recorrer a clichês como "Não é justo" e "Eu mereço". Preciso assumir a responsabilidade por meu próprio bem-estar. Eu achava que não estava sendo bem tratada ou não estava recebendo algo que merecia. Será que estava realmente pedindo o que queria ou apenas buscando uma desculpa para colocar a culpa nos outros e me sentir superior?
- Estou tentando não entorpecer meu incômodo comigo mesma, porque creio que vale a pena o esforço. Não se trata de algo que esteja *acontecendo comigo*, mas de algo que estou escolhendo *por mim*.
- Essa descoberta me ensinou por que é perigoso me sentir a dona da verdade. Quase todos somos tapeados pelo mito de que há uma grande distância entre "Sou melhor que você" e "Não sou bom o bastante", mas a verdade é que eles são dois lados da mesma moeda. Ambos são ataques ao nosso valor. Quando estamos bem conosco, não nos comparamos com os outros – procuramos neles o que há de bom. Ao praticar a autocompaixão, somos compassivos com os outros. A soberba é apenas a armadura da autodepreciação.

Em *A coragem de ser imperfeito*, falo de como a letra de "Hallelujah", de Leonard Cohen – "O amor não é uma marcha da vitória, é um canto de aleluia frio e entrecortado" –, capta bem a ideia de que uma grande ousadia pode dar mais a impressão de liberdade, com um pouquinho de cansaço pela batalha, do que de uma celebração completa. O mesmo se aplica à volta por cima. O que aprendi com as pesquisas e com minhas experiências pessoais foi que, quando precisamos nos reerguer, nosso senso de plenitude se aprofunda e, com frequência, dá a sensação de um cansaço bom e substancioso.

## *Um exame mais atento dos limites, da integridade e da generosidade*

Os padrões que observei ao perguntar às pessoas de modo informal se elas achavam que as outras davam o melhor de si se confirmaram em minha pesquisa formal. Já fiz essa pergunta a centenas de pessoas, documentei e codifiquei suas respostas. Fiz o mesmo exercício realizado com os diáconos em vinte grandes conferências. As pessoas escreviam o nome de alguém que as enchia de frustração, decepção e/ou ressentimento, e então eu propunha que esse indivíduo estava fazendo o melhor que podia. As respostas foram muito variadas. "Caramba", disse um homem, "se ele está mesmo fazendo o melhor que pode, sou um completo idiota! Preciso parar de perseguir o cara e começar a ajudá-lo." Uma mulher disse: "Se isso fosse mesmo verdade e minha mãe estivesse dando o melhor de si, eu ficaria desolada. É melhor ficar com raiva do que triste, por isso é mais fácil acreditar que ela me deixa na mão de propósito do que lamentar o fato de que ela nunca será a pessoa que eu preciso que seja."

Para os líderes de organizações, pode ser doloroso responder a essa pergunta porque, tal como no primeiro comentário, o que em geral se manifesta é o reconhecimento de que, em vez de espezinhar e pressionar alguém, eles precisam passar à difícil tarefa de ajudá-lo, designá-lo para outra função ou demiti-lo.

Por mais que o ressentimento, a decepção e a frustração nos façam sofrer, nós nos iludimos com a crença de que é mais fácil lidar com eles do que com a vulnerabilidade de uma conversa difícil. A verdade é que os julgamentos e a raiva ocupam um espaço afetivo muito grande. Além disso, é comum serem constrangedores e desrespeitosos em relação às pessoas que estão enfrentando dificuldades e acabam sendo nocivos para toda a cultura.

Uma das respostas mais profundas a esse exercício veio de um grupo focal que conduzi com alguns dirigentes da Academia Militar de West Point. Um dos oficiais me pressionou um pouco a respeito da "precisão das informações" e ficou repetindo uma pergunta: "Você tem 100% de certeza de que essa pessoa está fazendo o melhor que pode?"

Depois que respondi sim duas ou três vezes, ele respirou fundo e disse:

– Então, mude a pedra de lugar.

– O que quer dizer com "mude a pedra de lugar"? – perguntei, confusa. Ele balançou a cabeça e disse:

– Tenho que parar de chutar a pedra. Preciso mudá-la de lugar. Isso está machucando nós dois. Ele não é a pessoa certa para esse cargo, e não há pressão nem insistência que possa alterar esse fato. Ele precisa ser designado para um cargo em que possa dar alguma contribuição.

Isso não significa que devemos parar de ajudar as pessoas a estabelecerem metas ou de esperar que elas cresçam e mudem. Significa parar de respeitar e avaliar as pessoas com base no que achamos que elas deveriam realizar, começar a respeitá-las por serem quem são e responsabilizá-las pelo que efetivamente estiverem fazendo. Significa parar de gostar das pessoas pelo que elas *poderiam ser* e começar a gostar delas por serem quem realmente *são*. Significa que, às vezes, quando nos torturamos, precisamos parar e dizer à voz interior que nos atormenta: "Cara, estou fazendo o melhor que posso neste momento."

## *Viver com limites, integridade e generosidade*

Jean Kantambu Latting, que me deu aulas no mestrado e no doutorado, foi uma de minhas mentoras mais importantes. Lecionava a disciplina Liderança e Desenvolvimento Organizacional (LDO). Fui estagiária dela, fiz pesquisas na área sob sua supervisão e trabalhei como professora assistente em algumas de suas aulas de LDO.

Sempre que alguém trazia à baila um conflito com um colega, ela perguntava: "Qual é a hipótese da generosidade? Qual é a suposição mais generosa que você pode fazer sobre as intenções dessa pessoa ou sobre o que ela disse?"

Com base na minha criação e na relação que eu tinha com a vulnerabilidade na época, não via essa ideia com bons olhos. Sempre achei que isso era o mesmo que perguntar: "Qual é a melhor maneira de se ferrar mais nessa situação?"

No entanto, agora que comecei a trabalhar com a nova ideia de que as pessoas dão o melhor de si, lembrei-me da pergunta de Jean e comecei a aplicá-la em minha vida. Se alguém me mandasse um e-mail ríspido, generosamente eu tentava pensar na hipótese de que o remetente estivesse tendo um dia ruim, não fosse bom em se comunicar por e-mail ou de que talvez não tivesse conseguido dar o tom que queria à mensagem. Fosse qual fosse o caso, não tinha a ver comigo. Isso foi incrivelmente eficaz e libertador – até certo ponto. A generosidade não é um passe livre para os outros se aproveitarem de nós, nos tratarem mal e serem desrespeitosos e mesquinhos de propósito.

O que percebi foi que a suposição generosa *sem limites* é apenas mais uma receita para gerar ressentimento, mal-entendidos e julgamentos. Todo mundo pode decidir agir com generosidade, mas também precisamos manter nossa integridade e nossos limites. Dou à solução desse problema o nome de **Viver com limites, integridade e generosidade**.

*Que limites preciso estabelecer para poder agir a partir de uma posição de integridade e oferecer as interpretações mais generosas às intenções, palavras e atos dos outros?*

Estabelecer limites significa saber com clareza quais comportamentos são aceitáveis e quais não são. A integridade é essencial para esse compromisso, porque é assim que estabelecemos esses limites e, em última análise, responsabilizamos a nós mesmos e aos outros por respeitá-los. Tentei encontrar uma boa definição de integridade, que refletisse o que eu via nos dados, mas não consegui. Portanto, eis a minha definição:

> Integridade é escolher a coragem em vez do comodismo; é optar pelo certo em vez do que é divertido, rápido ou fácil; é decidir praticar nossos valores em vez de apenas professá-los.

Viver com grandeza é dizer: "Sim, serei generoso em minhas suposições e intenções, mas vou manter minha integridade e ser o mais claro possível sobre o que é aceitável ou não."

Na história do lago Travis, acabei por abordar Steve com a suposição de que ele me amava, de que algo estava acontecendo e eu não entendia muito bem, e de que valia a pena me colocar numa posição vulnerável e expor meus sentimentos e meus temores. Usar de franqueza sobre as histórias que inventamos em vez de apenas agir com base na raiva ou em impulsos autoprotetores é um gesto generoso. Eu estava firme em minha integridade – preferi o que julgava ser corajoso e correto em vez do que era cômodo e fácil – e abordei uma questão que parecia ser uma violação de limites. Não era certo ele me ignorar quando eu estava tentando uma aproximação. Steve reagiu da mesma maneira. Disse a verdade, responsabilizou-me por comportamentos do passado e manteve sua integridade. Isso nos salvou naquela manhã. Se um de nós tivesse presumido o pior, tomado o caminho mais fácil ou entrado numa postura de autoproteção ou ataque, teríamos uma história diferente, embora muito familiar.

Um dos melhores exemplos de viver com limites, integridade e generosidade vem de minha amiga Kelly Rae Roberts, que é pintora, professora e empresária. Nos últimos cinco ou seis anos, suas obras tiveram uma explosão de popularidade. Muitos daqueles que entrarem em seu site vão reconhecer suas pinturas e dizer: "Ah, eu adoro o trabalho dela!"

Além de criar suas obras, Kelly Rae dirige a própria empresa, é escritora e leciona cursos multimídia de pintura. O curioso é que ela trabalhava como assistente social no departamento de oncologia de um hospital quando aprendeu sozinha a pintar e desenhar. Mais tarde, seguiu sua vocação de se tornar pintora e empresária, e hoje tem o generoso compromisso de ajudar outras pessoas a fazerem o mesmo.

À medida que a carreira da Kelly Rae deslanchava e ela começava a licenciar sua obra no mundo inteiro, começou também a enfrentar problemas. Kelly teve que lidar com violações de direitos autorais em larga escala (um problema persistente para muitos artistas) e foi notando que alguns seguidores de seu blog e alunos de suas turmas estavam copiando seu trabalho artístico e vendendo-o na internet. Kelly Rae reagiu da melhor maneira possível.

Ela resolveu fazer uma postagem em seu blog intitulada "O que é aceitável e o que não é". Foi uma mensagem gentil, generosa, explícita, direta e determinada. Eis uma versão abreviada:

## NÃO É ACEITÁVEL

- Usar alguma imagem minha como foto de perfil no Facebook ou em qualquer outro site sem dar o devido crédito à autora. Isso viola a lei de direitos autorais.
- Fazer cópias de instruções sobre pintura tiradas de meus livros, artigos ou aulas e publicá-las em seu blog ou site. Também não é aceitável reformular minhas instruções com outras palavras e usá-las em aulas remuneradas que você vai dar ou submetê-las a revistas para publicação.
- Publicar em seu blog ou site vídeos ou fotos que mostrem meu livro, minhas instruções passo a passo das aulas ou meu processo de pintura.

## É ACEITÁVEL

- Sentir-se inspirado. Experimentar. Aprender as técnicas e se apropriar delas. As técnicas compartilhadas em meu livro, meus artigos e minhas aulas pretendem ser um ponto de partida para que você possa seguir em frente e crescer – o que é totalmente aceitável e motivo de comemoração.
- Mandar um e-mail para mim e perguntar se você pode usar alguma imagem minha por alguma razão.
- Pegar imagens do meu site para usá-las numa postagem. Mas você precisa lhes dar o devido crédito.

A postagem inteira, que é muito maior e inclui até uma seção de Perguntas Frequentes, era encabeçada por esta mensagem: "Espero que isto ajude a esclarecer as coisas. Sei que a maioria das pessoas que passaram dos limites não tinha essa intenção e não pretendia causar qualquer prejuízo. Mas acho importante que todos continuemos a ser bons guardiães da vida criativa e a nos educar com delicadeza sobre o que é apropriado ou não, sobretudo porque a violação de direitos autorais é algo muito grave."

Como tão bem demonstrou Kelly Rae, os limites são simplesmente nossas listas do que é aceitável ou não. Na verdade, essa é a minha definição de limites. É muito direta e faz sentido para todas as idades, em todas as situações.

Quando combinamos a coragem de deixar claro o que funciona ou não para nós tendo a compaixão de presumir que as pessoas fazem o melhor que podem, nossa vida se transforma. Sim, haverá pessoas que vão ultrapassar nossos limites, e isso exigirá que continuemos a responsabilizar essas pessoas. Mas, quando vivemos com integridade, somos fortalecidos pelo amor-próprio que vem do fato de honrarmos nossos limites em vez de nos deixarmos esmagar pela decepção e pelo ressentimento.

Uma das maiores dádivas desse trabalho é o fato de ele ter modificado tanto minha maneira de educar meus filhos. Agora, quando eles chegam da escola contando que alguém foi injusto ou que um colega os trata sistematicamente mal, tenho uma nova abordagem. Continuo a escutar com empatia e a perguntar sobre a participação deles no problema, porém também exploramos uma pergunta: *Que limites precisam ser estabelecidos para que vocês possam manter sua integridade e fazer suposições generosas sobre a motivação, as intenções ou os comportamentos dessa pessoa?*

Recentemente, minha filha e eu tivemos uma conversa assim sobre alguém que vinha tendo um comportamento impróprio nas redes sociais. Quando perguntei a Ellen como poderíamos aplicar a essa situação o princípio de viver com limites, integridade e generosidade, seu rosto foi tomado por uma expressão apreensiva.

– Uma suposição generosa seria achar que ela está realmente sofrendo, não apenas querendo atenção – afirmou.

Concordei. Conversamos sobre como Ellen quer manter sua integridade na internet e depois passamos ao trabalho árduo de fazer uma lista do que é aceitável ou não. Por último, discutimos como ela iria estabelecer esses limites e expectativas e responsabilizar as pessoas por segui-los ou não.

Tanto Ellen quanto Charlie fizeram muitas perguntas sobre a adequação de estabelecer limites quando alguém está sofrendo. Se para mim já é bem difícil compreender em termos intelectuais e emocionais a relação entre limites e compaixão, imagine como isso deve ser estranho para crianças criadas numa cultura com pouquíssimos exemplos de como a bondade e o estabelecimento de limites podem coexistir. Creio que a coisa toda se resume a uma simples pergunta: você pode ser gentil e respeitoso com um amigo que o esteja magoando? A resposta é não, e isso leva a duas opções: a solução fácil é retrucar de forma indelicada e desrespeitosa ou ir embora. A reação corajosa é olhar para esse amigo e dizer: "Eu me importo com você e lamento que esteja passando por um período difícil. Mas precisamos conversar sobre o que é aceitável e o que não é."

As possibilidades desse exemplo são intermináveis e se estendem a todas as áreas da nossa vida:

"Sei que as festas de fim de ano são difíceis para você. Quero que venha passar o Natal conosco, mas não fico à vontade quando você bebe a ponto de se embriagar."

"Entendo que há muito conflito entre você e outro membro da equipe. Este é um projeto estressante, e é um inferno para todos nós trabalhar sob essa tensão constante. Não é sustentável. Preciso que você resolva isso até a próxima semana, senão será retirado da equipe. Qual é a sua preferência e de que modo posso apoiá-lo?"

"Sim, eu amo você. Sim, eu também fiz escolhas ruins quando tinha a sua idade. Sim, você continua de castigo."

### *Nota sobre assassinos em série, terroristas e homicidas*

Eu deveria ganhar o prêmio de Pessoa Mais Propensa a Ouvir Perguntas sobre Assassinos em Série, Terroristas e Homicidas. Nos últimos dez anos, quando digo que não há provas convincentes de que a vergonha seja uma bússola eficaz da conduta moral, todos, de estudantes a jornalistas, me fazem uma pergunta: "E o que dizer dos assassinos?" Ao que respondo: "É muito mais provável a vergonha ser a causa do que a cura dos comportamentos destrutivos. A culpa e a empatia são os sentimentos que nos levam a questionar como nossos atos afetam os outros, e ambas são severamente reduzidas pela presença da vergonha."

Será que acredito que os assassinos em série e os terroristas fazem o melhor que podem? Sim. E seu melhor é perigoso, razão pela qual acredito que devemos capturá-los, prendê-los e avaliar se eles podem ser ajudados. Se não puderem, devem permanecer presos. É assim que funcionam a compaixão e a responsabilização. As pessoas devem responder por seus atos de um modo que reconheça sua humanidade. Quando as tratamos como animais e esperamos que saiam da prisão reformadas como seres amorosos, empáticos e bem relacionados, estamos nos enganando. Cobrar responsabilidade e oferecer compaixão ao mesmo tempo não é o caminho mais fácil, porém é o mais humano e, em última análise, o mais seguro para toda a comunidade.

## A REVOLUÇÃO

> O caráter – a disposição de aceitar a responsabilidade pela própria vida – é a fonte de onde brota o amor-próprio.
>
> – Joan Didion

Abandonei a soberba e o ressentimento da minha TRI e desenvolvi um novo modo de ver o mundo. Maria Popova, fundadora de um site muito bem-cuidado, o BrainPickings.org, compartilhou recentemente um artigo de Joan Didion sobre amor-próprio, de onde tirei a citação acima. A leitura desse texto fez inúmeros sentimentos entrarem em foco. Em minha nova história, está claro para mim que a soberba é uma ameaça terrível para o amor-próprio. Como destaca Didion, devo aceitar a responsabilidade por minha vida e minhas decisões. Naquele dia em que eu estava encontrando defeitos em todo mundo que passava por mim no aeroporto e me sentindo melhor do que os outros, meu amor-próprio estava sofrendo. Era por isso que tudo parecia tão sombrio.

Eu havia concordado em fazer algo por alguém pelas razões erradas. Não estava sendo generosa nem gentil. Dissera sim para ser benquista e evitar que me considerassem "uma pessoa difícil". Seguindo adiante, eu me dou permissão para pedir tudo de que preciso – para cuidar de mim mesma. Nunca posso ter certeza sobre as intenções dos outros, mas creio que presumir que cada um dá o melhor de si pode transformar a minha vida.

Hoje reconheço que as pessoas aprendem como devem nos tratar com base na maneira como tratamos a nós mesmos. Se eu não valorizar meu trabalho ou meu tempo, a pessoa a quem ajudo tampouco o fará. Mesmo nas raras ocasiões em que viver com limites, integridade e generosidade faz com que eu me sinta vulnerável, continuo solidamente firme e fiel à pessoa que eu sou. A partir daí, tudo é possível.

*É impossível*
# DAR A VOLTA POR CIMA
*quando*
# ESTAMOS FUGINDO.

*Sete*
# OS CORAJOSOS E INCONSOLÁVEIS
LIDANDO COM EXPECTATIVAS, DECEPÇÕES,
RESSENTIMENTOS, CORAÇÕES PARTIDOS, VÍNCULOS,
LUTO, PERDÃO, COMPAIXÃO E EMPATIA

Claudia me procurou depois de assistir a uma de minhas palestras. Tivera uma experiência familiar difícil havia pouco tempo e vinha lutando para elaborá-la. Ela explicou que várias peças do quebra-cabeça se encaixaram quando ouviu minha fala. Generosa, concordou em ser entrevistada para o livro e me autorizou a compartilhar sua história.

Claudia tem 30 e poucos anos, começou há cinco anos uma carreira promissora na área do design, é recém-casada e está em meio ao processo de montar sua nova casa, num bairro emergente da zona norte de Chicago. É inteligente, gentil, engraçada e radiante. Ela e o marido decidiram comemorar seu primeiro Dia de Ação de Graças depois do casamento separados, para que cada um pudesse passar algum tempo com as respectivas famílias. Não lhes sobrava muito tempo depois do trabalho e ambos estavam atrasados nas visitas aos pais, de modo que ela foi para Madison, no Wisconsin, enquanto ele partiu para Milwaukee.

Para muitas pessoas, feriados em família podem ser difíceis – e nunca foram fáceis para Claudia. Sua irmã caçula, Amy, sofre de depressão e alcoolismo. Seus problemas com a bebida tiveram início no ensino médio. Ela ficou sóbria pela primeira vez aos 18 anos, mas, nos dez anos seguintes, oscilou entre recaídas e novos tratamentos. Agora, quase chegando aos 30, Amy tinha voltado a beber e, dessa vez, se recusava a buscar ajuda. Não conseguia manter um emprego estável e vinha brigando muito com os pais – sua única fonte de sustento. Embora eles houvessem alugado um apartamento para ela em Madison, Amy se recusava a morar lá porque isso significava ter que responder a perguntas sobre sua saúde e sua sobriedade. "As festas e reuniões de família sempre foram difíceis", contou Claudia. "Quando Amy aparece, nunca se sabe o que esperar. Se ela está bebendo, sempre acaba numa altercação com meus pais. Quando não aparece, a tristeza de meus pais inunda a casa. De um modo ou de outro, ninguém fala do assunto."

Certa vez, Amy apareceu sóbria, se comportando perfeitamente. O noivo de Claudia na época e seus familiares tinham se juntado a eles para o jantar e o pai de Claudia fez um discurso entusiástico sobre quão gratos todos estavam por contar com a companhia de Amy naquele fim de semana. Durante o discurso, Claudia e Anna, sua outra irmã, trocaram olhares que transmitiam claramente sua mágoa e sua frustração. A luta de Amy consumia e definia a família, muitas vezes dando a Claudia e Anna a impressão de que não restava muita energia ou atenção para mais ninguém.

Dois dias antes de Claudia chegar a Madison, Amy lhe enviou uma mensagem de texto dizendo-se ansiosa por vê-la e com esperança de que elas pudessem se encontrar sem os pais. O jantar de Ação de Graças sem Amy foi difícil e, como Claudia tinha previsto, os pais ficaram tristes, mas ninguém disse nada sobre a ausência dela. Na noite anterior à viagem de volta a Chicago, Claudia e Anna saíram para jantar com Amy. "Achei que podíamos fazer uma refeição juntas", contou ela. "Três irmãs comendo uma pizza e colocando o papo em dia. Como uma família normal." Numa mensagem de texto, Amy enviara o endereço em que estaria hospedada, mas, ao se aproximarem, Claudia e Anna começaram a achar que haviam cometido algum engano. O endereço, num bairro de alta criminalidade, era uma loja abandonada. Havia tábuas cobrindo as vidraças quebradas e a porta caquética estava entreaberta. Claudia e Anna se aproximaram e deram uma espiada no interior. Ao verem uma figura entre as sombras, no fundo do lugar, as duas se entreolharam e resolveram voltar para o carro, mas, antes que pudessem dar meia-volta, Amy as chamou: "Entrem."

O medo se apossou de Claudia quando ela finalmente viu a irmã à luz tênue do pequeno apartamento de segundo andar onde ela estava instalada. Amy parecia pior do que nunca. Estava suja, desgrenhada e com olheiras escuras. O quarto estava repleto de lixo e, enquanto as duas fitavam a caçula, um rato passou correndo pelo chão. Claudia ficou arrasada ao ver Amy e seu sofrimento. Explicou-me: "Cinco anos atrás, eu me perguntava, ao ver a Amy: *será que ela está bêbada ou sóbria?* Mas, nesse estágio avançado da doença, ela não precisa estar bêbada para a gente saber que está sofrendo. Mesmo sóbria, a gente percebe que ela está doente."

Anna também ficou arrasada com a aparência da irmã, porém, ao contrário de Claudia, não ficou calada. Fazendo eco a palavras que elas tinham ouvido o pai dizer muitas vezes, gritou: "Qual é o seu problema? Como você pode viver assim? Caramba! Tome vergonha na cara!" A cena toda foi traumática.

Amy ficou agitada e insistiu em que Anna fosse embora naquele instante. Após alguns minutos de negociação, Anna pegou um táxi e foi para casa. Claudia ficou e, nas duas horas seguintes, Amy desabafou com ela, que fez o melhor possível para escutar, enquanto a irmã lhe desfiava suas misérias e se queixava do tratamento injusto e das expectativas dos pais. Claudia ficou carregada de tristeza e culpa – tristeza pela irmã e culpa por pensar: *Quanto tempo tenho que ficar aqui, ouvindo isso? Quando posso ir embora? Com que rapidez posso voltar para a vida que batalhei tanto para construir em Chicago?* Ela contou: "No começo, achei que meu momento 'com a cara no chão' tivesse sido ali, sentada diante da minha irmã, que estava pior do que eu jamais a vira, mas não foi. Não fiquei curiosa sobre o que estava sentindo, só queria parar de sentir aquilo. Não queria saber mais nada. Queria sair dali e voltar para Chicago."

Num dado momento, Amy disse a Claudia: "Você é a única da família que me entende de verdade. Sei que pode me ajudar. Pode fazer tudo melhorar. Vou morar com você em Chicago. Você pode cuidar de mim." No mesmo instante, Claudia se encheu de culpa, mas também ficou em pânico. Disse a Amy que poderia manter contato com ela, que faria isso e a ajudaria, mas que morarem juntas não ia funcionar. O problema de Amy havia começado quando as três eram adolescentes. A vida da família inteira fora usurpada pelo vício da caçula. Claudia não estava disposta a colocar seu casamento nem sua vida em risco. Após mais uma hora de conversa, ela se retirou e voltou à casa dos pais.

Sabia que eles estariam à sua espera quando chegasse, torcendo por um relatório completo. Mas Claudia não teve ânimo para falar. Era difícil demais, terrível demais. Os pais fizeram perguntas, mas ela não disse nada. Ficaram os três em silêncio, assistindo à televisão por uma hora. Claudia alegrou-se muito por estar de partida na manhã seguinte.

No curto voo de Madison a Chicago, ela se convenceu de que a melhor maneira de levar a vida adiante seria deixar essa experiência dolorosa para trás. Não ia compartilhar nem mesmo com o marido o que acontecera. "Estou cansada de ser essa pessoa", disse ela. "A que tem a família maluca, a que, em vez de ter o tipo de jantar de Ação de Graças que a gente vê nos filmes, visita a irmã alcoólatra numa loja abandonada e infestada de ratos."

Quando Claudia estava no trem do aeroporto para casa, uma briga irrompeu no corredor do vagão. De repente, dois homens grandes se atracaram, trocando socos, empurrões e puxões de cabelo. O trem estava cheio de famílias com sacolas carregadas. Algumas pessoas gritavam: "Parem! Há crianças aqui! Parem com essa briga!" Os dois homens continuavam brigando quando o trem finalmente chegou à estação seguinte. Todos os passageiros tomaram uma reta para a plataforma, muitos deles já chamando a polícia enquanto passavam aos trancos pelos homens atracados.

## O RECONHECIMENTO

Já sensibilizada pelas experiências em família, Claudia ficou abalada com a briga no trem. "Aquilo me afetou de uma forma poderosa", disse. "Sei que parece loucura, mas houve algo de quase metafísico naquilo. Foi como se o Universo me dissesse que eu não podia fugir dos conflitos, porque eles simplesmente iriam atrás de mim. Foi a minha hora da verdade. Alguma coisa naquela briga violenta... acho que aquele foi o meu momento 'de cara no chão'. Eu não sabia o que estava sentindo nem por quê, mas sabia que algo estava acontecendo, algo que eu tinha que compreender melhor."

Claudia resolveu falar com o marido sobre sua visita e a situação de Amy. Ele ficou grato por isso e os dois concordaram em não esconder essas coisas difíceis um do outro. Depois ela me disse que seu impulso inicial de não contar ao marido fizera parte de sua TRI.

"A história que criei começa pelas perguntas que faço todo ano, com a aproximação do feriado: *Por que não posso simplesmente ir para casa e fazer uma visita normal? Será que é demais pedir para apenas comer uma pizza com minhas irmãs no feriado de Ação de Graças?* A experiência é sempre decepcionante, na melhor das hipóteses, e intensamente dolorosa, na pior. Eu me ressinto por tudo ser sempre tão sofrido. Também pensei que, se passar mais tempo com a Amy e tentar lhe oferecer apoio e amor, vou ser sugada por isso e, de algum modo, acabarei cuidando dela pelo resto da vida. E sei como é isso. Ela tem quase 30 anos. Exceto por mandar interná-la, o que posso fazer se ela se recusar a procurar tratamento? Sei que não posso cuidar dela. Por outro lado, se não fizer nada ou restringir ainda mais meu tempo com ela, serei uma péssima irmã. Também criei a história de que, se não conversar sobre o que está acontecendo, será mais fácil. E, se eu não falar disso com meu marido, poderei manter o assunto longe da vida que construí. Há também o medo de que, se eu falar com meu marido, ele ache que há algo de errado comigo e com minha família."

## A DESCOBERTA

Quando perguntei a Claudia em que ponto do processo ela estava, a resposta foi: "Decididamente, ainda estou no Ato 2. Sei que preciso rever minhas expectativas sobre o tempo que passo com minha família. Não sei por que continuo a achar que, de algum modo, as coisas serão diferentes na próxima vez que eu for visitá-los. É sempre difícil, e fico passando pela mesma decepção, vez após outra. Nem sei direito de onde tirei a ideia de que existem feriados 'normais' para alguém. Só que, ao mesmo tempo, é difícil abrir mão da minha fantasia de uma família 'normal' e aceitar que as visitas à minha irmã serão sempre difíceis. O simples fato de deixar claro como vou me preparar para a próxima vez já é um grande começo."

Claudia continuou contando: "Também estou revendo meus vínculos. Foi difícil falar com meu marido sobre o que aconteceu. Quando finalmente lhe contei sobre ter chegado em casa e ficado assistindo à televisão em silêncio com meus pais em vez de discutirmos o que estava acontecendo com Amy, ele destacou como nós três estávamos desconectados uns dos outros e disse que isso só fazia piorar as coisas. Sei que é verdade. Não sabemos falar disso na minha família. Acho que todos têm que lidar com muita tristeza, e temos medo de que começar essa conversa nos deixe arrasados no final. Mas não falar nada também não está funcionando."

Ao pensar mais na nova história que quer escrever, Claudia disse: "O que sei com certeza é que amo minhas irmãs e meus pais. Não posso ter medo de 'ser a pessoa com a família maluca'. Conheço inúmeras pessoas que têm pais ou irmãos que sofrem de doenças mentais, vícios ou das duas coisas. Preciso trabalhar para assumir a minha história. Mudar para longe e restringir o tempo que passo na casa dos meus pais não altera o fato de que isso faz parte da minha vida. Também venho revendo minhas ideias sobre limites. Sacrificar minha vida não vai fazer a Amy melhorar. Posso ser uma boa irmã e, mesmo assim, estabelecer limites em torno da minha vida. Preciso descobrir como. Ainda estou tentando."

Em seguida, Claudia dividiu comigo uma das reflexões mais profundas que já ouvi sobre esse processo: "É muito difícil ficar de cara no chão da arena, mas, quando a gente abre os olhos lá embaixo e passa um minuto olhando em volta, tem uma perspectiva completamente diferente do mundo. Vê coisas que não via quando estava de pé. Vê mais dificuldades – mais conflito e sofrimento. Abrir os olhos e espiar ao redor quando estamos caídos pode nos tornar mais compassivos."

Tenho várias razões para ser grata por Claudia ter permitido que eu compartilhasse sua história. Em primeiro lugar, é preciso coragem para dividir com os outros uma história que ainda está em elaboração – dizer "Eu continuo tentando, ainda estou tentando descobrir o que é e o que não é verdade". Às vezes, as TRIs são escritas no decorrer de anos; pode levar muito tempo para resolvermos questionar nossas narrativas e checar se correspondem à realidade. Em segundo lugar, nunca encontrei uma única pessoa que não tivesse precisado lidar com expectativas, decepções e ressentimentos. É uma luta constante para a maioria de nós.

Em terceiro lugar, todos experimentamos diferentes tipos de desgostos ao longo da vida, mas não falamos o suficiente sobre os associados a vícios e doenças mentais, comportamentais e físicas. Precisamos conversar mais sobre a tristeza prolongada que provém do nosso sentimento de desamparo quando vemos uma pessoa amada sofrer, mesmo que esse sofrimento nos empurre para baixo. Por último, nosso silêncio sobre essa tristeza não ajuda ninguém. Não podemos nos curar se não pudermos sentir a tristeza; não podemos perdoar se não passarmos pelo processo de luto. Fugimos de tudo isso porque a perda nos assusta, mas nosso coração busca o luto, pois seus pedaços partidos querem tornar a se juntar. C. S. Lewis escreveu: "Nunca me disseram que o luto era tão parecido com o medo." É impossível dar a volta por cima quando estamos fugindo.

### Lidando com a decepção, as expectativas e o ressentimento

Muitas vezes, as histórias de dificuldades são entremeadas de tristeza, frustração ou raiva em relação a algo que, por alguma razão, simplesmente não saiu como esperávamos. Precisamos examinar nossa narrativa em busca de expressões do tipo "Isso era algo que eu desejava muito", "Eu estava contando com isso" ou "Eu só achei que..." Quando expressões assim aparecem, podemos estar lidando com alguma decepção. Eis o que você precisa saber sobre a decepção: *Decepção são as expectativas não atendidas; e quanto mais significativas as expectativas, mais significativa é a decepção.*

A melhor maneira de lidar com isso é sermos francos sobre nossas expectativas, checando se aquilo que esperamos corresponde ou não à realidade e por quê. É comum as expectativas ficarem fora do alcance do nosso radar, só se dando a conhecer depois de bombardearem e deixarem em escombros nossas esperanças. Eu as chamo de *expectativas invisíveis*. Claudia reconheceu suas expectativas invisíveis quando se tratava de visitar a casa de sua família – por exemplo, a ideia de que ela deveria poder ter um encontro "normal" com as irmãs para comer uma pizza. Se a sua história é repleta de pontos de interrogação – lugares em que você escreveu "Hein?", "O que aconteceu?" ou "Será que era pedir demais?" –, é provável que se trate de uma história de expectativas invisíveis e das decepções produzidas por elas.

Como disse Anne Lamott: "Expectativas são ressentimentos esperando para acontecer." Tendemos a imaginar em detalhes como será um cenário, uma conversa ou um desfecho, e, quando as coisas não saem como havíamos pensado, a decepção pode se transformar em ressentimento. Isso acontece com frequência quando nossas expectativas se baseiam em elementos que não podemos controlar – como o que as outras pessoas pensam ou sentem, ou de que maneira vão reagir.

*Será um feriado ótimo! Minha cunhada vai adorar o presente e ficar muito impressionada com o jantar.*

*Mal posso esperar para compartilhar com a equipe as minhas ideias sobre o projeto. Eles vão ficar encantados!*

Para Steve e eu, expectativas invisíveis, decepções e ressentimentos foram o motivo de nossas brigas mais difíceis. Uns cinco anos atrás, notamos um padrão: nós dois sempre ficávamos ressentidos após um fim de semana em que tentávamos conciliar os horários caóticos da família – futebol, festas de aniversário, crianças passando a noite na casa de amiguinhos, igreja – com nossos planos pessoais. Era muito mais fácil quando apenas um de nós se encarregava disso – mas como é que podia ser mais fácil para Steve tomar conta de tudo quando eu estava fora da cidade? Por que era mais simples enfrentar fins de semana agitados quando ele estava de plantão no hospital durante horas a fio? Nossas brigas, depois dos fins de semana que passávamos juntos, sempre terminavam com um de nós ressentido e culpando o outro: *Você não ajuda. Você não contribui com nada. Você só torna as coisas mais difíceis.* Era muito doloroso.

Acabei por lhe dizer: "Estou cansada dessa discussão sobre ser mais fácil quando o outro não está aqui. Isso fere muito os meus sentimentos. É como se aqui não fosse o meu lugar. Algo nessa história que estamos contando a nós mesmos não é verdade. Não acredito nela." E, assim, começamos o processo de descoberta das histórias por trás das brigas. Foi preciso um longo processo de tentativa e erro – e várias quase-crises de descontrole emocional – até que Steve acabou dizendo: "Quando sou só eu e as crianças, não tenho nenhuma expectativa de fazer minhas coisas. Deixo minha lista de afazeres de lado." Era simples assim.

Essa briga tinha tudo a ver com expectativas invisíveis. Quando passava o fim de semana sozinha com as crianças, eu não cultivava expectativas.

Mas, se Steve e eu estivéssemos em casa, tínhamos toda sorte de planos loucos sobre coisas que pretendíamos fazer. O que nunca fazíamos era tornar essas expectativas explícitas. Nossa tendência era apenas culpar um ao outro por nossa decepção quando não realizávamos o que queríamos. Agora, antes de fins de semana, férias e mesmo semanas agitadas de escola ou trabalho, conversamos sobre nossas expectativas.

Isso não quer dizer que nunca tenhamos problemas com elas. Em 2014, estávamos fazendo as malas para uma ida ao Disney World durante uma semana quando Steve olhou para a minha mala e perguntou:

– Será que não devemos checar se nossas expectativas para esta semana correspondem à realidade?

– Não, acho que está tudo bem, querido – respondi, dando um sorriso meio tenso, do tipo "É muita gentileza sua, mas posso cuidar disso".

Steve então apontou para os três romances que eu tinha posto na bagagem de mão e disse:

– Então me fale sobre isso.

Quando comecei a explicar que queria dormir até tarde, relaxar e ler três bons romances policiais no decorrer da nossa semana de viagem, ouvi o que eu estava dizendo. A quem eu queria enganar? Estaríamos na Disney com cinco crianças, durante sete dias! A única coisa que eu ia ler seriam os cartazes que diziam "Você tem que ter esta altura para entrar neste brinquedo". E, como era de esperar, saímos para os parques todos os dias às oito da manhã e não li coisa alguma, porém nos divertimos à beça – depois de eu checar se minhas expectativas correspondiam à realidade.

Já ouvi dizer que decepção é como cortar o dedo com papel – dói, mas não dura muito. Creio que podemos, sim, nos curar das decepções, mas é importante não subestimar o estrago que podem causar ao nosso espírito. Recentemente, assisti a um magnífico filme de animação japonês, *A viagem de Chihiro*, escrito e dirigido por Hayao Miyazaki. Há uma cena em que um garotinho chamado Haku, que assumiu a forma de um dragão, é atacado por um implacável bando de aves. Os agressores, na verdade, são pássaros de *origami*, que cortam Haku e o deixam todo machucado e ensanguentado. As decepções podem parecer cortes feitos com papel, mas, se forem profundas o bastante ou em número suficiente, elas podem nos deixar gravemente feridos.

É essencial lidar com decepções, ressentimentos e expectativas. Essas experiências permeiam todos os aspectos da nossa vida pessoal e profissional. Uma vida inteira de decepções inexploradas pode nos deixar amargurados, e o acúmulo de ressentimentos é tóxico. Nelson Mandela escreveu: "Ressentimento é como tomar veneno e esperar que ele mate nossos inimigos." Uma vida com plenitude exige que tenhamos consciência da ladainha de expectativas que murmuram abaixo da superfície para podermos conferir se nosso pensamento corresponde à realidade. Esse processo pode levar a relações e vínculos mais fortes e profundos.

### *Lidando com o amor, a aceitação e um coração partido*

Um coração partido é mais do que apenas uma forma particularmente difícil de decepção ou fracasso, pois fere de maneira diversa por ser algo que está sempre ligado ao amor e ao sentimento de aceitação. Com o tempo, quanto mais eu pensava na tristeza e no amor, mais clara se tornava minha percepção de como ficamos vulneráveis ao amar alguém. Os inconsoláveis, com o coração partido, são os mais corajosos – porque se atreveram a amar.

Quando expus essa ideia a meu querido amigo e mentor Joe Reynolds – padre episcopal e uma das pessoas mais sábias que conheço –, ele se calou por um tempo, depois disse: "Sim. Acho mesmo que esse tipo de tristeza tem a ver com o amor. Só quero pensar um pouco mais nisso." Alguns dias depois, ele me enviou uma carta em que compartilhava suas ideias. Joe me deu permissão para incluí-la aqui:

> Um coração partido é algo inteiramente diferente. A decepção não se transforma nele, nem o fracasso. Ele é decorrente da perda de um amor ou da percepção dessa perda. Só quem pode partir meu coração é alguém (ou algo, como meu cachorro, embora parte de mim realmente acredite que meu cachorro é uma pessoa) a quem eu o tenha dado. Pode haver expectativas – atendidas ou não – num relacionamento que acaba assim, mas a decepção não é a causa. Pode haver falhas no relacionamento – na verdade, é certo que existam, porque somos vasos imperfeitos para conter o amor de outra pessoa –, mas

elas não são a causa de um coração partido. Isso é o que acontece quando se perde um amor.

Pode vir da rejeição de uma pessoa amada. A dor é mais intensa quando o indivíduo pensava que a outra pessoa o amasse também, mas a expectativa da retribuição do amor não é obrigatória. O amor não correspondido pode deixar um coração partido.

A morte de um ente querido é de partir o coração. Não se espera que as pessoas vivam para sempre, e a morte não é culpa de ninguém – apesar do tabagismo, da alimentação ruim, da falta de exercícios ou o que quer que seja. Mas, mesmo assim, ela corta o coração. Um sofrimento parecido pode ser causado pela morte de algo singular, talvez até essencial, na pessoa amada. Eu não queria que meus filhos permanecessem crianças a vida inteira, mas há momentos em que a perda da inocência é de cortar o coração.

A perda do amor não tem que ser permanente. O afastamento da pessoa amada pode ser suficiente para partir o coração. Uma mudança na pessoa que amo pode ser uma coisa boa. Pode ser um crescimento pessoal significativo, e vou ficar contente e orgulhoso com isso. Mas a mudança também pode modificar o relacionamento e partir meu coração.

A lista continua. Há uma infinidade de maneiras pelas quais um coração pode ficar partido. (...) O denominador comum é a perda do amor ou a percepção dessa perda.

Amar com algum nível de intensidade e sinceridade é se tornar vulnerável. Antigamente, eu dizia aos casais que se uniam pelo matrimônio que a única coisa que eu podia afirmar com certeza era que eles iriam magoar um ao outro. Amar é conhecer a perda do amor. Um coração partido é inevitável, a menos que optemos por nunca amar ninguém. É exatamente isso que muitas pessoas fazem.

A mensagem da linda carta de Joe é a primeira coisa a saber se você está lidando com um coração partido em sua história: "Isso é o que acontece quando se perde um amor." Como Joe assinalou e a história de Claudia bem ilustra, essa perda não tem que ser permanente nem palpável – pode ser um amor perdido para o sofrimento, o vício ou qualquer outra dificuldade capaz de retirar de nós a capacidade de dar e receber amor.

Há duas razões pelas quais a maioria das pessoas demora a reconhecer que está com o coração partido. A primeira é que, em geral, associamos esse sentimento ao amor romântico. Essa ideia limitante nos impede de assumir plenamente nossas histórias. Os maiores corações partidos da minha vida incluem a perda do que eu conhecia como família depois do divórcio de meus pais; a visão do sofrimento de minha mãe depois que meu tio foi morto; o amor por uma pessoa que lutava com traumas e vícios; e a perda de minha avó – primeiro para o mal de Alzheimer, depois para a morte. A segunda razão de não reconhecermos o coração partido é sua associação com um dos sentimentos mais difíceis da experiência humana: o luto. *Se o que estou vivenciando é um coração partido, o luto é inevitável.*

## Lidando com o luto

Como alguém que passou quase quinze anos estudando a paisagem emocional da experiência humana, posso dizer que o luto talvez seja o sentimento que mais tememos. Como indivíduos, temos medo da escuridão que ele traz. Como sociedade, nós o patologizamos e o transformamos em algo a ser curado ou superado. Assumir nossas histórias de coração partido é um tremendo desafio quando vivemos numa cultura que nos diz para negar o luto.

Há diversos livros úteis sobre a natureza do sentimento e do processo de luto. Muitos deles se baseiam em pesquisas, mas alguns dos mais profundamente marcantes são memórias de pessoas que tiveram a coragem de compartilhar sua história pessoal. Tenho uma lista completa de ambos na biblioteca do meu site, brenebrown.com. O que quero dividir aqui é o que aprendi sobre o luto em minhas pesquisas – sobretudo os três elementos mais básicos do luto: a perda, a saudade e a sensação de estar perdido.

**Perda** – Embora a morte e a separação sejam perdas palpáveis associadas ao luto, alguns participantes descreveram perdas mais difíceis de identificar ou descrever. Elas incluíam a perda da normalidade, a perda do que poderia ser e a perda do que acreditávamos saber ou compreender sobre algo ou alguém.

O luto parece criar dentro de nós perdas que vão além da nossa consciência – temos a sensação de que algo que era invisível e desconhecido enquanto o tínhamos agora nos falta e se foi de maneira dolorosa. No comovente romance *A culpa é das estrelas*, John Green capta bem uma dessas perdas secretas que acompanham o luto: "O prazer de lembrar tinha sido tirado de mim, porque não havia mais ninguém com quem compartilhar as lembranças. Parecia que a perda do colembrador representava a perda da própria memória, como se as coisas que tínhamos feito fossem menos reais e importantes do que eram algumas horas antes." Essa citação me tocou porque, antes de lê-la, eu era incapaz de articular uma das perdas que ainda doem desde o divórcio de meus pais: as lembranças divertidas que eu partilhava com os dois. Continuo sabendo que aqueles acontecimentos foram reais, mas meus pais e eu já não somos "colembradores" como antes.

Para Claudia, o fato de o vício e a depressão de sua irmã consumirem a família significa que em seu coração partido está enterrada a perda de seus pais – o sentimento de que seu relacionamento com eles foi diminuído ou ofuscado pela preocupação dos dois com a filha caçula. As festas e reuniões familiares são boas quando Amy está bem, mas são tomadas pela tristeza e pela raiva quando ela não aparece ou se chega claramente intoxicada. É fácil entender por que os pais se concentram no filho que está passando por dificuldades, sobretudo quando os outros filhos parecem estar bem, mas, ao longo dos anos, ouvi muitos participantes de minhas pesquisas falarem sobre os sentimentos de luto e perda que vivenciaram em situações semelhantes.

**Saudade** – A saudade está relacionada com a perda. Não se trata de um desejo consciente; é mais um anseio involuntário por plenitude, compreensão, sentido, pela oportunidade de recuperar ou simplesmente tocar o que se perdeu. A saudade é parte vital e importante do luto, mas muitos sentem necessidade de guardá-la, por medo de serem mal interpretados, de serem considerados pouco realistas ou carentes de força e resiliência.

Essa percepção me ajudou a dar sentido a algo que eu tinha vivenciado uma dezena de vezes, mas nunca havia articulado, nem mesmo para Steve. Quando alguém vai de Houston a San Antonio pela estrada Interestadual 10, precisa passar pela saída para a casa da minha avó. Às vezes, ao avistar esse trecho do caminho, sinto dentro de mim o impulso de sair da estrada e ir até sua casa, só para me sentar com ela no quintal e tomar chá gelado. Quero tocar seu rosto e sentir o cheiro de sua casa. É um anseio tão físico e intenso que chego a sentir o perfume das flores do jardim e o sabor do chá. Não é algo racional. Ela não está mais lá. Mesmo assim, isso ainda me tira o fôlego.

Certa vez, ouvi um amigo dizer que o luto é como surfar. Ora a pessoa se sente firme e capaz de deslizar sobre as ondas, ora a onda desaba sobre ela com estrondo, empurrando-a tão para baixo que ela tem certeza de que vai se afogar. Esses momentos de saudade podem ter o mesmo efeito que gigantescas ondas de luto – que vêm do nada e podem ser desencadeadas por algo que a gente nem sabia que era importante.

**Sensação de estar perdido** – O luto exige a reorganização de todas as partes de nosso mundo físico, emocional e social. Quando imaginamos a necessidade de algo assim, quase todos visualizamos a dolorosa luta para nos adaptarmos a uma mudança palpável, como a morte ou a da mudança de alguém para longe. Mais uma vez, porém, essa é uma visão muito limitada do luto. Em várias ocasiões de sua história, Claudia descreveu uma sensação de imobilização – de não saber o que fazer, o que dizer ou como se portar. Em meio à sua dor, ela se sentou em silêncio com os pais, vendo televisão. Outro bom exemplo disso é o do casal que conversou comigo sobre elaborar o luto pelo qual estava passando depois que o filho mais velho foi para a faculdade. "Ficou tudo fora do lugar", contou-me o pai. "Nada parecia normal. Eu não sabia direito onde estacionar o carro. Meu filho tinha levado o dele, mas eu continuava deixando sua vaga livre. Pôr a mesa para o jantar era estranho; passar pela porta do quarto dele era sofrido – ficamos completamente perdidos e, ao mesmo tempo, felizes e orgulhosos por suas realizações. Não sabíamos se devíamos rir ou chorar. Fizemos muito as duas coisas."

Quanto mais difícil for expressar às pessoas que nos cercam as nossas experiências de perda, saudade e a sensação de estarmos perdidos, mais solitários e desconectados nos sentimos. Entre as estratégias que os participantes de minha pesquisa usam para lidar com isso, escrever as experiências de coração partido e luto apareceu como a ferramenta mais útil para deixar claro para eles o que estavam sentindo antes que pudessem falar disso com outras pessoas. Alguns o fizeram como parte de seu trabalho junto a profissionais de assistência à saúde; outros, por conta própria. Qualquer que seja o caso, os participantes falaram da necessidade de escrever livremente, sem terem que explicar ou justificar seus sentimentos. Foram essas entrevistas que me levaram a examinar mais de perto a ideia de compor TRIs como parte do processo da volta por cima.

## Lidando com o perdão

Estou há dez anos empenhada em entender plenamente o conceito de perdão. Sua ausência do meu trabalho e de todos os meus livros é gritante. Por quê? Porque eu não conseguia chegar à saturação – não conseguia encontrar um padrão significativo em todos os dados coletados.

Eu estava bem perto disso antes de escrever *A arte da imperfeição*, mas, no exato momento em que o livro estava indo para o prelo, fiz três entrevistas – e o que aprendi com elas ficava totalmente fora do padrão. Em geral, isso não seria problema: quase todos os métodos de pesquisa admitem o que chamamos de resultados discrepantes. Uma ou duas pequenas exceções aos dados são aceitáveis, desde que a maioria se enquadre no padrão. Na teoria fundamentada, no entanto, não pode haver discrepâncias. Toda história tem sua importância e, para que uma hipótese seja válida, todas as categorias e propriedades devem se enquadrar nos dados e ser relevantes. Quando algo não funciona, é porque ainda não se chegou ao resultado correto. Isso é incrivelmente frustrante, mas até hoje esse princípio nunca falhou.

Então, anos atrás, eu estava na igreja, ouvindo Joe falar sobre o perdão. Ele contava sua experiência com um casal que se achava à beira do divórcio porque a mulher havia descoberto que o marido tinha um caso extraconjugal. Os dois estavam arrasados com a possibilidade do término do casamento, mas a mulher não conseguia perdoar a traição do marido. Ele também não parecia ser capaz de perdoar a si mesmo. Joe levantou os olhos e disse: "Para que o perdão aconteça, algo tem que morrer. Se você escolher perdoar, terá que enfrentar a dor. Simplesmente terá que sofrer."

No mesmo instante, afundei o rosto nas mãos. Foi como se algo tivesse finalmente inserido a sequência correta de números numa gigantesca fechadura de combinação que eu carregava comigo havia anos. As engrenagens começaram a girar e a se alinhar na posição certa. Tudo fez sentido. Aquela era a combinação que faltava. O perdão é tão difícil porque envolve a morte e o luto. Eu estivera à procura de padrões em pessoas que ofereciam generosidade e amor, não nas que estão passando por um processo de luto. Naquele momento, a coisa toda ficou clara: dados os temores tenebrosos que sentimos ao vivenciar uma perda, nada é mais generoso e amoroso do que a disposição de abraçar o luto e perdoar. Ser perdoado é ser amado.

A morte ou o fim que o perdão exige vem de muitas formas. Talvez precisemos enterrar nossas expectativas ou nossos sonhos. Talvez precisemos abrir mão do poder de "ter razão" ou desistir da ideia de que é possível fazer o que manda o coração e, ainda assim, conservar o apoio e a aprovação de terceiros. Joe explicou: "Seja o que for, algo tem que acabar. Não basta ficar guardada numa caixinha: a coisa tem que morrer e você precisa viver o luto por ela. É um preço realmente alto. Às vezes alto demais."

Passei os dois anos seguintes reexaminando os dados a partir dessa nova perspectiva do perdão, dessa vez incluindo *o fim de alguma coisa* e o luto associado a ele. Recodifiquei e reelaborei minhas pesquisas, fiz mais entrevistas e li muito. Não me surpreendi ao encontrar um número crescente de estudos empíricos que mostram uma correlação entre o perdão e o bem-estar emocional, físico e mental. Foi emergindo um padrão sólido e claro, que seria confirmado na minha leitura de *O livro do perdão: para curarmos a nós mesmos e o nosso mundo*, do arcebispo Desmond Tutu e de sua filha, a reverenda Mpho Tutu.

O arcebispo Tutu foi presidente da Comissão da Verdade e Reconciliação da África do Sul e a reverenda Mpho Tutu, religiosa episcopal, é diretora executiva da Fundação do Legado de Desmond & Leah Tutu. *O livro do perdão* é uma das obras mais importantes que já li. Quando terminei a leitura, não tinha palavras para descrevê-lo a outras pessoas. Ele confirmou não apenas o que eu havia aprendido com Joe sobre o perdão como também tudo que eu havia aprendido sobre vulnerabilidade, vergonha, coragem e o poder das histórias. O livro descreve uma prática do perdão que inclui contar sua história, dar nome à mágoa, conceder o perdão e renovar ou desfazer o relacionamento. Tutu escreve:

> Perdoar não implica apenas ser altruísta: é a melhor forma de egoísmo. É também um processo que não exclui o ódio e a raiva. Esses sentimentos são inerentes ao ser humano. Você nunca deve odiar a si mesmo por odiar pessoas que fazem coisas terríveis. A profundidade do amor de cada um é demonstrada pela extensão de sua raiva.
>
> Entretanto, quando falo em perdão, refiro-me à crença em que se pode sair do outro lado como uma pessoa melhor. Uma pessoa melhor do que a que estava sendo consumida pela raiva e pelo ódio. Permanecer nesse estado encerra a pessoa numa condição de vítima, tornando-a quase dependente do culpado pela ofensa ou crime. Se ela consegue encontrar em si mesma a disposição para perdoar, deixa de estar acorrentada a quem a magoou. Pode seguir adiante e até ajudar o culpado a também se tornar uma pessoa melhor.

Portanto, perdoar não é esquecer nem se afastar da responsabilidade de cada um sobre seus atos, tampouco é fechar os olhos para algo que nos machucou: é o processo de retomar e curar nossa vida para podermos viver de verdade. O que Desmond e Mpho Tutu encontraram em seu trabalho sobre o perdão reafirma não apenas a importância de dar nome às experiências e assumir nossas histórias, mas também confirma que passar pelo processo de descoberta pode levar à clareza, à sabedoria e ao amor-próprio. É muito frequente querermos respostas fáceis e rápidas para dificuldades complexas. Questionamos nossa coragem e, diante do medo, recuamos depressa demais.

À medida que Claudia for elaborando seu processo de dar a volta por cima e superar as questões familiares, é provável que ela precise lidar com o perdão. Nunca encontrei ninguém – pessoal ou profissionalmente – que não precisasse lidar com essa questão – que inclui também o autoperdão.

Nas famílias e nos relacionamentos íntimos, amamos e magoamos uns aos outros. A pergunta passa a ser: *O que tem que chegar ao fim ou morrer para podermos fazer com que nossas relações renasçam?*

Numa de minhas reflexões mais difíceis a respeito do autoperdão, tive que me livrar da ideia de que, pelo fato de ser pesquisadora da vergonha e conhecer a dor infligida por ela, eu estava de algum modo isenta de constranger outras pessoas. Isso parece contraintuitivo, mas a convicção de que eu sabia que não deveria envergonhar ninguém às vezes me deixava cega para as mágoas que eu causava – e eu não percebia quando precisava pedir desculpas. Esse mito tinha que morrer e eu tinha que me perdoar por estabelecer expectativas inatingíveis e, em última análise, prejudiciais mesmo.

Uma de minhas experiências mais intensas ocorreu quando finalmente parei de fugir do meu profundo sentimento de luto pelo desmantelamento da minha família e comecei a caminhar em direção ao perdão. Esse processo levou a algumas das "mortes" mais difíceis, porém mais importantes, da minha vida. Tive que sepultar minha versão idealizada dos meus pais e passar a vê-los como pessoas com dificuldades e limitações, com suas próprias histórias difíceis de coração partido. Como eu sou a mais velha, tentava proteger meus irmãos, mantendo-os o mais longe possível da linha de frente, o que significava que eu via quase tudo muito de perto. E o que eu via, na época, era muita raiva e culpa. Mas o que hoje reconheço é o tanto de dor, mágoa, medo e vergonha que meus pais deviam sentir por trás daquilo tudo.

Naquele tempo, meus pais não tinham a quem recorrer nem o que fazer com seus sentimentos negativos. Ninguém falava desse tipo de coisa. Não havia filmes, programas de televisão nem conversas sobre o que vinha acontecendo com as famílias. Nem consigo imaginar a pressão de perder tudo, tentar manter o sustento de uma família de seis pessoas e não ter apoio nem permissão para se reconhecer com medo ou vulnerável. Meus pais foram criados em famílias em que falar dos sentimentos estava lá no fim da lista das coisas necessárias à sobrevivência. Não havia espaço para falar das emoções. Ao contrário, era só seguir em frente, aos trancos e barrancos, repetir a mesma dose, tentar com mais força, gritar mais alto.

A morte das versões idealizadas de nossos pais, professores e mentores – uma das etapas da jornada do herói – é sempre assustadora, porque significa que nos tornamos responsáveis por nosso próprio aprendizado e crescimento. Essa morte também é bela porque abre espaço para novos relacionamentos – vínculos mais sinceros entre adultos autênticos, que estão fazendo o melhor que podem. É claro que essas novas ligações exigem segurança emocional e física. Não podemos ser vulneráveis e receptivos a pessoas que nos machucam.

O nascimento desse novo relacionamento com meus pais também me forçou a sepultar a ideia de que, quando a pessoa é suficientemente inteligente ou talentosa, pode proteger os familiares do sofrimento. Quando você está passando por dificuldades, seu cônjuge e seus filhos também estão. E é bom que seja assim, desde que possamos reconhecer o sofrimento, proporcionar a todos um espaço seguro para falar dele e não fingir que é possível compartimentalizar a dor. Dificuldades acontecem. Oferecemos uma dádiva a nossos filhos quando lhes ensinamos que as quedas são inevitáveis e lhes permitimos participar de um processo de volta por cima cercado de amor e apoio.

## *Lidando com a compaixão e a empatia*

O que Claudia me disse sobre a importância de ver o mundo da perspectiva do chão da arena é fundamental para o conceito de compaixão. A definição desse sentimento que reflete o que aprendi com minhas pesquisas da maneira mais precisa vem da monja budista Pema Chödrön. Em seu livro *Os lugares que nos assustam*, ela escreve:

> Ao praticar a geração de compaixão, podemos esperar experimentar nosso medo da dor. A prática da compaixão é ousada. Envolve aprendermos a relaxar e a nos permitir avançar com delicadeza em direção ao que nos amedronta. (...) Ao cultivar a compaixão, recorremos à totalidade da nossa experiência – nosso sofrimento e nossa empatia, bem como nossa crueldade e nosso pavor. Tem que ser assim. A compaixão não é uma relação entre aquele que cura e o ferido: é uma relação entre iguais. Só quando conhecemos bem as nossas trevas podemos ter consciência das trevas alheias. A compaixão se torna real quando reconhecemos nossa humanidade compartilhada.

Embora ainda esteja em seu processo de descoberta, Claudia me disse que sua experiência a vem ajudando a ser mais compassiva em relação a si mesma e mais empática com os outros. Ao conhecer sua escuridão pessoal, ela aprende a sentir compaixão pela escuridão alheia. As pessoas mais compassivas que já conheci e entrevistei são as que não apenas passaram algum tempo de cara no chão, mas também tiveram coragem suficiente para abrir os olhos para o sofrimento de quem estava no chão com elas.

Há muitos debates sobre as diferenças entre compaixão, empatia e pena. Com base em meus dados, eis o que descobri:

**Compaixão** – Ao reconhecermos a luz e as trevas na humanidade que compartilhamos, assumimos o compromisso de praticar a bondade amorosa com nós mesmos e com os outros diante do sofrimento.

**Empatia** – O instrumento mais poderoso da compaixão, a empatia é uma habilidade emocional que nos permite reagir aos outros de forma significativa e atenciosa. A empatia é a capacidade de compreender o que alguém está vivenciando e dè lhe espelhar essa compreensão. É importante assinalar que empatia é *compreender o que alguém está sentindo*, não sentir em seu lugar. Se alguém se sente solitário, a empatia não exige que também fiquemos solitários, mas apenas que recorramos à nossa experiência da solidão para podermos compreender e estabelecer um vínculo com essa pessoa. Podemos fingir empatia, mas, quando o fazemos, ela perde seus efeitos de cura e de ligação com o outro. O pré-requisito da verdadeira empatia é a compaixão. Só podemos ter uma resposta empática quando nos dispomos a estar presentes na dor de alguém. A empatia é o antídoto da vergonha e está no cerne dos vínculos que estabelecemos.

**Pena** – Em vez de uma ferramenta para a criação de vínculos, a pena emergiu nos dados como uma forma de desconexão. Ela é distante. Quando alguém diz "Sinto muito por você" ou "Isso deve ser terrível", se coloca a uma distância segura. Em vez de transmitir o poderoso "Eu também" da empatia, isso comunica um "Não é comigo" e acrescenta: "Mas sinto por você." A pena tende mais a desencadear vergonha do que a curá-la.

## A REVOLUÇÃO

À medida que Claudia continue a mergulhar em sua história e a descobrir seu delta e os principais ensinamentos que ela adquiriu, espero que se lembre de que optar pela curiosidade e a conexão, em vez do distanciamento ou do fechamento em si mesma, apesar de ser doloroso, é uma opção pela coragem. É também o caminho para cultivar a compaixão, os vínculos e o perdão. Os inconsoláveis, com seu coração partido, são, de fato, os mais corajosos entre nós – atreveram-se a amar e a perdoar.

C. S. Lewis captou isso lindamente numa citação que está entre as minhas favoritas de todos os tempos:

> Amar é estar vulnerável. Ame qualquer coisa e, com certeza, seu coração será espremido e, possivelmente, partido. Se você quiser se certificar de mantê-lo intacto, não deve entregá-lo a ninguém, nem mesmo a um animal. Embrulhe-o cuidadosamente com seus passatempos e pequenos luxos; evite qualquer envolvimento. Tranque-o em segurança no caixão de seu egoísmo. Mas, nesse caixão seguro, escuro, inerte e sem ar, ele se modificará. Não se partirá, mas se tornará inquebrável, impenetrável, irredimível. Amar é estar vulnerável.

O VÍNCULO **NÃO EXISTE** sem o ato de **DAR E RECEBER. PRECISAMOS DAR** e precisamos **PRECISAR.**

*Oito*
# ALVO FÁCIL
LIDANDO COM NECESSIDADE, VÍNCULOS, CRÍTICAS,
AUTOESTIMA, PRIVILÉGIOS E O ATO DE PEDIR AJUDA

Abril

Telefonei para Amanda no instante em que li sobre a palestra no jornal:
– Anne Lamott está vindo à cidade! Isso deve ser um sinal!

Amanda, minha amiga e ex-aluna de pós-graduação, compartilha meu entusiasmo pelo trabalho de Anne. Então havíamos planejado assistir a alguma palestra dela. Amanda é uma das pessoas mais inteligentes que conheço e nunca se furta a um bom desafio teológico. Até hoje, travamos um debate constante – às vezes acalorado, mas sempre amoroso – sobre a natureza da fé. Nessa ocasião, ela, que vem de uma família evangélica, estava começando a explorar outras expressões da fé. Steve e eu vínhamos lutando com a ideia de voltar à igreja pela mesma razão que leva muitas pessoas de volta à religião – tínhamos filhos pequenos e queríamos que eles dispusessem ao menos de uma base sobre a qual pudessem tomar suas próprias decisões.

Steve e eu somos gratos por termos crescido em famílias cujas bases espirituais eram sólidas, mas, em algum momento, ambos nos sentimos traídos pela religião e nos afastamos. Nenhum de nós dois sabia expressar bem o que sentia, até eu ouvir Lamott se referir a Paul Tillich e dizer à plateia: "O contrário da fé não é a dúvida, mas a certeza." Steve e eu não havíamos abandonado a religião porque deixamos de acreditar em Deus. Foi a religião que nos deixou quando começou a colocar a política e a certeza acima do amor e do mistério.

Ao nos sentarmos no auditório da escola secundária, antes do início da palestra, um quarteto de jazz começou a tocar, enquanto surgiam e se apagavam num telão imagens de homens e mulheres sem teto. O evento se destinava a levantar fundos para a Lord of the Streets, uma igreja episcopal de Houston que se dedica a socorrer moradores de rua. Passados alguns minutos, o padre Murray Powell subiu ao palco para falar do trabalho que vinha sendo feito por essa organização e apresentar Lamott. Uma frase de seus comentários, em particular, despertou a minha atenção no ato. Ele disse: "Ao desviar o olhar de um sem-teto, você diminui a humanidade dele e a sua também."

Quando se ouve uma coisa dessas, não é preciso compreendê-la inteiramente para saber que é verdade. Conheço o padre Murray o suficiente para saber que não tinha sido essa a sua intenção, mas, no instante em que ele proferiu essas palavras, senti a vergonha tomar conta de mim. De repente, pensei comigo mesma: *Ele está falando comigo. Eu desvio o olhar*.

Como uma pesquisadora que passou anos estudando o poder dos vínculos humanos, eu deveria compreender melhor do que ninguém a necessidade humana de ser visto. No entanto, desviava o olhar, mesmo quando abria a janela do carro e entregava algo a alguém na rua, talvez uma nota de um dólar. Às vezes eu até abria um rápido sorriso, mas não fazia contato visual. E, o que era pior, não tinha ideia do motivo. Não era que eu tivesse medo de ver dor e sofrimento: trabalhei em órgãos de proteção à infância e com vítimas de violência doméstica, e nunca desviei os olhos. Sentei-me diante de agressores violentos e de pais enlutados sem um piscar de olhos. Por que então era tão difícil para mim ver alguém morando na rua?

Deitada na cama à noite, minha curiosidade surgiu – como costuma acontecer – sob a forma de oração. Especificamente, fiz uma prece pedindo ajuda para entender por que, apesar de conhecer a importância do contato, eu desviava o olhar de maneira tão previsível. Acordei na manhã seguinte com certa expectativa de que a resposta tivesse aparecido ao longo da noite. Cheguei a permanecer de olhos fechados, para registrar fosse qual fosse a iluminação que pudesse haver surgido. Nada.

O padre Murray me levara às lágrimas, e rezei muito para alcançar a compreensão. Dessa vez, porém, o processo levaria nove meses de curiosidade, orações e descoberta. Em vez de um único momento com um lampejo de compreensão, vivenciei uma série de momentos sagrados e não tão sagrados assim que acabou me deixando cara a cara com um de meus maiores temores e me ensinando exatamente o que Santa Teresa de Ávila quis dizer ao afirmar: "Mais lágrimas são derramadas pelas preces atendidas do que pelas não atendidas."

Junho

Não há nada melhor que o abraço caloroso da aceitação – aquela sensação de fazer parte de algo que amamos ou em que confiamos. E não há sinal mais palpável do que ver nosso nome e nosso retrato numa lista oficial de membros. Após um hiato de duas décadas longe da religião institucionalizada e de uma busca de um ano pela comunidade certa, Steve e eu tínhamos finalmente encontrado uma ótima igreja para nossa família. Nas primeiras horas de uma manhã de sábado, estávamos abraçando nossa grande decisão, indo tirar uma fotografia da família para o catálogo da igreja. Acordei cedo, me arrumei, fiz o café e deixei as crianças impecáveis. Por um momento, no carro, senti pura alegria. Estávamos juntos. Ríamos. A certa altura, nós quatro, inclusive Charlie, que na época tinha apenas 2 anos, cantamos juntos ao som de "Down to the River to Pray".

Ao parar em frente à majestosa catedral, o sol brilhava por entre os campanários da torre e sobre o jardim. Senti o imenso orgulho de pertencer a uma igreja de 150 anos, no centro de Houston, cuja história era tão impressionante – um lugar sagrado, de profunda espiritualidade, que não pede desculpas por ser questionador e tão apaixonadamente comprometido com a assistência aos moradores de rua. Adorei saber que os primeiríssimos membros de nossa nova igreja tinham sido homens e mulheres intrépidos que haviam deixado os Estados Unidos para construir uma nova nação – a República do Texas. Enquanto Steve estacionava, olhei pela janela do carro, pensando: *Esta é a minha igreja. Faço parte desta história e desta comunidade, tal como os homens e mulheres que a frequentavam na época em que tangiam o gado pela Rua Texas.*

Também fiquei animada porque agora tínhamos um canal para retribuir nossas graças – um lugar onde contribuir com a comunidade e ensinar nossos filhos a fazerem o mesmo.

Assim que estacionamos, as crianças pularam do carro e correram para o chafariz do jardim. Gritei-lhes minhas instruções:

– Não se molhem! Não ponham as mãos no chafariz! Nada de sujar as mãos! É dia de tirar foto!

Steve balançou a cabeça, como quem diz *Boa sorte*.

Quando passamos pelo portão principal e nos dirigimos à porta lateral, notei uma pilha de jornais velhos e lixo sob o toldo. *Esta é a minha igreja. Este lixo não pode ficar aí*. Fui até lá e peguei os detritos espalhados com uma das mãos e uns jornais dobrados com a outra e fui andando em direção a uma lata de lixo.

A cada passo que dava, subia um cheiro terrível. Num reflexo, levantei os detritos da mão esquerda e dei uma cheirada. Nada. Talvez fosse batata frita velha. Depois, com a mão direita, aproximei do rosto os jornais dobrados. À medida que o cheiro penetrava minhas narinas, minha cabeça calculou o peso, a densidade e aquela pilha de jornais estranhamente dobrados num triângulo, formando uma vasilha quase perfeita.

– Ai, meu Deus! É cocô! Ajude, Steve! É cocô! Ah, meu Deus! Merda! Alguém fez cocô aqui – eu gritava enquanto corria para a lata de lixo.

Joguei tudo lá dentro e sacudi as mãos, tentando me livrar dos germes. Steve estava literalmente dobrado ao meio, às gargalhadas.

– Não tem graça. Do que você está rindo? Ai, meu Deus! Merda, que nojo!

Steve lutou para enunciar as palavras:

– Pare de dizer isso. Não dá pra aguentar, vou morrer de rir!

– Qual é a graça? Isso não tem graça nenhuma! – rebati, furiosa.

Steve parou de rir, apenas o bastante para dizer:

– *Merda*. Entendeu? Isso é mesmo *uma merda*!

E recomeçou a gargalhar.

Revirei os olhos e peguei a reta do toalete. Depois da quarta lavagem, no estilo cirurgião fazendo a assepsia antes de uma operação, reconheci que aquilo era meio engraçado. Quando saí, Steve me esperava exibindo um ar arrependido, que foi prontamente substituído por outro acesso de riso incontrolável.

Nos meses seguintes, pensei naqueles jornais todas as vezes que via um morador de rua, o que, na zona urbana de Houston, infelizmente, isso significa quase todos os dias. Pensei na indignidade de alguém não ter um banheiro, a não ser uma pilha de jornais na entrada de uma igreja no centro da cidade. Pensei nos moradores de rua com que havia trabalhado em minha carreira no serviço social, em quantos deles eram veteranos de guerra e em como a maioria lutava com traumas, vícios e doenças mentais. Também pensei no horror que ainda tomava conta de mim toda vez que eu parava num semáforo e me via bem ao lado de algum pedinte.

Eu continuava a não olhar de verdade para essas pessoas, não de maneira significativa, e o incidente dos jornais me levara a questionar se aquilo teria alguma relação com meu sentimento de não estar ajudando os outros o suficiente. Minha reação de praxe a esse mal-estar costuma ser: *Faça mais! Ajude mais! Dê mais!* Talvez eu conseguisse olhar nos olhos das pessoas se não sentisse tanta vergonha por não ajudá-las o bastante. Assim, aumentei minha carga de trabalho voluntário e enchi o carro de produtos que poderia oferecer aos pedintes.

Mas não adiantou. Algo continuava a me impedir de ver a humanidade do outro lado da janela do meu carro.

### Setembro

Exatos três meses depois do dia da foto na igreja, eu tinha ido buscar comida para mim e para uma amiga que estava se recuperando de uma cirurgia. Enquanto dava uma volta de reconhecimento em torno dos bufês de saladas e pratos quentes, notei que um homem me observava. Era um homem branco de meia-idade, camisa xadrez de flanela, calças jeans sujas e botas cobertas de lama. Ele usava um boné tão enterrado na cabeça que quase lhe cobria os olhos. Parecia um operário da construção civil. É provável que eu não o tivesse notado, não fosse o fato de ele estar parado no mesmo lugar, trocando o peso do corpo de uma perna para outra e observando os pratos quentes.

Quando nossos olhos se cruzaram, abri um sorriso rápido e constrangido e desviei o olhar. Estranhamente, ele tirou do bolso um desses celulares de flip e começou a falar. Já tendo usado o mesmo truque em situações de embaraço, percebi o que ele estava fazendo – não havia ninguém do outro lado da linha. Minhas suspeitas se confirmaram quando ele tornou a enfiar o telefone no bolso, no meio de uma frase, assim que me afastei para o outro lado do bufê de pratos quentes.

Enchi um recipiente com sopa de lentilha para minha amiga. Ao me dirigir ao bufê de saladas, dei uma olhadela no homem com ar de operário. Havia algo de esquisito. Toda vez que eu baixava a cabeça sob a cobertura de vidro que protegia os alimentos e o olhava de relance, o sujeito desviava os olhos. Quando eu o pegava me observando, era eu quem olhava para outro lado.

Eu estava pondo molho de salada num copinho para viagem quando vi uma comoção pelo canto do olho. O homem tinha corrido até o bufê de pratos quentes e, com as mãos em concha, apanhado uma porção de carne assada com legumes e disparado em direção à porta de entrada. A única outra pessoa por perto ficara simplesmente imóvel, segurando sua cesta com uma das mãos e cobrindo a boca aberta com a outra.

Um empregado veio correndo perguntar o que havia acontecido. Quando lhe expliquei, ele balançou a cabeça, pegou depressa o grande recipiente de metal em que estava o restante da carne assada e voltou correndo para a cozinha. Fiquei olhando, incapaz de me mexer.

*Que diabo aconteceu? Será que o homem achou um lugar seguro para se sentar e comer ou será que comeu enquanto fugia? Eu devia ter sorrido para ele. Por que desviei o olhar quando ele me olhou? Talvez ele estivesse tentando me dizer alguma coisa. Eu poderia ter comprado um almoço de verdade para ele. Num recipiente adequado. Com um garfo. Será que a comida teria queimado suas mãos? Ninguém deveria ter que fazer uma coisa dessas para conseguir um prato de comida.*

Foi nessa hora que comecei a me perguntar se meu desconforto tinha menos a ver com não ajudar o bastante do que com meus privilégios.

Talvez eu não estivesse olhando as pessoas nos olhos porque meus privilégios me deixavam constrangida. Agora eu ganho mais. Meu carro funciona todos os dias. Nossa energia elétrica parou de ser cortada. Não faço hora extra atendendo num balcão de bar para inteirar o dinheiro do aluguel. Ninguém me olha no mercado e se pergunta o que eu devo estar planejando.

Tive a grande honra de dar aulas sobre questões raciais, de classe e gênero na Universidade de Houston – uma das instituições de pesquisa com maior diversidade étnica dos Estados Unidos. Aprendi o bastante sobre privilégios para saber que corremos o maior risco quando achamos que já aprendemos tudo que precisávamos saber a respeito desse assunto. É nessa hora que paramos de prestar atenção à injustiça. E não se deixe enganar: não prestar atenção porque o assediado não é você, ou porque você não foi demitido, obrigado a parar o carro ou submetido a um salário desumano, é a definição de privilégio. *Talvez esse desviar de olhos tenha a ver com meus privilégios. Preciso pensar melhor e de forma mais detida nas minhas escolhas para reconhecer que optar entre quem vejo e quem não vejo é uma das funções mais nocivas do privilégio.*

Reconhecer os privilégios e fazer algo para lutar contra a injustiça são atitudes que exigem vigilância constante. No entanto, por mais que eu tentasse me manter consciente, o privilégio não era a única coisa que me atrapalhava. A descoberta prosseguiu.

Janeiro

Meses depois, numa fria tarde de janeiro, recebi um daqueles telefonemas que fazem o tempo parar e, sem aviso prévio, reorganizam tudo de forma violenta. Era minha irmã Ashley: "Há alguma coisa errada com a mamãe! Ela desmaiou na entrada da minha garagem. Há alguma coisa errada."

Sou uma pessoa que, de forma crônica e compulsiva, repassa tragédias na cabeça supondo que, com isso, estarei preparada quando elas vierem. Ou que talvez elas não venham nunca, já que estou preparada. Afinal, eu fazia minha parte: sacrificava a alegria, na hora de senti-la, para prevenir futuras dores. Agora queria o que me era devido: menos mágoa, menos medo, menos pânico. Mas trocar a alegria por menos vulnerabilidade é como fazer um pacto com o diabo. E o diabo sempre trapaceia. Por isso, no momento em que ouvi o que minha irmã dizia, tudo que senti foi puro pavor. *Não pode acontecer nada com a mamãe. Não vou sobreviver a isso.*

Trinta minutos depois, eu estava no pronto-socorro com Steve e Ashley – os três juntinhos, esperando alguém nos dizer o que estava acontecendo por trás das pesadas portas automáticas. Na minha cabeça, não havia dúvida de que era sério. A sala atrás daquelas portas estava repleta de um excesso de comoção e, além disso, a coisa toda ficava estampada no rosto de Steve. Nessas situações, a boa notícia é que meu marido é médico, de modo que sabe traduzir para nós o que está acontecendo. A má notícia é que eu o observo há 25 anos e sei quando está assustado ou apreensivo.

*Ninguém pode sair daquelas portas com essa expressão no rosto. Eu me recuso a deixar que alguém passe por aquelas portas com essa expressão no rosto. Eu me recuso a aceitar esse desfecho. Não suporto.*

Por fim, uma enfermeira saiu e, sem reduzir o passo, disse algo a Steve sobre minha mãe fazer um cateterismo cardíaco. Steve nos explicava como seria o procedimento quando o médico veio. Minha mãe sofrera uma parada cardíaca. O sistema elétrico que controla os batimentos havia sofrido uma interrupção e o resultado era um batimento muito fraco. Eles iam transferi-la para a unidade de tratamento intensivo da cardiologia.

Isso não tinha o menor sentido para mim. Mamãe era saudável. Era jovem e ativa, trabalhava em horário integral e vivia à base de feijão--preto e espinafre.

O médico explicou que haviam marcado a cirurgia dela para a manhã seguinte e que teríamos que esperar algumas horas para vê-la. Permanecemos no hospital e aguardamos. Minha outra irmã, Barrett (gêmea idêntica de Ashley), chegou de Amarillo e meu irmão ficou em stand-by em São Francisco.

Aos poucos, sem que eu me desse conta, minha postura física foi ficando mais decidida. Não sei se foi em resposta à minha própria dor ou à visão de minhas irmãs mais novas com medo, mas meus dentes se cerraram, meu queixo endureceu e meus olhos se estreitaram, concentrando o foco. As lágrimas cessaram, meus ombros curvados se empertigaram e a armadura começou a se encaixar no lugar. Numa série de movimentos quase imperceptíveis, coreografados pela história, meus braços deslizaram por cima dos ombros de minhas irmãs e fiquei mais alta. Tornei-me a protetora – exatamente como acontecia quando eu juntava todos no meu quarto enquanto nossos pais brigavam. A mesma protetora que intervinha junto a meus pais quando achava que minhas irmãs ou meu irmão estavam em apuros. Esse era o meu papel. Segunda mãe. Quando entro nesse papel, fico uma fera. Sou a protetora. E, infelizmente, sou a pior pessoa hiperfuncionante que você já viu.

No livro *The Dance of Connection* (A ciranda dos vínculos humanos), de Harriet Lerner, a autora explica que todos temos um modo padrão de lidar com a ansiedade – alguns de nós funcionam em excesso, outros deixam de funcionar. Os hiperfuncionantes tendem a se apressar em orientar, resgatar, assumir o controle, microgerenciar e, basicamente, se meter nos assuntos alheios, em vez de olhar para dentro. Já os subfuncionantes tendem a ficar menos competentes sob tensão: convidam os outros a assumir o controle e não raro se tornam objeto de inquietação ou preocupação. Por fora, os hiperfuncionantes parecem durões e controlados, ao passo que os subfuncionantes se afiguram irresponsáveis ou frágeis. Muitas dessas condutas são aprendidas e combinam com os papéis que desempenhamos na família. Não é incomum os primogênitos serem hiperfuncionantes – o que, sem dúvida, é o meu caso.

Quando enfim nos permitiram ver a mamãe, minhas irmãs fizeram o melhor que podiam, porém mal conseguiam controlar o choro. Eu, por outro lado, fui resoluta:

– O que você precisa que eu traga de casa? – perguntei-lhe. – O que posso fazer? Para quem preciso telefonar no escritório? O que precisa ser feito em casa?

De uma hiperfuncionante para outra, mamãe e eu fizemos uma longa lista de providências a tomar. Quando o médico entrou, estendeu a mão por sobre a cama para cumprimentar meu padrasto, mas interceptei o aperto de mãos, me apresentei e comecei a interrogá-lo para obter informações. Meu padrasto deu um passo atrás e me deixou ficar à frente do espetáculo.

Mais tarde, voltamos a nos reunir no térreo. O amplo saguão do Hospital Metodista de Houston é lindo – enormes arranjos de flores dispõem-se sobre mesas perfeitamente decoradas, há esculturas nos corredores, e até um piano de cauda. É maravilhoso, mas esquisito. Toda vez que passo por ele, é uma luta conciliar algo que parece um saguão de hotel sofisticado com todas as cadeiras de rodas e pessoas com roupas de centro cirúrgico.

Postada junto ao piano, saquei a lista que mamãe e eu fizéramos e comecei a delegar tarefas:

– Ashley, você pode ir à casa da mamãe e pegar todos os remédios dela? Ponha tudo numa bolsa, inclusive as vitaminas. Barrett, preciso que você ligue para Jason e lhe dê as últimas informações. Também precisamos procurar um pijama de algodão leve para a mamãe.

À medida que ia escrevendo as iniciais de minhas irmãs ao lado de cada item, comecei a ficar nervosa com o pequeno número de tarefas que restavam. Mamãe queria umas coisas do mercado, mas isso não seria suficiente para me manter ocupada.

– Sabem de uma coisa? Eu mesma busco os remédios da mamãe. Sei onde ela guarda aquilo tudo. E, Barrett, é melhor eu ligar para Jason. Ele está assustado e vai ser uma conversa dura. É difícil estar longe. Também sei onde arranjar um pijama que abotoa na frente.

Analisei a lista e fui assentindo em silêncio com a cabeça, orgulhosa da minha decisão de retomar as tarefas. *Sim. Assim é muito melhor. É melhor eu fazer tudo.* No breve momento que levei para trocar as iniciais e fazer novas anotações na lista de providências, minhas irmãs recuaram do nosso círculo e se puseram a cochichar entre si. Quando finalmente levantei os olhos e as vi, elas estavam de mãos dadas e me fitavam.

– O que é? Qual é o problema? O que foi? – perguntei, impaciente.

– Você está hiperfuncionando – respondeu Ashley.

– Nós podemos ajudar. Sabemos o que fazer – atalhou Barrett.

Meu corpo amoleceu de repente, deixei a lista cair no chão, desabei na cadeira atrás de mim e desatei a soluçar. Fiquei inconsolável. Era comum as pessoas chorarem nas salas de espera dos andares superiores, mas não no saguão sofisticado. Eu tinha certeza de estar fazendo uma cena, mas não conseguia parar. Minhas irmãs haviam atravessado minha armadura.

Era como se quarenta anos de *fazer* – em vez de *sentir* – tivessem vindo cobrar a conta. Ashley e Barrett também choravam, mas me abraçaram e me disseram que ficaríamos bem e que cuidaríamos umas das outras e da mamãe. Meu padrasto, David, que havia passado a hora anterior (e os vinte anos precedentes) assistindo a todo o espetáculo, nos beijou na cabeça, aceitou meu pedido de desculpas por ter sido tão grosseira no quarto e se retirou com a lista.

Mais uma vez, a história da volta por cima da minha mãe estava em questão. Suas escolhas e o trabalho que ela fizera na própria vida não apenas tinham despertado minha curiosidade, mas também transformado minhas irmãs e meu irmão. Mamãe comprava livros importantes aos montes, como *esse* de Harriet Lerner, e dava um exemplar a cada um de nós. Não era sutil, mas funcionava. Mamãe se certificava de que fôssemos expostos às ideias e informações de que ela não dispusera quando jovem.

Olhando para essas respostas pela lente da vulnerabilidade, é fácil ver que os dois tipos de reação à ansiedade são formas de armaduras – comportamentos aprendidos para fugir do jugo do medo e da incerteza:

Hiperfuncionamento: *Não vou sentir, vou fazer. Não preciso de ajuda, eu ajudo.*

Subfuncionamento: *Não vou funcionar, vou desmoronar. Não ajudo, eu preciso de ajuda.*

A cirurgia da mamãe foi um sucesso e à tarde nos sentamos com ela no quarto do hospital. Alguém levou um panfleto que explicava o funcionamento de seu novo marca-passo. A capa mostrava um casal de cabelo grisalho e suéteres que combinavam, em tom pastel, andando de bicicleta. Minhas irmãs e eu fizemos uma encenação completa sobre a nova vida de mamãe, andando de bicicleta e usando suéteres. Todo mundo riu até chorar. Fomos expulsas de lá. Disseram-nos para voltar dali a uma hora e, sendo assim, resolvemos atravessar a rua e jantar numa lanchonete de comida mexicana.

Lá fora já estava escuro e, embora o complexo arquitetônico do Centro Médico do Texas, em Houston, seja o maior do gênero no mundo inteiro, não há muitos pedestres à noite. Então ficamos atentas ao ambiente à nossa volta quando atravessávamos a rua. Já no restaurante, Ashley e eu estávamos fazendo os pedidos no balcão quando ouvimos a voz de Barrett se elevar. Virei-me e vi um homem embrulhado num cobertor ser empurrado para a calçada, para fora do restaurante, por um funcionário da casa. Na agitação, o homem fora acidentalmente empurrado para cima de Barrett, que gritou com o empregado do restaurante:

– O que você está fazendo!?

A coisa toda acabou em menos de um minuto. Foi uma confusão e deixou todas nós chateadas, especialmente Barrett. Tentamos comer, mas com todas as emoções do dia, combinadas com a que acabara de acontecer, ficamos de estômago embrulhado. Saímos do restaurante e começamos a refazer o caminho para o hospital.

Ao atravessar a rua e chegar mais perto do prédio, tornamos a ver o sujeiro do cobertor. Era um homem negro, de uns 20 ou 30 e poucos anos. O rosto e o cabelo dele estavam muito empoeirados e quase se podia ver uma nuvenzinha de sujeira à sua volta. Ele tinha a expressão de quem já havia apanhado muito na vida. Depois de passar tantos anos trabalhando na área da violência doméstica, eu podia reconhecer aquele olhar. Com o tempo, repetidas pancadas no rosto modificam a estrutura óssea da pessoa.

Tentei me aproximar, para ver se poderíamos lhe oferecer um jantar ou ajudá-lo de algum modo. Por um breve instante, nossos olhares se cruzaram, mas ele se afastou às pressas. O que vi em seus olhos transmitiu algo tão doloroso que mal pude registrar. Aqueles olhos pareciam dizer: *Não era para isto acontecer. Não era para ser esta a minha história.* Comecei a chorar de novo e perguntei a minhas irmãs:

– Como é que isso pode acontecer com um homem assim? Como deixamos isso acontecer?

Estávamos exaustas, física e mentalmente. Voltamos ao hospital e ficamos com mamãe até nos pedirem que fôssemos embora.

Na manhã seguinte, cheguei cedo ao hospital. Sorri quando as portas automáticas de vidro se abriram, porque o grandioso saguão estava inundado por música. E não era uma música qualquer – alguém tocava no piano de cauda uma sonora versão de "Memory", do musical

*Cats*, de Andrew Lloyd Webber. Quando cheguei ao balcão do serviço de manobrista, vislumbrei o pianista. Mal pude acreditar no que via: era o sem-teto da noite anterior. Seu cobertor estava estendido sobre a banqueta do piano e suas mãos corriam pelo teclado. Aflita para validar o que eu estava vendo, virei-me para a funcionária e disse, num impulso:

– Ah, meu Deus! Eu o vi ontem à noite. Acho que ele é morador de rua.

– Sim – respondeu a moça. – Ele só sabe duas músicas e fica repetindo até o pessoal da segurança o colocar na rua.

– Mas não entendo. Para onde ele vai? Quem é ele?

– Não sei, meu bem. Faz mais ou menos um ano que ele vem aqui – respondeu a funcionária enquanto imprimia o tíquete de estacionamento.

Nesse momento, a música parou. Os guardas da segurança mandaram o homem recolher suas coisas e em seguida o acompanharam até o lado de fora. Eu ainda estava em choque quando cheguei ao quarto de mamãe, que encontrei sentada, comendo. A cor tinha voltado a seu rosto e ela estava muito falante.

– Parece que você viu um fantasma – comentou.

– É pior do que isso – expliquei. – Estou vendo pessoas reais e sei que elas estão tentando me ensinar alguma coisa, mas não sei o que é.

Contei-lhe as histórias do lixo na porta da igreja, do sujeito faminto roubando comida e do pianista. Ela baixou o garfo, se reclinou e perguntou:

– Posso lhe contar uma história da sua avó?

Eu me enrosquei em posição fetal ao pé da cama e escutei.

Quando mamãe estava na escola, sua família morava a meio quarteirão da estrada de ferro, em San Antonio. Havia um viaduto – uma pontezinha de tijolos em forma de arco, que era atravessada pelo trem – bem no fim da rua. A encosta gramada do morrinho que levava aos trilhos era coberta de arbustos e plantas, o que proporcionava o lugar perfeito para os mendigos, vítimas da Grande Depressão e veteranos da Segunda Guerra, pularem dos vagões de carga.

Minha avó guardava cinco pratos de metal, cinco copos de metal e cinco garfos de metal numa bacia embaixo da pia da cozinha. Sempre preparava mais comida do que o necessário e, segundo minha mãe, os moradores de rua batiam à porta dela com bastante regularidade para pedir uma refeição. Os homens se sentavam na varanda da frente ou no balanço da varanda e vovó lhes servia a comida em sua louça especial. Quando eles terminavam de comer, ela fervia os pratos, copos e talheres e tornava a guardá-los sob a pia até a chegada do grupo seguinte.

Quando perguntei a mamãe como aquilo funcionava – por que vovó confiava neles e por que os homens confiavam nela –, a resposta foi: "Estávamos marcados." Os trabalhadores sem-teto usavam um sistema de marcações no meio-fio das ruas do bairro para indicar quem era e quem não era seguro, quem poderia alimentá-los e quem se recusaria a fazê-lo. A casa era um *alvo fácil*.

Minha mãe explicou que vovó confiava neles por duas razões. A primeira era que a vizinha da frente tinha um irmão que voltara da Segunda Guerra Mundial e havia virado mendigo. Por isso ela nunca pensava neles como "os outros", porque conhecia alguns pessoalmente e – o que era mais importante – também se considerava "o outro". Ela havia enfrentado a pobreza, a violência doméstica, o divórcio e seu próprio alcoolismo (vovó só parou de beber quando eu nasci). Não julgava ninguém.

A segunda era que vovó não tinha problemas com a necessidade.

– Ela não tinha medo de pessoas necessitadas porque não tinha medo de precisar dos outros – mamãe explicou. – Não se esquivava de estender sua bondade aos outros, porque ela mesma dependia da bondade alheia.

Mamãe e eu nem sequer precisávamos desvendar o sentimento por trás dessa história. Ambas compreendíamos exatamente o que vovó tivera e faltava a nós duas: a capacidade de receber. Mamãe e eu não somos boas na hora de pedir ou receber ajuda. Somos mais de oferecer. Vovó adorava receber. Ficava toda animada quando as amigas lhe levavam tortas ou bolos recém-assados, ou quando eu me oferecia para levá-la ao cinema. Não se incomodava em pedir ajuda quando precisava. Também não preciso dizer que, no fim da vida, quando a demência devastou sua mente, foi a bondade dos outros que a manteve viva e segura.

Quando cheguei em casa à noite, Steve e as crianças tinham ido a um jogo de futebol. Fiquei sentada no sofá, no escuro, pensando na vovó e numa das experiências mais difíceis da minha vida. A morte do filho dela, Ronnie, havia exacerbado sua decadência mental e emocional. Um dia, uma de suas vizinhas telefonou para mamãe para dizer que estava preocupada com a vovó, que andava perambulando de um lado a outro do quarteirão apenas de casacão e botas de vaqueiro, batendo de porta em porta para perguntar aos vizinhos se eles tinham ficado sabendo da morte de Ronnie.

Deixá-la sozinha foi se tornando cada vez mais perigoso. Entre os temores de que ela vagasse pelo bairro, deixasse o cigarro aceso no cinzeiro ou usasse o fogão a gás, compreendemos que estava na hora. Minha mãe, que morava em Houston, vinha lutando para encontrar o lugar certo. Na época, eu morava em San Antonio e tentava ajudar o máximo possível. Vez por outra, vovó ficava no meu apartamento, mas, sempre que a tirávamos de casa, ela se mostrava desorientada e ansiosa. Antes mesmo de Steve e eu nos casarmos, às vezes ele ficava com ela à noite para eu poder ir trabalhar.

Numa de minhas últimas visitas à casa dela, antes de vovó se mudar para uma clínica para idosos em Houston, notei que ela havia parado de tomar banho. Não estava limpa. Preparei-lhe um banho e peguei uma toalha limpa. Ela ficou lá parada, sorrindo para mim.

– Tome um banho, vovó. Vou ficar bem aqui fora. Quando você terminar, faço o jantar.

Ela só fez sorrir e levantar as mãos acima da cabeça. Queria que eu a despisse. Tirei sua blusa, dei-lhe um beijo na testa e saí do banheiro, torcendo para que ela terminasse sozinha. Eu tinha 29 anos e estava apavorada.

*Não sei se consigo fazer isso. Nunca a vi sem roupa. Não sei dar banho em ninguém. Controle-se, Brené! Essa é a vovó. Ela deu banho em você mil vezes.*

Assim, voltei ao banheiro, despi minha avó e a coloquei sentada na velha banheira de porcelana rosa. Ela sorriu e relaxou enquanto eu a ensaboava e enxaguava. Quando se recostou e fechou os olhos, segurei sua mão. É claro que a demência a deixava menos inibida e até meio infantil em certos momentos, mas não era a mente em declínio que a impedia de ficar envergonhada: era seu enorme e generoso coração. Ela sabia a verdade: *Não temos que fazer tudo sozinhos. Nunca fomos destinados a isso.*

Ao relembrar aquele momento no banheiro da vovó, eu soube exatamente por que desviava o olhar. Tinha tanto medo das minhas próprias necessidades que não conseguia olhar a necessidade nos olhos dos outros.

## O RECONHECIMENTO

Essa história é um ótimo exemplo de como o processo de dar a volta por cima pode se estender por meses, anos até. A razão pela qual o considero uma prática é que, se eu não houvesse sentido curiosidade após cada uma dessas experiências, a descoberta não seria possível. Se eu não houvesse ligado esses incidentes distintos ao mesmo mal-estar que cada um deles provocou em mim, não teria chegado mais perto de compreender uma parte fundamental da forma como me relaciono com o mundo e com as pessoas ao meu redor.

Apesar de diversos momentos nessa história terem me deixado sem fôlego, meu reconhecimento aconteceu na palestra de Anne Lamott. Meu momento com a cara no chão foi quando ouvi o padre Murray enunciar de maneira tão poderosa que optar por não enxergar alguém fundamentalmente diminui nossa humanidade compartilhada. Não tenho certeza de ter consciência desse comportamento antes de ele dizer aquelas palavras. Foi um momento sereno: não me encolhi, não chorei nem me zanguei. Você não notaria minha queda se estivesse me observando, mas eu a senti. E, antes de sair do auditório naquela noite, eu havia assumido o compromisso de chegar a uma compreensão melhor.

É possível que parte da força metafórica da citação de Roosevelt – "O crédito pertence ao homem que está por inteiro na arena da vida, cujo rosto está manchado de poeira, suor e sangue" – esteja no fato de que é possível sentir o rosto desfigurado pela poeira, pelo suor e pelo sangue quando a arena é um confronto emocional, não físico. No trajeto da palestra para casa, eu estava arrasada. O padre Murray havia acendido a luz num canto escuro e inexplorado do meu comportamento, e eu soube que aquilo que eu estava vendo teria que mudar.

## A DESCOBERTA

Minha TRI começou como uma conversa comigo mesma no carro, voltando da palestra, e se tornou objeto de uma conversa com Steve quando ele entrou em casa naquela noite. Acabei rabiscando isto no meu diário:

> Não estou ajudando os outros o bastante.
> Sinto vergonha de quanto possuo e do pouco que faço, por isso não consigo olhar nos olhos as pessoas a quem deveria estar ajudando.
> FAÇA MAIS!!!

Nesse caso, minha TRI não se baseou nas fabulações tradicionais – explicações que eu dava a mim mesma para me proteger e apontar a culpa de outra pessoa ou outra coisa –, mas foi igualmente perturbadora, porque era formada de meias verdades. Eu precisava me certificar de que era generosa e estava ajudando. Tinha absoluta necessidade de manter a consciência desconfortável dos meus privilégios. Mas, passados seis meses e três experiências poderosas em que eu tivera de confrontar meu incômodo, percebi que a verdadeira razão de desviar o olhar não era meu medo de não ajudar os outros, mas meu medo de precisar de ajuda.

Minhas descobertas com a vergonha, os julgamentos, os privilégios, os vínculos emocionais, a necessidade, o medo e o senso de valor próprio me ensinaram que não eram a dor e o sofrimento que me faziam olhar para o outro lado. Era minha própria necessidade. O Ato 2 é essa tentativa de encontrar um modo confortável de solucionar um problema até essas opções se esgotarem e termos de mergulhar de cabeça no desconforto – "chegar ao fundo do poço". Ajudar e doar eram atitudes confortáveis para mim. Eu achava que poderia resolver essa questão fazendo mais do mesmo. Quando relembro agora esse exemplo de volta por cima, penso na frequência com que todos tentamos resolver problemas intensificando medidas que não estão funcionando – simplesmente fazendo o mesmo com mais força, indo aos trancos e barrancos por mais tempo. Somos capazes de qualquer coisa para evitar o fundo do poço – a autoanálise.

E, no fim das contas, não tenho mais tanta certeza de que eu fosse tão boa assim na hora de doar. Como podemos ficar à vontade de verdade e ser generosos diante da necessidade de alguém quando sentimos repulsa pela nossa? A vida plena tem a ver tanto com receber quanto com oferecer. O delta não significava reescrever a minha história inteira, mas acrescentar e integrar novos ensinamentos fundamentais à história que eu vinha contando a mim mesma, mas que era enganosa e incompleta. Significava voltar os olhos para minha história pregressa.

Desde muito pequena, aprendi a conquistar amor, aprovação e elogios sendo aquela que ajudava. Era esse o papel que eu desempenhava na família, com meus amigos e até com alguns namorados. Passado algum tempo, ajudar deixou de ter tanto a ver com a aprovação e se tornou minha identidade. Ajudar era a coisa mais valiosa que eu trazia a um relacionamento. Se eu não pudesse ajudar ou – Deus me livre e guarde – se tivesse que pedir ajuda, o que eu teria para oferecer?

No decorrer dos anos, creio que desenvolvi de forma inconsciente um sistema de valores que me ajudou a dar sentido ao meu papel – um modo de enxergar o ato de dar e receber que fazia com que eu me sentisse melhor, além de me aliviar da dor de não me permitir pedir ajuda. O axioma desse perigoso sistema era simples: ajudar é corajoso e compassivo, é sinal de que a pessoa tem tudo sobre controle. Pedir ajuda é sinal de fraqueza. O que nasceu desse estilo de vida foi um pensamento ainda mais nocivo: se não me sinto com coragem ou generosidade suficientes, não estou ajudando o bastante.

Os principais ensinamentos que extraí dessa descoberta questionavam esse sistema.

- Quando você se julga por estar precisando de ajuda, julga aqueles a quem ajuda. Se você valoriza o ato de oferecer ajuda, valoriza a necessidade de receber ajuda.
- O perigo de vincular seu valor próprio à figura daquele que sempre ajuda é sentir vergonha na hora de pedir ajuda.
- Oferecer ajuda é corajoso e compassivo, mas pedir também é.

## A REVOLUÇÃO

> Que você sempre possa fazer pelos outros e deixar que eles façam por você.
>
> – Bob Dylan

Adoro esse verso de Bob Dylan. É um desejo muito bonito, porque muitos são ótimos na hora de oferecer ajuda, mas não para recebê-la. Apesar de às vezes o ato de ajudar poder fazer com que nos sintamos vulneráveis. Pedir ajuda sempre significa assumir o risco da vulnerabilidade. É crucial entender isso, porque não podemos atravessar o percurso da volta por cima sem ajuda e apoio. Vamos precisar de pessoas a quem possamos recorrer quando estivermos no processo de descoberta das partes mais confusas das nossas histórias. Eu recorro às pessoas em quem mais confio, como Steve, minhas irmãs e minha mãe, para tentar ver novas perspectivas. Minha terapeuta, Diana, também costuma me apoiar muito.

No meu trabalho com os grupos de liderança da Daring Way, falamos sobre o que significa confiar nas pessoas. Pedimos aos líderes que identifiquem dois ou três comportamentos específicos que lhes permitem confiar nos outros. Duas das principais ideias que sempre vêm à tona são:

- Confio em pessoas que pedem ajuda ou apoio.
- Quando uma pessoa me pede ajuda, fico mais propenso a confiar nela, porque ela está disposta a ser vulnerável e sincera comigo.

Esse exercício fica ainda mais interessante quando os líderes, por sua vez, falam sobre como costumam relutar em pedir ajuda e apoio. Quantas vezes imploramos às pessoas que trabalham conosco que peçam ajuda quando precisarem? Mas a experiência mostra ser provável que esse simples pedido não tenha uma forte influência na frequência com que elas efetivamente solicitam auxílio. Encontramos uma correlação melhor entre o número de vezes que servimos de exemplo do que é solicitar ajuda e o tanto que as pessoas se sentem à vontade ao fazê-lo. Dar e receber ajuda devem fazer parte da cultura, e os líderes precisam servir de exemplo das duas coisas se tiverem um compromisso real com a inovação e o crescimento.

Em *A arte da imperfeição*, defino o vínculo como "a energia que existe entre as pessoas quando elas se sentem vistas, ouvidas e valorizadas; quando podem dar e receber sem julgamentos e quando extraem sustentação e força do relacionamento". O vínculo não existe sem o ato de dar e receber. Precisamos dar e precisamos precisar. Isso é válido tanto no trabalho quanto em casa.

Numa cultura de escassez e perfeccionismo, pedir ajuda pode ser vergonhoso se não tivermos sido educados desde crianças para entender que procurar ajuda não só é humano como é uma das bases para a criação de vínculos. Podemos incentivar nossos filhos a pedir ajuda, mas, se eles não nos virem fazendo isso e servindo de exemplo desse comportamento, pensarão que nunca necessitar de auxílio tem mais valor. Também enviamos mensagens fortes às pessoas à nossa volta – inclusive nossos filhos, amigos e funcionários – quando elas solicitam ajuda e, em resposta, nós as tratamos de maneira diferente, como se tivessem passado a ser menos confiáveis, competentes ou produtivas.

O resumo é que precisamos uns dos outros. E não se trata apenas do tipo civilizado, apropriado e conveniente de necessidade. Nenhum de nós passa pela vida sem expressar necessidades desesperadas, confusas e nada civilizadas – do tipo que nos vem à lembrança quando ficamos cara a cara com alguém que está enfrentando sérias dificuldades.

A dependência começa no nascimento e dura até a morte. Aceitamos nossa dependência quando somos bebês e, com graus variáveis de resistência, aceitamos ajuda ao chegarmos ao fim da vida. Na parte do meio, porém, deixamo-nos capturar equivocadamente pelo mito de que pessoas bem-sucedidas são aquelas que *ajudam em vez de necessitar de algo ou alguém* e de que pessoas fracassadas *mais necessitam do que oferecem ajuda*. Havendo recursos que bastem, podemos até pagar pela ajuda e criar a miragem de que somos autossuficientes por completo. Mas a verdade é que não há dinheiro, influência, recursos nem determinação capazes de mudar nossa dependência física, emocional e espiritual dos outros. Nem no começo da vida, nem no confuso meio, nem no final.

Para a maioria de nós, ser "alvo fácil" passou a ter o sentido de ser um paspalhão, um otário ou uma mosca-morta – identidades vergonhosas, associadas a fraqueza e a falta de traquejo social. Para os estranhos que iam compartilhar uma refeição na casa da minha avó, a marca no meio-fio era um sinal de coragem e compaixão. Para minha avó, generosidade e doação não eram o contrário de receber: eram parte do pacto entre os seres humanos.

O ARREPENDIMENTO É UM MESTRE DURO, *mas justo.* VIVER SEM ARREPENDIMENTO É CRER QUE VOCÊ NÃO TEM NADA A APRENDER, *nada a corrigir* e NENHUMA OPORTUNIDADE *de ser* MAIS CORAJOSO NA VIDA.

*Nove*
# A COMPOSTAGEM DO FRACASSO
LIDANDO COM MEDO, VERGONHA, PERFECCIONISMO, RESPONSABILIDADE, CONFIANÇA, FRACASSO E ARREPENDIMENTO

Andrew é conhecido no escritório como um bom ouvinte, um pensador, um especialista em estratégia e o guardião da cultura empresarial. É aquele sujeito que fala pouco, mas, quando fala, é ouvido por todos. Colegas de toda a agência publicitária bem-sucedida em que ele trabalha há doze anos buscam sua opinião, sobretudo quando se trata de fazer estimativas de custos e preparar propostas para campanhas publicitárias. Um desses colegas disse: "Andrew é a razão de tudo funcionar. Sua palavra vale ouro, e todos confiam nele."

Andrew fazia parte de um pequeno grupo de gestores seniores com que eu me reunia para discutir as versões iniciais do processo da volta por cima. Depois de nos conhecermos, Andrew, como Claudia já o fizera, me procurou para compartilhar o que descreveu como um doloroso fracasso no trabalho. Sou grata a ele e a dois colegas seus por terem permitido que eu os entrevistasse, a respeito de sua experiência. Reconheci muito de mim mesma nessa história e creio que o mesmo deve acontecer com você.

Na maioria das agências de publicidade, as equipes respondem às propostas de clientes em potencial criando apresentações que incluem seus conceitos de criação e os custos estimados da execução. Trata-se de um trabalho notoriamente estressante, com uma concorrência feroz entre as agências publicitárias pelos clientes e frequentes tensões entre as equipes criativa e comercial de cada empresa. Os profissionais criativos se empenham em deixar os clientes de queixo caído, enquanto os da área comercial têm que garantir que o projeto gere lucro. Uma das principais responsabilidades de Andrew é supervisionar as estimativas financeiras e aprovar o orçamento final que acompanha cada proposta – em resumo, dizendo ao cliente em potencial: "Podemos fazer isto pelo preço tal."

Como Andrew sempre considerou a tensão entre arte e dinheiro necessária e valiosa para esse processo, ele é muito respeitado e estimado pelos dois lados da organização. Um colega do lado criativo disse: "Quando o Andrew me diz que precisamos reduzir as despesas para que a coisa toda funcione, sei que ele já pensou no assunto e que compreende o que está pedindo que eu faça. Então eu faço." Um dos subordinados diretos de Andrew disse: "Estou aprendendo com ele e tenho cem por cento de confiança. É uma das pessoas mais meticulosas que conheço. E é um homem correto e franco."

A confiança e a influência conquistadas por Andrew ao longo dos anos também o posicionaram como o guardião não oficial da cultura da empresa. Ele admite que, de tempos em tempos, haverá uma tensão natural entre os colegas, mas tem pouca tolerância a fofocas, favoritismos e negociações de bastidores. Mesmo nas discussões mais acaloradas – e havia muitas delas – ele era sempre direto, respeitoso e agradecido. Isso estabelecia o tom da agência inteira.

Quando lhe perguntei como tinha se tornado tão bom no que fazia, ele disse: "Com certeza, existe um conjunto de habilidades para interpretar a parte criativa e a parte administrativa em termos de tempo e materiais disponíveis, mas o verdadeiro segredo é conhecer a si mesmo. É preciso saber onde está a areia movediça – todos têm seus buracos onde costumam cair." Quando lhe pedi exemplos desses "buracos", Andrew me apontou o que julgava serem os cinco mais comuns:

1. Antolhos emocionais: meu investimento emocional no trabalho com um dado cliente é tão grande que fico cego para o fato de que nossa proposta de custos é muito baixa para o alcance do trabalho.

**2.** O líder do prejuízo: estou convencido de que um grande desconto em determinado projeto, mesmo que percamos dinheiro, levará a trabalhos futuros que serão mais lucrativos e acabarão por compensar esse prejuízo.

**3.** O território inexplorado: vou atrás de negócios em uma categoria em que não tenho experiência. *Não sei o que eu não sei.*

**4.** A vitória a qualquer preço: sou viciado na emoção da conquista. Outra variação: minha autoestima está ligada a quantos negócios consigo fechar.

**5.** Preços na defensiva: tenho que proteger meu território com um cliente antigo tornando difícil que um concorrente consiga oferecer um preço melhor, mesmo que tenhamos prejuízo.

Enquanto anotava esses pontos, não pude deixar de notar sua aplicação à vida cotidiana. Nunca montei uma proposta de licitação na minha vida, mas passei muito tempo em buracos semelhantes – ser sugada emocionalmente, viver no futuro, pensar a curto prazo, querer vencer e ficar na defensiva. Rimos um pouco disso antes de Andrew ficar mais sério e dizer: "Mas, às vezes, a pior ameaça é a pessoa ficar de cabeça baixa, tão concentrada em desviar dos buracos que perde de vista o lugar para onde está indo e a razão pela qual o faz." Assim foi a história dele.

Todos na agência ficaram extasiados quando precisaram montar uma apresentação para preparar uma enorme campanha publicitária de uma marca muito famosa e influente. A proposta era especialmente empolgante porque as necessidades da marca combinavam muito bem com os pontos fortes da agência. A equipe de criação ficou grata pela oportunidade de expor seu trabalho, respaldada por um grande orçamento, e torceu para acrescentar aquele cliente a seus portfólios individuais. A equipe comercial viu o tremendo potencial de faturamento nessa nova parceria estratégica. Em poucas horas, o clima na agência ficou eletrizado. Várias pessoas telefonaram para casa para informar à família que passariam um bom tempo fazendo horas extras nas duas semanas seguintes. Essa proposta exigiria o empenho de todos.

Andrew não ficou tão entusiasmado quanto o restante da equipe. Todos já estavam com a corda no pescoço. Eles tinham a quantidade certa de projetos nos cronogramas de design e produção. Acrescentar mais um –

sobretudo desse porte – poderia desequilibrar a balança. Ele também tinha certas ressalvas em relação ao cliente, que tinha a reputação no mercado de tratar mal seus colaboradores. Um de seus melhores amigos, um colega que trabalhava numa área correlata, certa vez lhe descrevera o cliente como um tirano dado a intimidações. Andrew estava ponderando sobre essas apreensões quando Manuel, um membro sênior da equipe de criação, apareceu em seu escritório.

– Deixe conosco – disse Manuel. – O pessoal está empolgado com o projeto e nós podemos realizá-lo.

Seu entusiasmo era contagiante, e Andrew não quis que suas dúvidas minassem a paixão da equipe, de modo que entrou na dança:

– Eu sei. Podemos fazer isso, *sim*.

Em geral, ele costumava ser comedido em suas respostas, mas também gostava de desafios e não estava imune à energia crescente.

Nas duas semanas seguintes, ele fez muitas horas extras com a equipe para desenvolver a apresentação para a primeira fase da seleção pelo cliente. Administrar as relações internas e construir a união da equipe durante esse período compunham um trabalho de horário integral. Quando as pessoas estão com a corda no pescoço, suas habilidades na hora de lidar com os outros diminuem. Meras 24 horas depois de Andrew enunciar as palavras *Podemos fazer isso, sim*, o gerente de contas e o diretor de criação estavam brigando diante dele.

Apesar da fadiga e da difícil dinâmica de grupo, a agência inteira se reuniu para comemorar ao tomar conhecimento de que fora aprovada para a segunda fase do processo de seleção. A vitória foi como um bálsamo para a equipe, física e emocionalmente exausta.

Mas Andrew ainda estava preocupado com o ônus que a pesada carga de trabalho vinha impondo a todos e continuava com incômodas ressalvas a respeito da reputação do cliente. Mesmo assim, permanecia empenhado no projeto, de modo que abafou suas inquietações e se juntou à comemoração.

A nova rodada do processo exigia que ele e a equipe de criação fossem ao Centro-Oeste americano para uma reunião cara a cara com a equipe de gestão de marca do cliente. Nas palavras de Andrew, "foi aí que as coisas degringolaram".

"Durante quase uma hora vi nosso time se dedicar de corpo e alma a explicar nossas ideias e nossos conceitos. Enquanto isso, toda a equipe de gestão da marca ficou lá sentada, digitando em seus laptops e raramente ou nunca levantando os olhos. Estamos acostumados com certo grau de desatenção nessas reuniões, mas era óbvio que aquelas conversas paralelas não tinham nada a ver com nossa apresentação."

Em seguida, duas pessoas da equipe de gestão da marca fizeram perguntas sobre aspectos já abordados na apresentação, confirmando que tinham estado ocupadas demais com seus e-mails, ou fazendo o que quer que fosse em seus laptops, para sequer prestarem atenção. Andrew contou que, depois que um terceiro membro da equipe do cliente fez um comentário inapropriado e desrespeitoso para o apresentador, Andrew não fez nada.

Ele prosseguiu com a história: "Minutos depois de encerrada a reunião, pensei comigo mesmo: *Eu estrago tudo. Sou um fracasso. Eu os decepcionei e agora eles não vão mais confiar em mim*. Foi um momento em que fiquei absolutamente com a cara no chão. Minha equipe havia trabalhado mais de sessenta horas por semana, durante dois meses, só para ser descartada por um grupo de pessoas que eu sabia de antemão que tinham a capacidade e a propensão a fazer isso. Por que eu não tomei alguma providência para impedir que isso acontecesse? Como é que eles voltariam a confiar em mim um dia?"

Ninguém falou muito no trajeto de carro para o aeroporto nem no voo de volta. Os membros da equipe estavam abatidos e com raiva, além de completamente exaustos. Os horários prolongados haviam cobrado um alto preço de sua saúde e seus relacionamentos, dentro e fora do trabalho: "O único pensamento que me veio à cabeça, durante toda a viagem de volta, foi: *Eu estrago tudo. Não protegi minha equipe, não fiz o meu trabalho. Eu estrago tudo, sou um fracasso. Perdi a confiança deles*. Esse disco se repetia sem parar na minha cabeça."

"Quando acordei na manhã seguinte, meu primeiro pensamento foi: *Sou um fracasso e estrago tudo*. E o segundo: *Preciso sair desta. Preciso fazer isto funcionar. Preciso de uma solução fácil. Quem mais é culpado? Quem mais foi responsável por esta confusão?* E então me ocorreu: *Estou me precipitando. E não é só isso: estou embaixo de uma pedra. Primeiro eu preciso sair daqui. As-*

*sim não dá para tomar nenhuma decisão que preste.* Pensei no seu trabalho e entendi: *Merda, esta pedra é a vergonha.* Telefonei para um amigo que também está familiarizado com o seu trabalho e lhe contei a história. Disse-lhe que eu não conseguia deixar de lado a voz que me dizia: *Eu estrago tudo.* Não conseguia esquecer quanto tinha decepcionado todo mundo, inclusive a mim mesmo. Não conseguia tirar da cabeça a ideia de que havia perdido a confiança deles."

Andrew me contou que esse telefonema foi incrivelmente difícil, mas a palestra sobre a volta por cima ainda estava viva em sua memória, e ele se deu conta de que se encontrava bem no meio do processo. Em tom irônico, acrescentou: "Eu estava disposto a tentar, já que momentos de desespero pedem medidas desesperadas."

A resposta do amigo foi algo como: "Entendi. E acho que talvez você tenha metido os pés pelas mãos. Mas você toma umas cem decisões por dia. Acha mesmo que vai tomar a decisão certa todas as vezes? Será que uma decisão errada faz de você um fracasso?"

Em seguida, o amigo lhe perguntou o que diria a alguém que trabalhasse com ele e houvesse cometido um erro semelhante. A resposta de Andrew foi automática: "Isso é diferente. Cometer erros é parte do processo."

Ao se ouvir proferindo essa frase, Andrew deu um suspiro e confessou ao amigo: "Nenhum erro é permitido. Isso é o meu perfeccionismo falando, não é?"

"Pode ser", respondeu o amigo. "É provável que seja por isso que você me telefonou. Essa também é a minha praia."

Andrew disse que sentiu alívio depois dessa conversa: "Foi muito útil reconhecer que aquela pedra era a vergonha e escolher sair de baixo dela. Isso não queria dizer que o que vinha pela frente seria fácil, mas significava que eu podia parar de me precipitar e começar a tomar decisões compatíveis com os meus valores. Àquela altura da carreira, eu precisava saber como assumir meus erros e consertar as coisas."

Ao chegar ao trabalho naquele dia, ele foi saudado por uma equipe ainda emocionalmente desgastada, mas também muito confusa. Apesar de terem considerado a reunião um desastre, eles, junto a outra agência, haviam chegado à fase final. Ninguém sabia como reagir. Foi nessa hora que Andrew convocou uma reunião para decidir o passo seguinte.

"Tenho que contar a vocês que, quando decidimos aceitar este projeto, fiquei tão concentrado em provar que éramos capazes de realizá-lo que me esqueci de formular a pergunta mais importante: será que devíamos fazê-lo? Estávamos com a corda no pescoço antes de começar e eu já sabia que esse cliente poderia ser inadequado para nós. Cabia a mim dar um passo atrás e fazer essas perguntas, mas não o fiz. Meti os pés pelas mãos. Cometi um erro, e peço desculpas. Espero poder recuperar a confiança de vocês."

A sala ficou em silêncio, até que Manuel finalmente reagiu: "Obrigado por dizer isso. Eu confio em você, sim. E agora?"

Andrew lhes disse que, considerando o tempo que todos haviam empenhado, bem como o dinheiro e os recursos investidos pela agência, eles precisavam decidir de forma coletiva se deveriam continuar ou não. Seu voto pessoal, disse ele, era abandonar o projeto. Manuel acompanhou esse voto e olhou para Cynthia, a gerente de contas. A tensão entre Manuel e Cynthia não era segredo e na sala todos sabiam que ela poderia dizer, até o último centavo, quanto aquele processo agressivo de apresentações havia custado à agência nos dois meses anteriores. Cynthia se inclinou para a frente na cadeira e disse: "Vi como eles trataram o Manuel ontem. O meu voto é *não mesmo*." O resto da equipe concordou e a votação foi unânime.

Além das consequências financeiras, Andrew sabia que haveria consequências no mercado da propaganda. É muito incomum uma agência chegar tão longe num processo seletivo e se retirar. Mas esse era um risco que ele, a equipe e os donos da agência estavam dispostos a correr. No telefonema para o cliente, ao explicar sua decisão, o executivo não atribuiu a culpa ao mau comportamento da equipe de gestão de marcas do cliente, mas, ao contrário, assumiu a responsabilidade por não ter avaliado de forma precisa a adequação e o momento. Meses depois, recebeu um telefonema de uma dirigente da divisão de gestão de marcas do cliente indagando sobre a experiência que a equipe de Andrew tivera. Como ele teve a impressão de que a firma estava tentando compreender sua crescente reputação como parceira difícil, dessa vez disse de forma mais direta à diretora o que pensava sobre o choque de culturas e os comportamentos que considerava pouco profissionais.

Andrew e seus colegas me disseram que algo mudou no dia em que eles decidiram não levar essa proposta de campanha publicitária adiante.

Eles atribuíram isso ao fato de Manuel e Cynthia terem se unido para proteger a equipe. Todos concordaram quanto à força daquele momento, mas declararam também que a disposição de Andrew de reconhecer seu erro e pedir desculpas havia modificado alguma coisa na atmosfera da agência. O que eles podiam dizer enfaticamente era que os níveis de confiança, respeito e orgulho da equipe tinham dado um salto depois daquela experiência. Andrew terminou dizendo: "Nós trabalhamos juntos. Caímos juntos. E nos levantamos juntos. Isso modifica as pessoas."

## O RECONHECIMENTO

O momento de cara no chão de Andrew ficou muito claro para ele. Veio com a dor e a culpa que sentiu por não ter interferido ao ver sua talentosa equipe ser tratada com desrespeito na apresentação de um trabalho importante. Sua curiosidade tinha menos a ver com se perguntar *Que sentimento é este?* do que *O que fazer agora?*

## A DESCOBERTA

Andrew riu ao me dizer que achava ter a TRI mais curta da história – uma única frase: *Eu estrago tudo*. Quando lhe perguntei como tinha sido o processo para passar de *Eu estrago tudo* para *Fiz uma besteira*, ele disse: "Tive que enfrentar a vergonha, a culpa, o medo, o perfeccionismo, a responsabilidade, a confiança e o fracasso, com certeza. Sei ser compreensivo com as outras pessoas, mas sou rígido demais comigo. Para mim, a autoconfiança foi uma parte significativa do processo."

### *Lidando com a vergonha e o perfeccionismo*

A diferença entre vergonha e culpa está na maneira como falamos com nós mesmos. A vergonha tem foco no eu, enquanto a culpa tem foco no comportamento. Isto não é mera questão de semântica. Há uma enorme diferença entre *Fiz uma besteira* (culpa) e *Eu estrago tudo* (vergonha). A primeira é a aceitação de nossa humanidade imperfeita. A segunda é, basicamente, uma acusação contra nossa própria existência.

É sempre útil lembrar que, quando o perfeccionismo está no controle, a vergonha vai no banco do carona. O perfeccionismo não é um tipo de esforço saudável. Não é perguntar *Como posso dar o melhor de mim?*, mas *O que os outros vão pensar?* Quando examinamos nossa história, pode ser benéfico perguntar: *Aconteceu alguma coisa nesta história que tenha me dado a sensação de ter sido desmascarado, revelando que não sou realmente quem quero que achem que sou? Será que meu castelo de cartas, baseado em fingir/agradar/ser perfeito/ter alto desempenho/provar quem sou desmoronou?* Para aqueles que lutam com o perfeccionismo, não é difícil se flagrar em situações semelhantes à de Andrew, nas quais olhamos para trás e pensamos: *Fui dominado pela ideia de provar que eu podia, em vez de recuar e me perguntar se devia – ou mesmo se realmente queria.*

Outro dos companheiros da vergonha é a comparação. Tenho uma foto da piscina onde costumo nadar em minha mesa de trabalho, para me lembrar de manter a comparação sob controle. Abaixo da imagem, escrevi: "Fique na sua raia. A comparação mata a criatividade e a alegria." Para mim, nadar é a trindade da saúde – meditação, terapia e exercício –, mas só quando fico na minha raia, concentrada na respiração e nas braçadas. Os problemas começam quando entro em sincronia com quem está nadando a meu lado e tocamos a parede ao mesmo tempo, porque sempre começo a me comparar e a competir. Uns dois meses atrás, levei isso a ponto de quase tornar a lesionar meu manguito rotator. A comparação – acredite – retira a alegria e a criatividade da vida.

Quando a nossa história inclui vergonha, perfeccionismo ou comparação e acabamos por nos sentir isolados – ou "menos do que fulano" –, precisamos empregar duas estratégias que contrariam totalmente a intuição. Precisamos:

**1.** Falar com nós mesmos da maneira como falaríamos com alguém que amamos:

*É, você cometeu um erro. Você é humano.*

*Você não tem que fazer nada igual a ninguém.*

*Corrigir as coisas e pedir desculpas ajudam. Cair na autodepreciação não.*

**2.** Procurar alguém da nossa confiança – uma pessoa que tenha conquistado o direito de escutar nossa história e tenha a capacidade de responder de forma empática.

A segunda estratégia é especialmente eficaz porque a vergonha não suporta ser verbalizada. Ela prospera no sigilo, no silêncio e na censura. Quando podemos partilhar nossa experiência de vergonha com alguém que reaja com empatia, ela não consegue sobreviver. Compartilhamos nossas histórias – até nossas TRIs – para discernir com clareza o que estamos sentindo e o que desencadeou esses sentimentos, permitindo-nos construir uma ligação mais profunda e significativa com nós mesmos e com nossos amigos de confiança.

Andrew procurou um amigo, compartilhou suas dificuldades, recebeu uma resposta empática e foi incentivado a se dar o mesmo perdão que tanto se dispunha a oferecer aos outros. Há um milhão de maneiras pelas quais essa história poderia ter acabado mal, e apenas uma para revertê-la: abordar a vergonha.

## Lidando com acusações e a responsabilização

Em termos de pesquisa, pensamos na acusação como uma forma de raiva usada para descarregar desconforto ou dor. A combinação vergonha-acusação é muito comum, porque ficamos aflitos para fugir da dor da vergonha e vemos na acusação uma solução rápida. Por exemplo, se de repente me dou conta de ter perdido uma teleconferência importante, há ocasiões em que, numa fração de segundo, descarrego essa frustração gritando com meu filho, um aluno ou um funcionário. Costumo dizer que "quando sentimos vergonha, deixamos de ser próprios para consumo humano e nos tornamos particularmente perigosos para as pessoas sobre as quais exercemos algum tipo de poder".

Não tem que ser algo grande – a acusação também funciona para descarregar pequenos desconfortos. Você está atrasado para o trabalho e não consegue achar aquela camisa que queria vestir, então grita com seu cônjuge por ter pendurado a roupa que saiu da secadora no lugar errado. E também não precisa fazer sentido, só tem que nos dar alguma sensação de alívio e controle. Na verdade, para quase todo mundo que recorre a acusações e à tentativa de encontrar o "culpado", a necessidade de controle é tão forte que a pessoa prefere que a culpa seja *dela* a sucumbir à sabedoria vulgar e aceitar que "merdas acontecem". Se as coisas simplesmente acontecem, como posso ter controle sobre as coisas? Encontrar o "culpado" nos ilude com a crença de que sempre podemos culpar alguém, de modo que se torna possível controlar o resultado. Mas acusações não apenas são corrosivas como também improdutivas.

Sempre sei que preciso lidar com as acusações quando há um eu infantil na minha TRI batendo os pés e dizendo, com fúria moralista: "É tudo culpa deles!", ou quando fico procurando a pessoa, a injustiça ou o aborrecimento que me deu uma rasteira e me fez cair de cara no chão. No caso de Andrew, uma das primeiras ideias que lhe vieram à cabeça, quando ele estava tentando sair daquela situação, foi: *De quem é a culpa?* Imagino que a maioria de nós já tenha passado pela experiência de tentar arranjar um culpado para escapar da dor do *Eu estrago tudo*.

A diferença entre responsabilização e acusações é muito parecida com a diferença entre culpa e vergonha. A culpa tem má reputação, mas o desconforto emocional causado por ela pode ser uma poderosa e saudável motivação para a mudança. É claro que nos sentirmos culpados por algo sobre o qual não temos controle ou que não é responsabilidade nossa não ajuda em nada, e, não raro, o que julgamos ser culpa é, na verdade, vergonha e medo de não sermos bons o bastante.

Assim como a culpa, a responsabilização costuma ser motivada por nosso desejo de viver em harmonia com nossos valores. Trata-se de levar nós mesmos ou outra pessoa a assumir a responsabilidade por atos específicos e suas consequências. Utilizar acusações, por outro lado, é apenas uma forma rápida e generalizada de descarregar raiva, medo, vergonha ou desconforto. Achamos que nos sentiremos melhor depois de apontar o dedo para alguém, porém nada muda. O efeito é o oposto, pois agir dessa maneira mata as relações e a cultura das empresas. É um comportamento tóxico – além de ser uma reação automática para muitos.

A responsabilização é um pré-requisito para relações e culturas fortes. Exige autenticidade, atitude e a coragem de pedir desculpas e corrigir os erros. Lidar com a responsabilidade é um processo árduo e demorado que também requer vulnerabilidade. Temos que reconhecer nossos sentimentos e conciliar nossos comportamentos e escolhas com nossos valores. Andrew demonstrou vulnerabilidade e coragem ao se colocar diante de sua equipe e dizer: "Cometi um erro, e peço desculpas."

## Lidando com a confiança

A confiança – em nós mesmos e nos outros – costuma ser a primeira a sucumbir nas quedas, e as histórias de confiança abalada podem nos deixar emudecidos pela mágoa ou nos levar a um silêncio defensivo. Digamos que alguém nos tenha traído ou decepcionado, ou que nosso próprio julgamento nos tenha desviado do caminho correto. Então pensamos: *Como posso ter sido tão idiota e ingênuo? Será que não vi os sinais de alerta?* Se aprendi algo em minhas pesquisas, é que não se pode estabelecer a confiança de uma hora para outra, seja entre amigos, seja numa equipe de trabalho – ela nasce e se desenvolve a partir de um processo que ocorre ao longo da relação.

Vários facilitadores da Daring Way me indicaram *The Thin Book of Trust* (O livro fino da confiança), de Charles Feltman. Embora essa obra se concentre na construção da confiança no trabalho, constatei que as definições de *confiança* e *desconfiança* de Feltman combinavam muito bem com minhas próprias constatações. Ele descreve *confiança* como "optar pelo risco de tornar algo que você valoriza vulnerável aos atos de outra pessoa", enquanto a *desconfiança* seria entender que "o que é importante para mim não está seguro com esta pessoa nesta situação (ou em qualquer situação)".

Quando lidamos com histórias sobre perda de confiança, precisamos ser capazes de identificar com exatidão o ponto em que se situa a quebra de confiança e abordá-lo. Como escreve Feltman: "Não é de admirar que as pessoas raramente falem de modo direto sobre a desconfiança. Quando é preciso usar palavras como 'sonso', 'mau' ou 'mentiroso' para dizer a alguém que não confiamos nele, é provável que se pense duas vezes." A possibilidade de apontar comportamentos específicos, em vez de apenas usar a palavra *confiança*, também pode nos ajudar a examinar nossas histórias de queda. Quanto mais específicos pudermos ser, mais provável será que consigamos fazer mudanças.

Em minhas pesquisas, sete componentes despontaram como úteis na hora de confiar nos outros e em nós mesmos. Eles também servem como lista de verificação quando estou lidando com questões de confiança em relação às pessoas da minha vida. Como sabiamente sugere Feltman, decompor os atributos da confiança em comportamentos específicos nos permite identificar com mais clareza e abordar os episódios em que nossa confiança foi quebrada. Gosto desta lista de verificação porque ela me lembra de que confiar em mim ou em outras pessoas é um processo vulnerável e corajoso.

**Limites** – Você respeita meus limites e, quando não sabe com clareza o que é aceitável ou não, pergunta. Você está disposto a dizer não.
**Confiabilidade** – Você faz o que diz que vai fazer. No trabalho, isso significa manter-se ciente de suas competências e limitações para não fazer promessas exageradas, ser capaz de cumprir compromissos e analisar prioridades conflitantes.
**Responsabilidade** – Você assume seus erros, pede desculpas e corrige as falhas.
**Sigilo** – Você não compartilha informações ou experiências que não sejam suas. Preciso saber que minhas confidências serão guardadas e que você não vai me dar nenhuma informação sobre outras pessoas que deveria ser confidencial.
**Integridade** – Você prefere a coragem ao comodismo. Prefere o certo ao divertido, rápido ou fácil. E opta por colocar seus valores em prática em vez de apenas professá-los.
**Compreensão** – Posso pedir aquilo de que preciso e você pode pedir aquilo de que precisa. Podemos conversar sem julgamentos morais sobre o que sentimos.
**Generosidade** – Você dá a interpretação mais generosa possível aos atos, palavras e intenções dos outros.

A autoconfiança é uma vítima comum do fracasso. Em muitas entrevistas sobre o fracasso profissional e pessoal, os participantes das pesquisas diziam: "Não sei se posso voltar a confiar em mim", ou "Perdi a confiança em meu julgamento". Se você reler a lista apresentada e trocar os pronomes, verá que o rol dos componentes da confiança também funciona como um poderoso instrumento para avaliar nosso nível de autoconfiança:

**Limites** – Respeitei meus próprios limites? Indiquei com clareza o que era aceitável e o que não era?
**Confiabilidade** – Fui confiável? Fiz o que disse que faria?
**Responsabilidade** – Assumi a responsabilidade pelos meus atos?
**Sigilo** – Respeitei o sigilo e o compartilhamento de informações e experiências?
**Integridade** – Agi com integridade?
**Compreensão** – Pedi aquilo de que necessitava? Eu me julguei porque precisava de ajuda?
**Generosidade** – Fui generoso comigo?

Se você comparar as escolhas e os comportamentos de Andrew com qualquer desses componentes da confiança, verá que os erros não a destroem da mesma forma que as violações da responsabilidade, da integridade ou dos valores pessoais são capazes de fazer. A confiança e os erros podem coexistir – e com frequência o fazem –, desde que estejamos dispostos a corrigir as falhas, permanecer alinhados com nossos valores e confrontar com franqueza a vergonha e as acusações.

## *Lidando com o fracasso*

Parte da ladainha que se repetia sem parar na cabeça de Andrew dizia: *Sou um fracasso. Fracasso* é uma palavra escorregadia, porque a usamos para descrever uma ampla gama de experiências, desde esforços arriscados que não deram certo ou ideias que nunca foram lançadas até perdas dolorosas que modificam a vida. Seja qual for a experiência, o fracasso dá a impressão de uma oportunidade perdida, como algo que não pode ser refeito nem desfeito. Seja qual for o contexto ou a magnitude, ele traz consigo a sensação de havermos perdido parte de nosso poder pessoal.

Muitas pessoas têm uma reação negativa, quase nauseante, à palavra *poder*. Creio que isso se deve à nossa tendência de misturar as ideias de *poder* e de *poder sobre algo ou alguém*. Mas o tipo de poder a que me refiro está mais próximo da definição de Martin Luther King: a capacidade de atingir nossos objetivos e efetuar mudanças.

É comum a experiência de fracasso levar à sensação de impotência, pelo simples fato de não havermos atingido um objetivo e/ou efetuado a mudança que pretendíamos. A ligação entre esses dois elementos é importante, pois todos os meus anos de pesquisa me levam a afirmar que, quando nos sentimos impotentes, somos mais perigosos para nós mesmos e para as pessoas que nos cercam. A impotência leva ao medo e ao desespero. Observe o que está por trás dos atos de violência – do *bullying* ao terrorismo – e você encontrará com frequência uma tentativa frenética de fugir da impotência.

Os sentimentos de impotência que costumam acompanhar o fracasso começam pelas conhecidas avaliações do tipo "Podia ter feito assim" ou "Devia ter feito assado". E nosso medo cresce na mesma medida que a nossa convicção de que uma porta se fechou para sempre. A impotência acaba levando ao desespero, cuja definição do escritor e pastor Rob Bell é a minha favorita: desespero é um estado de espírito. É a crença de que amanhã será igual a hoje. Meu coração parou quando o ouvi dizer isso. *Caramba, sei como é ficar embaixo daquela pedra acreditando de todo o coração que não há saída e que amanhã estarei exatamente no mesmo lugar*. Para mim, essa sensação é definitivamente uma crise espiritual.

Em meu trabalho, constatei que sair da impotência e mesmo do desespero exige esperança. Não se trata de uma emoção: a esperança é um processo cognitivo – um processo de pensamento composto pelo que o pesquisador C. R. Snyder chamou de trilogia de "metas, caminhos e motivação". Ela surge quando somos capazes de estabelecer metas, ter tenacidade e perseverança para persegui-las e confiar em nossa capacidade de agir. Snyder também descobriu que a esperança é aprendida. Quando há limites, coerência e apoio, as crianças a aprendem com os pais. Ao ficarmos mais velhos, o processo se torna um pouco mais difícil porque temos que desaprender e resistir a antigos hábitos, como a tendência a desistir quando as coisas se complicam.

A esperança é uma função das dificuldades. Quando não nos deixam cair ou enfrentar adversidades na infância, negam nossa oportunidade de desenvolver a tenacidade e o senso de motivação de que precisamos para ter esperança. Uma das maiores dádivas dos meus pais foi a esperança. Quando eu caía, fracassava ou fazia alguma besteira, eles não corriam para me resgatar. Em vez disso, me apoiavam, mas sempre esperavam que eu descobrisse a solução. Eles atribuíam grande valor à determinação e à coragem, o que me foi muito útil – especialmente na carreira de escritora.

Escrevi meu primeiro livro em 2002. O título era *Hairy Toes and Sexy Rice: Women, Shame, and the Media* (Dedões peludos e arroz sensual: as mulheres, a vergonha e os meios de comunicação). Esse título se baseava em duas histórias da minha vida pessoal separadas pelo espaço de 25 anos. A parte dos "dedões peludos" foi a história da minha primeira experiência com vergonha e imagem corporal. Quando eu tinha 8 anos, achei uma penugenzinha no meu dedão do pé e passei meses vasculhando em silêncio as páginas das revistas femininas para adolescentes na tentativa de descobrir se aquilo era normal. Nada. Toda foto em close dos pés de modelos exibia dedos totalmente desprovidos de pelos. Convencida de ser a única menina do mundo com pelos nos dedões dos pés, fiz as duas únicas coisas em que consegui pensar: comprei uma quantidade ainda maior dos produtos que via nos anúncios das revistas e passei a esconder os dedos dos pés. Foi assim que começou meu caso de amor com tamancos.

"Arroz sensual" fazia referência a um comercial de televisão popular entre os anos 1999 e 2000. Certa vez, após um dia cansativo dando aulas, eu estava ansiosa por um tempinho sozinha, antes da chegada de Steve e da minha filha, na época com 1 ano. Concluído o ritual de tirar o sutiã, prender o cabelo e ligar a TV, afundei no sofá e estava considerando o que fazer para o jantar quando algo na TV chamou minha atenção. Uma bela mulher de collant de seda e um homem lindo e musculoso arfavam e se beijavam enquanto desciam escorregando pela porta de uma geladeira moderna. A cada dois ou três segundos, os amantes faziam uma pausa para dar colheradas de alguma coisa um ao outro. *Caramba, acho que aquilo é arroz*, pensei. Por fim, na última tomada de cena, a câmera se abriu para mostrar uma travessa de arroz e um logotipo conhecido apareceu na tela. Revirei os olhos e pensei: *Que coisa mais idiota!*

Em seguida, comecei a me indagar: *Será que eles acham mesmo que as pessoas fazem isso? Aposto que os homens adorariam – chegar em casa e ganhar o jantar às colheradas enquanto transavam encostados na geladeira.* Depois, como pretendiam os deuses da propaganda, comecei a me sentir meio triste com meus planos triviais para o jantar... e com o conjunto de moletom que estava usando... e os sanduíches que provavelmente comeríamos... e as conversas entrecortadas que teríamos enquanto brincávamos com Ellen... e o peso da gravidez que eu não conseguia perder... e a inevitabilidade de pegar no sono durante o noticiário.

Assim, usei essas experiências para dar título ao meu primeiro livro sobre a pesquisa que vinha conduzindo a respeito de mulheres e vergonha. Passei seis meses tentando encontrar um agente e, ao final desse tempo, tudo que consegui com meus esforços foi um arquivo enorme de cartas de rejeição impessoais. Minha última esperança era uma conferência de escritores na cidade de Austin, no Texas, onde, pelo preço de um ingresso, eu poderia ter uma conversa de dez minutos, ao vivo, com um editor de verdade da cidade de Nova York. Fiquei assustada, animada e esperançosa. Minha reunião de dez minutos seria com um editor de uma editora conhecida por publicar textos sérios de não ficção. Gostei imediatamente do jeito dele. Tinha o cabelo desgrenhado, usava uns óculos grossos esquisitos e parecia meio atormentado. Na minha cabeça, essas coisas o tornavam um sujeito legal.

– O que você tem para mim? – perguntou ele enquanto eu me sentava.

Para minha surpresa, eu não estava minimamente nervosa e comecei a dizer o texto que passara dias ensaiando. Ele apoiou o queixo num dos punhos e franziu o cenho enquanto eu lhe falava sobre o meu livro.

– Você tem alguma coisa aí? – indagou.

Peguei uma proposta completa, com uma carta de encaminhamento endereçada a ele. O editor separou umas páginas e começou a ler. Passados alguns minutos, disse que achava que havia ali algo importante e valioso, mas detestava o título.

– Não há nada de engraçado na vergonha. Não suavize esse assunto. Nietzsche disse: "O que você considera mais humano? Poupar alguém da vergonha. Qual é a marca da libertação? Não mais sentir vergonha perante si mesmo." Seja séria. Você tem as credenciais para isso.

Comecei a lhe dizer que discordava, que falar de vergonha com seriedade e reconhecer a importância do humor e do riso na cura não eram mutuamente excludentes, mas meu tempo acabou. Ele então me deu o nome e o telefone de um agente. Quando saí da sala, suas palavras de despedida foram:

– Eu realmente detesto o humor. Detesto o título. Nada de histórias engraçadas. Lembre-se de Nietzsche!

A porta se fechou atrás de mim.

Fiquei embaixo da pedra. Em vez de tentar sair dali, troquei o título por *Women and Shame* (As mulheres e a vergonha) e cortei algumas de minhas histórias engraçadas. Não suportei tirar todo o humor do livro, mas hoje, quando olho para trás, sei que cortei muito mais coisas do que deveria e não fui fiel a mim mesma. O agente que ele indicou também rejeitou a minha proposta e, durante o ano seguinte, enviei outras quarenta cartas a agentes e editoras. Tudo o que recebi em troca foram cartas padronizadas que traziam alguma versão de "Por mais instigante que pareça um livro sobre a vergonha escrito por uma acadêmica, não estamos interessados". Assim, peguei dinheiro emprestado com meus pais e, em 2004, fiz uma publicação independente de meu livro. Na época, esse tipo de publicação era relativamente nova e o livro saiu caro e desengonçado. Tive que estocar eu mesma os exemplares, e Steve e eu fizemos quase todos os envios aos compradores com a ajuda de meu amigo Charles. Cheguei até a vender livros na mala do carro em alguns eventos.

Um dia, um colega do corpo docente me deteve no elevador e disse:

– Li o seu livro. É muito poderoso. Vou encomendá-lo e acrescentá-lo ao programa da minha disciplina. Qual é sua editora?

– Eu mesma o publiquei – respondi, depois de hesitar por um instante.

Ele saiu do elevador e, segurando a porta aberta com uma das mãos, virou-se para mim e disse:

– Não posso incluir no meu programa um livro publicado por vaidade.

Eu não conseguia respirar. O peso daquela pedra literalmente me tirou o fôlego. No mesmo instante me vi vendendo meu livro na esquina, usando um daqueles cintos com porta-moedas para fazer troco. Fiquei tão envergonhada que, num dia em que estava me sentindo muito mal, quando uma mulher sacou o talão de cheques e perguntou para quem deveria emitir o cheque, respondi "à editora", levantando o livro e fingindo ler o nome da editora na lombada, como se não fosse o meu.

Seis meses depois, no entanto, o livro se tornou popular entre profissionais de saúde mental e começou a vender que nem pão quente. Cheguei a convencer uma grande distribuidora a me ajudar a levá-lo para algumas filiais da livraria Barnes & Noble. E então, num anoitecer totalmente mágico, conheci uma de minhas grandes heroínas, a psicóloga e escritora Harriet Lerner. Uma coisa levou a outra e, em menos de três meses, eu tinha um agente e um contrato para publicar *As mulheres e a vergonha*. Mal pude acreditar!

O livro reelaborado recebeu o título de *I Thought It Was Just Me* (Pensei que fosse só comigo) e foi lançado em fevereiro de 2007. Steve e eu ficamos muito entusiasmados e nossos pais se dispuseram a tomar conta da casa e das crianças enquanto eu estivesse dando entrevistas e fazendo a turnê do livro. Usei todo o limite de um de nossos cartões de crédito na compra de roupas novas. Diante do espelho, todas as manhãs treinava como seria minha entrevista para algum programa matinal. Era hora de encarar o desafio.

Vamos lá, vamos lá, vamos lá!

Já!

Está na hora de ir em frente!

Mas nada aconteceu. O telefone tocou uma vez no dia do lançamento. Era o banco, ligando para nos informar que havíamos esquecido o pagamento de uma das parcelas do empréstimo estudantil e devíamos uma multa por atraso. Fiquei arrasada. O telefone não tocou no dia seguinte nem no outro. E lá fiquei eu, com o armário cheio de roupas novas.

Num momento de desespero, dei um jeito de programar uma leitura do livro em Chicago, onde eu já faria uma palestra para profissionais de saúde mental. Foi o dia mais frio já registrado num mês de fevereiro. Cinco pessoas compareceram à leitura. Uma mulher estava bêbada e outras duas pessoas tinham ido porque achavam que eu era autora de histórias policiais.

Seis meses após o lançamento do livro, recebi um telefonema da editora, perguntando se eu queria adquirir exemplares a um preço baixíssimo. A princípio, fiquei animada, mas então entendi que eles estavam me oferecendo a oportunidade de comprar centenas de livros.

– Isto não é bom, Brené – disse o editor. – Seu livro está saindo como saldo. As vendas estão baixas demais para ele ser mantido em estoque. O depósito é um imóvel caro e, quando não movimentamos um livro, ele tem que sair.

– Não entendo – retruquei. – O que significa *sair como saldo*, afinal?

Sentei no chão da cozinha e o ouvi explicar o processo de transportar livros dos depósitos para os saldões. Todos os livros que sobravam eram mandados para as máquinas de reciclagem.

*Estou virando compostagem*, pensei. Foi um fracasso devastador para mim. Cinco anos de trabalho liquidados em seis meses. Senti tudo – impotência, desespero e vergonha. Depois de passar três semanas acusando os outros e me repreendendo por tudo que eu podia e devia ter feito diferente, num processo alimentado pela vergonha, Steve me ajudou a sair de baixo da pedra. Como eu viria a aprender, a parte mais difícil de sair do esconderijo é enfrentar o doloroso trabalho de lidar com a história real. E a história real era que eu havia me programado para o fracasso.

Jurei que, se um dia tivesse a oportunidade de tornar a publicar um livro, eu faria diferente. Não me arrumaria toda com minhas roupas novas e ficaria à espera de que alguém batesse à minha porta e me perguntasse sobre meu trabalho. Colocaria minha roupa de sulista e começaria eu mesma a bater de porta em porta.

Até hoje já publiquei quatro livros, e ainda fico amedrontada, exposta e vulnerável quando me preparo para compartilhar uma nova ideia com o mundo. Ainda hesito um pouco ao me voltar para minha comunidade e dizer: "Estou experimentando isto e gostaria muito do apoio de vocês!" Mas tento lembrar a mim mesma de que, por outro lado, adoro quando alguém se mostra sinceramente entusiasmado com o próprio trabalho. Em todas as minhas dificuldades, também aprendi que, se não valorizarmos nosso trabalho, ninguém o fará por nós.

Nos últimos dez anos, lidei com o fracasso e a vergonha o suficiente para aprender isto: você pode fazer tudo certo, estar animado e ir adiante, contar com todo o apoio que consiga encontrar e estar cem por cento pronto para aquilo e, mesmo assim, fracassar. Acontece com escritores, artistas, empresários, profissionais de saúde, professores – pode escolher. Mas, se você puder olhar para trás e ver que não hesitou, que se entregou *por inteiro*, vai se sentir muito diferente de como se sentiria se não tivesse investido plenamente. Talvez você tenha que lidar com o fracasso, mas não terá que lutar com o mesmo nível de vergonha que vivenciamos quando nossos esforços foram pela metade.

E, além de avaliar o nível do nosso esforço, nossa experiência do fracasso também é moldada por sabermos até que ponto vivemos de acordo com nossos valores: *Demos o máximo e fomos fiéis a nós mesmos?* Quando lida com o fracasso e fica claro que as escolhas que fez pelo caminho não estão de acordo com seus valores, você tem que lidar não apenas com as consequências do fracasso, mas também com a sensação de haver traído a si mesmo. Andrew teve que conciliar sua decisão de abafar suas inquietações e apreensões sobre o novo projeto, bem como sua opção por permanecer calado durante o encontro com o cliente, com aquilo em que acreditava no fundo do coração. Quanto a mim, tive que lidar com a consequência de ter silenciado meus instintos sobre a melhor maneira de abordar o tema da vergonha e de lançar um livro de sucesso.

Eu sabia que a maneira mais eficaz (talvez não para todos, mas certamente para mim) de falar sobre a vergonha era usando histórias do cotidiano – inclusive algumas engraçadas ou absurdas, como a do arroz sensual – para ilustrar as maneiras como nos tornamos presas de mensagens ridículas e insustentáveis sobre a perfeição. Mas tomei aquele conselho de Nietzsche e o passei por meu processador do *não ser bom o bastante* até ele se transformar em *Cresça. Seja séria e pare de fazer palhaçadas.* Eu também sabia vender livros – usando um cinto porta-moedas e o que mais fosse. Infelizmente, como na época havia pouco tempo que era acadêmica, passei o comentário sobre a "publicação por vaidade" pelo mesmo processador diabólico e redefini a *autora distinta e sofisticada* como aquela que se distanciava da intragável provação de ter que promover e vender os próprios livros.

Hoje em dia, quando relembro essas duas experiências, sei que ambas foram momentos de queda – momentos que, se acontecessem hoje, espero que me levassem a reconhecer minha falta de autoconfiança e minha vergonha.

*Sou grata pelo conselho do editor, mas isso não quer dizer que eu precise aceitá-lo sem questionamentos.*

*Droga, o comentário sobre a publicação por vaidade foi ofensivo, e é provável que pretendesse me envergonhar, mas a visão de seu autor acerca dos meus esforços não precisa ditar a maneira como eu me vejo.*

Só que, na época, eu não dispunha das informações nem da experiência que tenho hoje, de modo que, em vez de ficar curiosa sobre a mágoa que senti, silenciei minha dor, codificando a orientação dos especialistas. A opção por dar mais valor à palavra dos outros do que àquilo que eu estava sentindo – ou ao que eu sabia sobre o meu trabalho – tornou muito mais dolorosa a conversa sobre a compostagem (que foi, em última análise, meu momento com a cara no chão).

Nas duas situações, eu me afastei dos dois valores que norteiam a minha vida – minha fé e meu compromisso de ser corajosa. Minha fé pede que eu pratique mais o amor do que o medo, mas, nessa experiência, deixei o medo pisotear o meu amor-próprio. Tomei todas as decisões com base em *O que os outros vão pensar?*, e não em *Eu sou suficiente*. Para mim, nada é pior que isso. A coragem exige que eu me mostre e seja vista, e, nessa situação, me escondi em casa e esperei que outros aparecessem e fizessem o trabalho – inclusive a editora e o público comprador. Dentre todas as coisas de que me arrependo, a pior é ter traído meus valores e ter sido tão pouco generosa comigo. Mas, como você verá na seção seguinte, sou uma estudiosa do arrependimento, e ele é um mestre duro, mas justo, cujas lições sobre empatia e compaixão são partes cruciais da vida plena.

## *Lidando com o arrependimento*

Se há uma coisa que o fracasso me ensinou, é o valor do arrependimento. O arrependimento é um dos lembretes emocionais mais poderosos de que a mudança e o crescimento são necessários. De fato, passei a crer que o arrependimento é uma espécie de pacote: como função da empatia, ele é um chamado à coragem e um caminho para a sabedoria. Como todas as emoções, pode ser usado de maneira construtiva ou destrutiva, mas descartar o arrependimento por completo é algo equivocado e perigoso. "Viver sem arrependimentos" não significa viver com coragem, mas sim sem refletir. Viver sem arrependimentos é crer que você não tem nada a aprender, nada a corrigir e nenhuma oportunidade de ser mais corajoso na vida.

Um amigo que sabia que eu estava estudando o arrependimento me enviou a fotografia de um garoto com ar de durão que trazia tatuados no peito os dizeres *Sem arrependimentos*. Descobri mais tarde que a imagem vinha do filme *Família do bagulho*. É uma metáfora perfeita para o que aprendi: se você tem ou intencionalmente assume o propósito de viver sem arrependimentos, creio que está perdendo de vista o valor de se arrepender.

Uma das coisas mais verdadeiras que ouvi sobre o assunto veio do discurso de George Saunders na colação de grau da Universidade de Syracuse, em 2013. Ele contou que, quando era pequeno, havia uma menina que era alvo de implicância em sua escola e, embora ele não implicasse com ela e até a houvesse defendido um pouco, ainda pensava nesse assunto.

"Pois essa é uma coisa que sei ser verdade, apesar de meio cafona e de eu não saber muito bem o que tem a ver com isso.

"Aquilo de que mais me arrependo na vida é do *fracasso da bondade*.

"São aqueles momentos em que outro ser humano estava ali, diante de mim, sofrendo, e eu reagi... com sensatez. Com reserva. De forma branda."

Durante o trabalho com um grupo focal de pesquisa em West Point, perguntei a oficiais, muitos dos quais haviam perdido membros de suas tropas em combate, sobre a palavra *arrependimento* e de que modo ela se enquadrava em suas experiências. Um dos oficiais declarou:

"Eu não diria *arrependimento*. É diferente. Sinto profunda tristeza pelas baixas. Fui eu que dei todos os telefonemas para os pais. Eu trocaria de lugar com qualquer um daqueles soldados num minuto se pudesse. Mas não posso. E já pensei nisso mil vezes. Acredito que fiz o melhor que pude com as informações de que dispúnhamos. Mas se eu gostaria que o desfecho tivesse sido diferente? Todos os minutos do dia."

Perguntando-me se ele faria parte da escola de pensamento de "viver sem arrependimentos", indaguei se ele se arrependia de alguma coisa. Ele respondeu com uma história notavelmente parecida com a de Saunders:

"Sim. Quando eu estava no ensino médio, havia uma menina que era diferente. Tinha necessidades especiais e, de vez em quando, almoçava com a gente na lanchonete. A garota tinha uma queda por mim, e meus amigos implicavam muito comigo por causa disso. Um dia, quando ela me pediu para se sentar comigo, eu lhe disse não. Eu me arrependo disso profundamente. Eu poderia ter feito algo diferente naquele momento, mas não fiz. E lamento muito."

Creio que o que mais lamentamos é nossa falta de coragem – seja a coragem de ser mais bondosos, de nos mostrar, de dizer o que sentimos, de estabelecer limites, de ser generosos com nós mesmos. Por essa razão, o arrependimento pode ser o berço da empatia. Quando penso nas ocasiões em que não fui bondosa ou generosa, em que preferi ser aceita a defender alguém ou algo que merecia ser defendido, sinto profundo arrependimento. Mas também aprendi uma coisa: o arrependimento me ensinou que não viver de acordo com os meus valores não era algo sustentável para mim. Os arrependimentos por não ter corrido riscos me tornaram mais corajosa. Os arrependimentos por ter envergonhado ou acusado pessoas com quem me importo me tornaram mais atenciosa. Às vezes, o aprendizado mais desconfortável é o mais poderoso.

## A REVOLUÇÃO

Na introdução, escrevi: "Durões são aqueles que enfrentam o desconforto e a vulnerabilidade e dizem a verdade sobre a própria história." Creio que é por isso que gosto tanto da história de Andrew. No meu livro, ele é durão. Ali está alguém que não tinha que assumir nada – um líder que podia ter transferido a culpa para sua equipe ou para a equipe desrespeitosa do cliente. Em vez disso, no entanto, ele teve coragem de sentir dor, reconhecer que estava envergonhado, buscar ajuda e se mostrar vulnerável com um amigo, assumir seu papel e se postar diante da equipe e se responsabilizar.

O delta entre *Eu estrago tudo* e *Fiz uma besteira* talvez pareça pequeno, mas na verdade é enorme. Muitos passam a vida inteira tentando atravessar o pântano da vergonha para chegar a um lugar em que lhes seja permitido ser imperfeitos e acreditar que são suficientes.

Embora a compostagem possa ser um destino terrível para um livro, trata-se de uma poderosa metáfora do fracasso. Ter a coragem de reconhecer nossos erros, besteiras e fiascos, bem como de assimilar os principais ensinamentos que extraímos deles em nossa vida, nossa família e nossas organizações, gera exatamente os mesmos resultados que acrescentar húmus rico em nutrientes ao solo: traz crescimento e uma nova vitalidade. Em seu livro *O poder do fracasso*, Sarah Lewis escreveu:

"(...) Raramente falarei aqui de *fracasso*, pois se trata de uma palavra imperfeita. Assim que começamos a transformar a realidade, o termo perde o significado. Ele é sempre fugidio, escapa pelos limites da visão, não só porque é difícil vê-lo sem se retrair, mas também porque, quando nos dispomos a abordá-lo, com frequência damos outro nome aos acontecimentos, como aprendizado, tentativa ou reinvenção, não mais o conceito estático de fracasso."

O fracasso pode se transformar em nutriente se nos dispusermos a ser curiosos, a nos mostrar vulneráveis e humanos, e a colocar em prática o processo da volta por cima.

*Não podemos ser corajosos* **NO MUNDO SEM TER AO MENOS** *um espaço seguro para* **ELABORAR** *nossos* **MEDOS** e **NOSSAS QUEDAS.**

*Dez*
# NÃO DESDENHE DE QUEM LHE DEU A MÃO
LIDANDO COM VERGONHA, IDENTIDADE, CRÍTICAS E NOSTALGIA

Tive uma reação visceral quando Andrew comparou a vergonha a estar embaixo de uma pedra. Entendi muito bem o que ele estava falando quando descreveu a loucura de tentar tomar decisões quando se está nesse lugar insuportavelmente escuro, pesado e sufocante. Ao sentirmos vergonha, somos sequestrados pelo sistema límbico do cérebro, que restringe nossas opções a "luta, fuga ou paralisia". Essas reações de sobrevivência raras vezes dão margem ao pensamento, razão pela qual quase todos nos debatemos, desesperados, embaixo da pedra, e buscamos um alívio reflexivo nos escondendo, acusando as pessoas, descontando nelas ou tentando agradá-las.

Também me inspirei em sua disposição de enfrentar o doloroso trabalho de sair de baixo da pedra antes de agir. Isso exige não apenas autoconhecimento e um sólido reconhecimento das emoções, mas também que estejamos dispostos e aptos a entrar no processo de descoberta, mesmo quando estamos cientes, como aconteceu com Andrew, de que sair dessa posição nos deixará ainda mais expostos e, em última análise, exigirá ainda mais coragem. Quase todos desenvolvemos maneiras de descarregar ou entorpecer a dor, de modo que, quando Andrew e eu restabelecemos contato a fim de que ele pudesse revisar sua história para este livro, eu lhe disse que havia ficado admirada com sua consciência de si. Ele a atribuiu ao aprendizado sobre a vergonha e a sua capacidade de reconhecer quando está experimentando esse sentimento.

Sua analogia da pedra também me fez lembrar duas coisas. A primeira foi a descrição do Ato 2 que Darla, a produtora da Pixar, compartilhou comigo: *O protagonista procura todas as maneiras confortáveis de solucionar o problema. No clímax, aprende o que será realmente preciso para resolvê-lo. Esse ato inclui "o fundo do poço".* A segunda foi uma ocasião em minha vida em que tentei agir a partir de um lugar de vergonha. Trata-se da perfeita história sobre os perigos de tomar decisões embaixo da pedra. Quero partilhá-la com você por várias razões. A principal é que, embora não possamos voltar no tempo e modificar nossa história, podemos tirar proveito da reflexão sobre algumas de nossas quedas passadas – e vê-las pela lente da volta por cima. Nesse caso, pude olhar para trás e ver exatamente onde a vergonha e o medo haviam abafado minha curiosidade.

Esse incidente também ilustra como escrever pode ser um instrumento extremamente poderoso para desvendarmos a história que estamos criando. Quando estou no calor das emoções, redigir minha TRI na forma de uma carta, ou mesmo fantasiar sobre o que eu gostaria de dizer a alguém, pode me ajudar a ver com clareza a história que estou criando. Como mencionei no Capítulo Três, o valor de escrever e contar histórias surgiu nas pesquisas, mas só liguei essas práticas à minha vida quando pensei nessa situação em particular. É bom saber que existem usos construtivos para todas aquelas conversas e planos de vingança que repito na minha cabeça ao me deitar à noite.

Essa história é um excelente lembrete do poder de contarmos com um terapeuta ou um coach – ou um grupo de apoio – que nos dê espaço para explorar nossas emoções e experiências sem julgamentos de valor. Minha terapeuta, Diana, se aposentou ao final do trabalho que fizemos juntas. Desde então, estou tendo dificuldade para encontrar um lugar seguro para realizá-lo. Recorri a um coach de liderança para tratar de uma crise muito específica no trabalho, o que foi de valor inestimável, mas, ao escrever essa história para o livro, percebi que um apoio mais consistente me faria bem. Creio que todo mundo precisa disso. Não é justo pedir a nossos parceiros ou cônjuges que abram espaço para acolher a agitação que constitui parte necessária do reconhecimento e da descoberta da nossa história, sobretudo quando eles fazem parte dela. O mesmo se aplica aos nossos colegas.

Nos últimos dois anos, fiquei surpresa e entusiasmada com o número de dirigentes que encontrei trabalhando em estreita colaboração com um terapeuta ou coach, ou que fazem parte de um grupo de gestores que se reúnem especificamente para oferecer apoio uns aos outros na elaboração de problemas emocionais difíceis. Lembro-me, em particular, de um grupo de oito CEOs de Dallas que me convidaram a me juntar a eles no ano passado para uma de suas reuniões regulares. Há anos esse grupo vem se reunindo para compartilhar e elaborar exatamente o tipo de questões de que estou tratando aqui – o que é preciso para ser autêntico, para dar tudo de si e para levantar ao cair. Com efeito, cada um dos membros havia escrito sua história usando como arcabouço a jornada do herói de Joseph Campbell.

Na noite em que nos encontramos, vários desses homens apresentaram suas jornadas. Foi transformador. As histórias eram repletas de coragem, corações partidos, sucesso e fracassos pessoais e profissionais devastadores. Com esse grupo, eles haviam criado o que chamo de "um recipiente seguro" – um lugar onde as pessoas podem compartilhar experiências com franqueza, sabendo que o que disserem será respeitado e mantido em sigilo. A história que vou narrar agora me fez lembrar por que todos precisamos desse tipo de apoio: *Não podemos ser corajosos no mundo sem ter ao menos um espaço seguro para elaborar nossos medos e nossas quedas.*

## VOGAIS LONGAS E PAVIOS CURTOS

Parte do meu processo de triagem de e-mails consiste em examinar o remetente e o assunto de cada mensagem antes de abri-la. Clicar às cegas em abrir é como escancarar a porta de casa antes de olhar pelo olho mágico: pode ser perigoso. Nesse dia específico – e já se vão vários anos –, um nome fez soar um sinal de alerta quando corri os olhos pela lista, embora, a princípio, eu não soubesse muito bem por quê.

Li o nome várias vezes, na tentativa de encaixá-lo nos lugares e grupos que compõem meu cotidiano: da universidade? Da igreja? Das escolas das crianças? Da vizinhança? Dos eventos em que dou palestras? Nada. Afastei um pouco a cadeira e li o nome em voz alta. Quando enfim me lembrei, revirei os olhos com tanta força que me admira que eles tenham continuado no lugar.

O e-mail era de uma mulher que chamaremos de Pamela. Esse nome tem o mesmo número de sílabas do verdadeiro, o que não é importante por qualquer razão real, exceto pelo fato de que até o seu modo de pronunciá-lo me incomodava: "Paa-me-la", como se eu tivesse dois anos e estivesse aprendendo a usar as palavras.

Eu conhecera Pamela semanas antes, ao final de uma palestra que fiz num almoço para angariar fundos. Vi-a pela primeira vez na fila do bufê, logo depois da palestra. Tenho limites muito bem estabelecidos em relação à alimentação nos eventos. Não como em público antes de palestras ou conferências. Isso significa que, quando sou convidada a falar durante um almoço, eu como antes de chegar e só bebo água enquanto espero ser apresentada. Fico nervosa demais para comer, e não há maneira adequada de tirar a alface presa entre os dentes quando você está sentada a uma mesa junto ao palco, cercada por centenas de pessoas que a observam.

Também não gosto de comer depois dos eventos, sobretudo porque sou extremamente introvertida. Quem não me conhece sempre presume que sou extrovertida, ao passo que as pessoas que me conhecem descreveriam minha introversão acentuada como uma de minhas características mais marcantes. Estar no palco é confortável porque esse é o meu trabalho, mas se você me puser no meio de um coquetel, vai me encontrar com um sorriso congelado no rosto, querendo me enroscar em posição fetal embaixo de uma mesa. Nesse dia, eu me juntara a um grupo de universitários para um almoço de meia hora depois da minha fala. Isso me pareceu completamente viável: adoro conversar com alunos. Para mim, é como estar em casa.

Parada na fila do bufê, avistei Pamela. Eu não sabia ao certo o que ela estava dizendo às pessoas na fila entre nós, mas vi que as abordava uma a uma, chegando cada vez mais perto de mim. Por último, quando só restavam duas pessoas entre nós, eu a ouvi dizer à mulher atrás de mim:

– Desculpe, preciso falar com a Dra. Brown sobre questões do evento.

Quando enfim me virei para trás, ela estava a uns quinze centímetros de mim. Com uma espremida desajeitada do corpo, encostou o pulso no peito e estendeu a mão para um rápido aperto de mãos. Recuei o máximo que pude, mas continuou a haver apenas um palmo entre nós. Arqueei as sobrancelhas numa espécie de cumprimento e disse:

– Olá, eu sou a Brené. É um prazer conhecê-la.

Nem morta eu tentaria trocar um aperto de mãos no espaço minúsculo que nos separava.

A essa altura, estávamos a umas três pessoas da mesa com os alimentos. Dei meia-volta, para que ambas nos virássemos para a frente, e falei com Pamela por cima do ombro:

– Quer dizer que você é da equipe do evento? Correu tudo muito bem.

– Ah, não – respondeu ela. – Estou aqui representando uma grande cadeia de organizações. Queria conversar com você sobre a possibilidade de fazer uns eventos para nós. Eu frequento palestras como uma espécie de olheira, à procura de palestrantes talentosos.

Fiquei meio chateada com o subterfúgio dela, mas consegui manter a civilidade. Nos três minutos que levamos para passar dos talheres e da salada de frango às latas de refrigerante na outra ponta da mesa, descobri três coisas sobre Pamela:

1. Ela detestava o lugar em que trabalhava, porque seus superiores viviam lhe dizendo que o cargo dela seria o primeiro a ser cortado se houvesse uma redução de pessoal.

2. Na verdade, ela não tinha formação em saúde mental, mas havia assistido a tantas palestras sobre o assunto que seria capaz de trabalhar melhor do que a maioria das pessoas que ganhavam a vida com isso.

3. O sonho dela era um dia parar de procurar oradores e se tornar, ela própria, uma palestrante.

Ao nos afastarmos do bufê, com pratos e copos na mão, virei-me para ela e disse:

– Bem, foi um prazer conhecê-la. – E continuei a andar.

Sentei-me à mesa que fora reservada para nosso grupo. Estava vazia, a não ser pelas bolsas e os programas do evento que os alunos haviam deixado lá, para marcar seus lugares. Sentei-me de propósito numa cadeira não reservada, espremida entre duas que estavam marcadas, para poder dar atenção a esses alunos. Seguindo-me com passos decididos, Pamela pôs seu prato ao lado do meu e afastou a pasta e o programa do evento de alguém para liberar a cadeira.

Antes que eu pudesse dizer qualquer coisa, ela se instalou a meu lado. Vi seus olhos se estreitarem e o maxilar se contrair.

– Meus chefes me mandam circular à procura de bons palestrantes. Eu daria de dez a zero à maioria das pessoas, como oradora. Mas não posso dizer isso a eles, é claro. Eles querem gente com credenciais. Como se umas letras depois do nome fizessem do sujeito um bom palestrante. Mas nunca posso questioná-los, porque eles me lembram de que sou dispensável. Fico tentada a lhes dizer que não consegui achar nenhum palestrante decente e oferecer os meus serviços. Eles são muito burros e estão interessados demais no dinheiro para reconhecer um talento que está bem debaixo do nariz deles.

A essa altura, os alunos haviam voltado para a mesa. O rapaz cujos pertences tinham sido trocados de lugar pareceu confuso por um instante, depois se sentou. Pamela praticamente pulou da cadeira quando eles chegaram. Dirigindo-se à mesa, guinchou:

– Olhem só! Vamos almoçar com a palestrante! Não é fabuloso? Ela é *uma preciosidade*!

Ao escutá-la, continuei a sentir a amargura e o medo em suas palavras. Ela se esforçava muito para fingir empolgação diante dos recém-chegados, mas eu me perguntei por quanto tempo conseguiria manter aquela raiva e aquele ressentimento afastados. Eu não sabia ao certo por que ela tinha tanta raiva, mas isso era evidente. Fiquei ali por meia hora, tentando manter o foco nos alunos, e por fim me levantei. Os estudantes me olharam com compreensão e um tantinho de aflição nervosa, por serem deixados ali com aquela figura. Pamela ergueu os olhos para mim, mal disfarçando o desprezo. Teria sido muito fácil dizer "Obrigada por estragar meu almoço, sua maluca", mas isso seria falta de educação. Então eu apenas disse:

– Queiram me dar licença. Preciso fazer as malas para pegar o avião.

As lembranças do encontro com Pamela bastaram para me convencer de que eu devia esperar um pouco antes de abrir seu e-mail. Li alguns outros, preparei uma xícara de café, tornei a me sentar diante do computador e cliquei na mensagem:

Dra. Brown,
Eu disse a Sheryl, minha chefe, que a recomendo fortemente com base no fato de que a maioria dos presentes pareceu gostar da sua apresentação. É provável que ela entre em contato com você nas próximas duas semanas.

Só um rápido feedback de amiga: se você pretende se colocar como especialista e estudiosa da sua área, parece-me importante que pronuncie corretamente os nomes dos seus colegas. Ao citar Pema Chödrön, você disse "PII-ma CHO-dron". A pronúncia correta é Pim-a Chod-ron.

Atenciosamente,<br>Pamela

As palavras estavam perfeitamente claras na tela do computador, mas começaram a dançar na minha cabeça, todas misturadas com meu medo. *Será que eu tinha feito papel de boba?* A intenção de Pamela estabeleceu uma ligação com a minha vergonha e se tornou impossível manter a clareza. Em questão de segundos, transformei o "se você pretende se colocar como especialista e estudiosa" em "pare de fingir que é especialista e estudiosa". Senti-me como uma criança assustada.

Descobri-me completamente tomada por "aquele momento" – o momento que descrevi a dezenas de milhares de pessoas. Escrevi um livro inteiro sobre esse momento, literalmente. É o instante em que a vergonha desaba sobre nós com tamanha força que entramos no modo de sobrevivência, no estilo tudo ou nada.

O que é irônico é que sempre alerto as pessoas – sobretudo os profissionais de saúde mental – a não se deixarem seduzir pela convicção de que são capazes de lidar com esses instantes pelo simples fato de haverem aprendido como eles funcionam. Não é à toa que chamamos a vergonha de emoção básica.

Se eu pudesse cochichar no meu próprio ouvido, sentada diante do computador, olhando fixo para aquele e-mail e lutando contra a dor de me sentir uma impostora desmascarada, teria dito a mim mesma: *Este é o momento. Não faça nada. Não diga nada. Apenas respire fundo e deixe que passe. Não se esconda. Não se deixe envolver. Não revide. Não fale, não digite nem entre em contato com ninguém até estar emocionalmente reequilibrada. Vai ficar tudo bem.*

Infelizmente, eu não podia sussurrar essas garantias para mim mesma. Errar a pronúncia do nome de Pema Chödrön havia acionado todos os meus gatilhos de vergonha relacionados com "nunca ser boa o bastante". Em vez de parecer uma acadêmica refinada, imaginei que eu havia soado como uma interiorana ignorante.

Meu coração disparou e a ira correu pelas minhas veias com tamanha força que meu corpo todo começou a tremer. Fiquei rígida na cadeira. Meus olhos flamejavam. O calor era insuportável, e eu imaginei que, se ficasse imóvel por muito tempo, resultaria no primeiro caso de combustão humana espontânea em Houston. Por fim, dei um soco na mesa do computador.

– Ah, aquela merdinha passivo-agressiva de cara chupada! – berrei.

Inspirei todo o ar que podia pelo nariz e o expeli pela boca. De novo. E de novo. Uma fria calma foi voltando ao meu corpo. Não aquele tipo bondoso e gentil de calma que ensino às pessoas, mas o tipo que vem antes de uma crueldade deliberada.

Fechei meu programa de e-mail e abri o editor de texto. Redigiria minha resposta primeiro no Word, para me certificar de que não houvesse erros ortográficos nem gramaticais. Nada tira mais a contundência de uma arma letal do que um *a* que deveria ser *há* ou um *mais* que deveria ser *mas*.

Abri um novo documento; como canta Charlie Daniels em "The Devil Went Down to Georgia", saía fogo das pontas dos meus dedos.

A cada tecla, eu ia me sentindo melhor. Escrevi e revisei, escrevi e revisei. Ao terminar, copiei a carta e a colei num e-mail endereçado a Pamela. Um milissegundo antes de clicar em "Enviar", entrei em pânico. Senti-me inundada pela incerteza. É difícil combater fogo com fogo sem apoio. Eu precisava de respaldo e de um tiquinho de aprovação.

Além de fazer aperfeiçoamentos e apresentações, sou perita em pesquisas de opinião. Em caso de dúvida, faça uma enquete! Assim, um telefonema após outro, expliquei a situação aos meus amigos e pedi conselhos. Após cinco ligações, a resposta foi unânime: (1) Pamela era mesmo uma merdinha passivo-agressiva de cara chupada, metida a palestrante, e (2) eu *não* devia mandar o e-mail. Dois de meus amigos acharam que não valia a pena, porque colocaria em risco a minha chance de fazer alguma palestra para a tal grande organização nacional; uma amiga me disse que evitava conflitos a qualquer preço e me aconselhava a fazer o mesmo; e minhas outras duas amigas acharam que simplesmente era mau uso do meu tempo e da minha energia.

Eu continuava insegura. Meu e-mail de resposta era magnífico. Era muito difícil abrir mão daquele tipo de arte. Além disso, eu tinha a oportunidade de ferir alguém que havia me ferido – e essas oportunidades não aparecem todo dia. Por fim, imprimi uma cópia do e-mail da Pamela e outra do meu e enfiei as duas na bolsa. Eu tinha hora marcada com Diana no dia seguinte. Ela poderia me ajudar a decidir.

Joguei-me no sofá da terapeuta, peguei os e-mails e disse:

– Preciso da sua ajuda. Estou ficando maluca.

Nós duas rimos, e então esclareci:

– Não, é sério. É uma maluquice específica. Não uma questão de loucura em geral.

Contei a história inteira à terapeuta. Falei de como Pamela havia furado a fila, do almoço, de tudo. Depois li o e-mail dela em voz alta. Diana fez uma careta. Registrei seu cenho franzido, dizendo:

– Que merda, não é?

– É. Uma merda mesmo.

Eu lhe disse que Pamela era uma merdinha passivo-agressiva de cara chupada e que todos os meus amigos pensavam o mesmo. Diana respondeu com uma expressão que dizia: *Não estou interessada nos resultados da sua enquete.* Ela não apoiava muito o fato de eu viver minha vida de acordo com pesquisas.

– Certo, mas, enfim... está pronta para a minha resposta?

– Pronta – confirmou ela.

Desdobrei minha resposta e comecei a ler:

Prezada Pamela,
    Recebi seu e-mail a respeito de futuras colaborações em eventos. Estou enviando uma mensagem com cópia a Sheryl, sua chefe, uma vez que ele diz respeito a vocês duas.

Tenho sérias dúvidas quanto a trabalhar com a sua organização. Durante nosso almoço em Miami, você me disse que seus chefes são "burros e só se interessam por dinheiro". Não sei ao certo se essa é uma descrição precisa do ambiente da sua empresa ou se foi apenas uma expressão pouco apropriada da sua frustração com sua situação atual no trabalho. De um modo ou de outro, achei que esses comentários não têm profissionalismo, sobretudo vindos de alguém que representava publicamente uma organização tão conceituada.

Em segundo lugar, entendo seu desejo de se tornar palestrante, mas me assustei ao ouvi-la mencionar que estava pensando em dizer a seus superiores que não conseguira encontrar nenhum orador apropriado, na esperança de que eles a convidassem a falar. Embora eu concorde com sua afirmação de que as credenciais não são um pré-requisito de um bom palestrante, espero que você compreenda que elas são obrigatórias nas palestras feitas para extensão do ensino e da formação. Independentemente dos seus talentos, colocar-se como profissional de saúde mental teria sérias implicações éticas para a sua organização.

Mais uma vez, agradeço sua recomendação a Sheryl, mas, antes de poder me comprometer a fazer alguma palestra em nome da sua organização, precisarei de alguns esclarecimentos a respeito das preocupações descritas neste e-mail.

Cordialmente,<br>Brené Brown,<br>Ph.D.

Eu estava toda contente, com a sensação de haver dobrado de tamanho ao ler a carta. Sentia-me inchada de orgulho, como uma menina do terceiro ano lendo um elogio da professora para a mãe.

– Puxa! – disse Diana. – Você copiou a chefe dela. Quer a aniquilação total, não é?

– Como diz meu pai, "Quem se mete com o touro leva chifrada" – respondi, sorrindo.

Diana ficou quieta por um momento, depois respondeu:

– Então, diga-me... Quando você imagina Pamela lendo esse e-mail, o que ela está sentindo? Como quer que ela se sinta ao ler isso, sabendo que a chefe recebeu uma cópia?

Dobrando os papéis, eu me perguntei por onde começar. Tenho certeza de que, no nível inconsciente, eu sabia o que queria que ela sentisse – tenho certeza de que foi isso que me motivou. Pensei por um minuto e disse a Diana:

– Quero que ela se sinta pequena. Quero que se sinta desmascarada. Quero que fique com medo, como se tivesse sido apanhada em flagrante. Quero que ela se contorça... Quero...

Uma onda de calor começou a subir do meu peito até que meu rosto inteiro parecia estar derretendo. Dessa vez, não era o fogo da raiva. Era o fogo brando da verdade. Um terrível silêncio preencheu o ar e a sala começou a ficar como sempre ficava quando eu era tomada por um doloroso lampejo de reconhecimento – insuportavelmente abafada. E eu me senti insuportavelmente pequena.

Para piorar as coisas, Diana começou a fazer aquela cara esquisita que sempre fazia quando tinha que assistir calada enquanto a verdade me inundava. Os olhos se contraíram, ela franziu ligeiramente a boca e assumiu o ar da mãe que vê seu bebê tomar uma injeção. Eu conhecia aquela expressão – usara-a muitas vezes como mãe, professora e assistente social.

Seu rosto dizia: *Também não gosto disso, mas é para isso que estamos aqui. Aguente firme. Não posso acabar com a dor, mas estou bem aqui para ajudar você a atravessá-la.*

Pousei minhas cópias impressas no sofá. Depois chutei as sandálias de dedo, dobrei as pernas, abracei os joelhos encostados no peito e apoiei a testa neles. Então permaneci imóvel.

– Ai, meu Deus. Não posso acreditar. Isto é terrível. – Lentamente, repeti o que havia acabado de dizer: – Quero que ela se sinta pequena, burra e desmascarada. Quero que fique envergonhada e com medo, achando que não é boa o bastante. Quero que se sinta uma impostora apanhada em flagrante.

Diana continuou sem dizer nada. Um nada bondoso, isento de julgamentos de valor, amoroso. Tinha esse jeito de me ajudar a acreditar na loucura normal. Por mais loucos que sejamos, somos todos iguais, e o único perigo da loucura normal é o sujeito não saber o que está fazendo nem por que o faz. Nunca me senti envergonhada com ela. Nunca.

– Faz todo o sentido, mas eu odeio isso. É uma tremenda besteira – disse, sem levantar a cabeça.

Diana soube exatamente o que dizer: nada.

Ainda com a testa apoiada nos joelhos, percebi que eu precisava dizê-lo em voz alta. Após dez anos estudando a vergonha, eu havia aprendido o valor de fazer justamente aquilo que parecia o mais assustador e mais contrário à intuição – eu tinha que verbalizar a vergonha. Tive que dizer em voz alta:

– Tenho uma vergonha enorme de errar a pronúncia de palavras e coisas assim. Sinto-me burra, pequena, desmascarada e envergonhada, e me sinto uma impostora que foi flagrada se fingindo de inteligente.

Depois disso, houve apenas mais um mar de silêncio. *É claro que eu queria que Pamela se sentisse uma impostora desmascarada – era exatamente isso que eu sentia. Não há livros suficientes que eu possa escrever nem diplomas suficientes que eu possa obter para alcançar o padrão que estabeleci para "inteligente".* Não havia credenciais nem letras penduradas ao meu nome que fossem capazes de alterar o fato de eu ser uma texana de cinco gerações, com a gramática imperfeita, propensa a falar palavrões em excesso quando estou cansada ou agitada, numa luta permanente para policiar minhas vogais arrastadas e meus coloquialismos.

Sentada ali naquele silêncio incômodo, a primeira imagem que se insinuou na minha mente foi a daquela cena pavorosa de *O silêncio dos inocentes* em que Hannibal Lecter expõe a personagem de Jodie Foster, a agente Clarice Starling, do FBI:

Você é muuuito ambiciosa, não é? Sabe o que me parece, com a sua bolsa de boa qualidade e seus sapatos baratos? Parece uma caipira. Uma caipira bem limpa e apressadinha, com uma pitada de bom gosto. A boa alimentação lhe deu uns ossos mais longos, mas você não está a mais de uma geração da ralé branca, está, agente Starling? E esse sotaque de que você tenta tão desesperadamente se livrar – é pura West Virginia. O que o seu pai faz? Trabalha nas minas de carvão? Fede a querosene?

Eu queria que Diana dissesse alguma coisa para melhorar a situação. Queria que ela mandasse Hannibal Lecter e todos os meus fantasmas embora. Mas ela nunca iria interferir no processo importante de sentimentos por que eu estava passando. Meu trabalho com ela consistia em deixar que todos os conhecimentos arduamente conquistados que eu mantinha armazenados na cabeça escoassem para meu coração superprotegido. Eu precisava de espaço para deixar que isso acontecesse e, se havia algo que Diana sabia fazer, era abrir espaço. Ela sabia reservar o espaço de que eu precisava para sentir. Sabia reservar qualquer espaço de que eu precisasse para falar palavrões, ficar agitada e odiar as pessoas. Sabia reservar o espaço de que eu precisava para ficar exausta, ser imperfeita e sentir raiva. Ela era ótima nisso.

Quando enfim recoloquei os pés no chão e levantei os olhos, declarei:

– Isto dói. Muito mais do que ficar irritada. É muito mais doloroso do que a raiva.

– É – disse Diana. – Isso é mais difícil do que ficar irritada.

Em seguida, fez-se silêncio por mais um longo período.

Por fim, olhei-a e perguntei:

– Quer dizer que escrever uma carta furiosa é uma ferramenta confiável? Se a gente descobrir o que quer fazer que o outro sinta, sempre pode usar isso para compreender o que está sentindo?

Àquela altura do nosso relacionamento, Diana já conhecia meu gosto por fórmulas e ferramentas.

– Toda situação é única, mas acho que essa poderia ser uma forma muito útil de você explorar o que sente, sobretudo quando tiver entrado no modo "meter-se com o touro".

## O RECONHECIMENTO

Estou bastante segura de que soltar fogo pela ponta dos dedos e temer entrar em combustão espontânea são sólidos indicadores fisiológicos de algumas emoções. Meu primeiro momento com a cara no chão nessa história ocorreu quando li o e-mail de Pamela. No entanto, apesar de ainda não conhecer a prática da volta por cima na época, optei pela vingança em vez da curiosidade. Meu segundo momento com a cara no chão ocorreu no sofá de Diana, quando me dei conta de que minha carta era uma tentativa contundente de transferir minha vergonha para Pamela. Felizmente, com a ajuda da terapeuta, dessa vez optei pela curiosidade.

Para ser franca, pelo resto da vida terei que ficar alerta para escolher a curiosidade quando sinto vergonha. Contei essa história a meu pai e lhe disse que precisávamos inventar um novo provérbio com touros. Dê graças à sua sorte por não ter participado desse telefonema. De meu pai herdei minha predileção pelas metáforas, e passamos meia hora falando sobre touros arrebentando lojas de porcelana emocionais e sobre passar oito segundos montada no touro da vergonha para me classificar para o rodeio. Acabamos desistindo de tentar ser criativos, em prol de algo mais direto:

– Que tal "Quando você mexe com o touro, ele fica no banco por trinta minutos"? – perguntei.

A resposta do meu pai lhe dirá tudo que você precisa saber sobre nós:

– Bem, garota, não chega propriamente a ter o tom e a sobriedade certos, mas se você conseguir levar esse touro na marra para o curral enquanto organiza os seus sentimentos, vai se poupar de sérios dissabores.

## A DESCOBERTA

Para chegar ao delta e aos principais ensinamentos, tive que lidar com a vergonha, a identidade, as críticas e a nostalgia. Uma das razões disso é a complexidade da resiliência no trato com a vergonha, cujos quatro componentes citei em meus livros anteriores. Homens e mulheres com alto nível de resiliência agem da seguinte maneira ao lidar com a vergonha:

1. Compreendem a vergonha e reconhecem as mensagens e expectativas que a desencadeiam.

2. Praticam a consciência crítica e checam se as mensagens e expectativas que nos dizem que ser imperfeito significa ser insuficiente correspondem à realidade.

3. São acessíveis e compartilham suas histórias com pessoas de confiança.

**4.** Falam sobre a vergonha – usam a palavra *vergonha*, falam do que sentem e do que precisam.

No processo de checar se as mensagens que alimentam a vergonha correspondem à realidade, é comum termos que lidar com a identidade, os rótulos e os estereótipos. Também é necessário examinar se as expectativas estão calcadas, como costuma acontecer, na nostalgia ou na perigosa prática de comparar uma dificuldade atual com uma versão editada de "como as coisas eram antigamente".

## *Lidando com a identidade*

> Adoro o estado do Texas, mas vejo isto como uma perversão inofensiva de minha parte e só a discuto com adultos que estejam de comum acordo.
> – Molly Ivins

A integração é a alma da volta por cima. Temos que estar inteiros para ser plenos. Para abraçar e amar quem somos, temos que resgatar e restabelecer a ligação com as partes de nós que deixamos órfãs ao longo dos anos. Precisamos chamar de volta para casa todas as partes de nós que abandonamos. Carl Jung deu a isso o nome de individuação.

No livro *Encontrando significado na segunda metade da vida*, o analista junguiano James Hollis escreveu: "Talvez a contribuição mais instigante de Jung seja a ideia de *individuação*, isto é, o esforço vitalício de nos tornarmos algo mais próximo da pessoa que estamos destinados a ser – aquilo que os deuses pretenderam, não os pais ou a tribo, tampouco, em especial, o ego, facilmente intimidado ou inflado. Ao mesmo tempo que reverencia o mistério dos outros, nossa individuação nos convoca a nos postarmos na presença do nosso mistério e a nos tornarmos mais plenamente responsáveis por quem somos, nesta jornada que chamamos de nossa vida."

Um dos maiores desafios no processo de me tornar eu mesma foi reconhecer que não sou quem achava que deveria ser nem quem sempre imaginei que fosse. Desde a época do nono ano, eu queria fugir da minha identidade texana. Queria ser igualzinha a Annie Hall, personagem de Diane Keaton no filme *Manhattan*. Sonhava com o dia em que pudesse ser uma sofisticada intelectual nova-iorquina, com um apartamento no SoHo e uma consulta semanal com um caro analista. Queria ser erudita, chique e sofisticadamente complicada.

Bem, acontece que tenho muito pouco em comum com Annie Hall. Sou uma desbocada vinda de uma longa linhagem materna de mulheres desbocadas. E, como assinalou Pamela, sei esticar bem as minhas vogais.

Certa vez, recebi um e-mail que me pedia que reconsiderasse minhas "expressões violentas com animais". Dados os meus escrúpulos e minha baixa tolerância à violência, isso me deixou chocada. No entanto, ao contar uma história sobre criação de filhos a uma numerosa plateia, devo ter dito algo como "Eu não conseguia vestir as crianças e fiquei correndo pela casa feito uma galinha sem cabeça". Admito que isso soa bem repulsivo. Mas, sinceramente, quando se é criado ouvindo esse tipo de coisa, nem se nota. Não é como se de fato eu visualizasse uma galinha correndo sem cabeça.

Aos poucos, mas de forma determinada, abri mão das minhas imagens em Manhattan e comecei a tentar acolher meu verdadeiro eu. Quando me ponho "na presença de meu próprio mistério", vejo uma mulher que:

> Nasceu em San Antonio.
> Formou-se na Universidade do Texas em Austin.
> Casou-se num bar country de cem anos em Cibilo Creek.
> Dá aulas na Universidade de Houston.
> Deu à luz dois filhos no Centro Médico do Texas.
> Cria os filhos em Houston.
> Diverte-se na região serrana do Texas.
> Passa os verões pescando em Galveston.
> E tem um caso de amor vitalício com esse magnífico estado.

Mas também vejo as sombras que se estendem sobre os morros e vales da minha vida e do estado. À medida que vasculhava minhas raízes texanas, no esforço de integrá-las e me tornar a pessoa plena que estava destinada a ser, aprendi algo muito significativo sobre a ligação entre meu tino para a aniquilação e a maneira como fui criada. Não é à toa que o lema do nosso estado é "Não se meta com o Texas".

Desde que têm idade para ficar de pé, quase todas as meninas texanas aprendem o contrário da integração. Somos criadas para compartimentalizar, para ser duronas e meigas, mas nunca as duas coisas ao mesmo tempo. Fui instruída em questões importantes, como quando usar sapatos brancos, como pôr a mesa e por que as famílias distintas só usam carne branca na salada de frango. Mas também me ensinaram a cuspir, a atirar com armas de fogo e fazer um arremesso no futebol americano.

Somos ensinadas a ser duronas e doces, e, o que é igualmente importante, aprendemos a identificar *quando* ser duronas e *quando* ser doces. À medida que ficamos mais velhas, a gravidade das consequências de sermos duronas e independentes quando deveríamos ser meigas e desamparadas aumenta. Nas meninas, os castigos vão de um olhar severo a descrições como "moleca" ou "rebelde". Entretanto, as consequências do excesso de assertividade ou independência vão assumindo um tom mais sombrio – vergonha, ridicularização, acusações e julgamentos de valor.

A maioria de nós é muito jovem e está se divertindo demais para notar quando ultrapassa aquela linha tênue que nos separa do "comportamento impróprio para uma dama" – atos que pedem castigos dolorosos. Atualmente, como mulher e mãe de um casal, sei dizer o momento exato em que isso acontece: no dia em que as garotas começam a cuspir mais longe, a atirar melhor e a acertar mais passes que os garotos. Quando chega esse dia, começamos a receber a mensagem – de maneiras sutis e não tão sutis assim – de que é melhor tratarmos de nos concentrar em ficar magras, em prestar atenção a nossas boas maneiras e em não sermos tão inteligentes nem tão falantes nas aulas a ponto de chamar atenção para nosso intelecto. Esse é também um dia crucial para os meninos. É o momento em que eles são apresentados ao cavalo branco. O estoicismo emocional e o autocontrole são premiados, enquanto as manifestações sentimentais são punidas. A vulnerabilidade se torna fraqueza. A raiva se torna um substituto aceitável do medo, que é proibido.

Acho que não há dúvida de que, apesar de também servirem para manter as estruturas de poder vigentes, essas normas castigam tanto homens quanto mulheres. E não são apenas os homens que desestimulam a integração e impõem as regras; as mulheres também o fazem. Embora haja muitas mulheres lutando por um estilo de vida diferente, ainda há um poderoso grupo de irmãs que jurou fidelidade a um sistema em que ser meiga e durona são polos tão afastados de sua coexistência natural que cada um se transforma numa versão perigosa de si mesma. A meiguice se transforma em puxa-saquismo e no esforço para agradar as pessoas. A dureza se transforma em agressividade e maledicência.

Muitas de nós fomos criadas para adotar esses papéis e comportamentos, mesmo que eles não reflitam quem somos no fundo. A política do gênero é muito parecida com uma dança. Se você já viu uma dupla arrasar dançando uma polca acelerada, sabe do que estou falando. O gênero em si é uma combinação de passos coreografados à exaustão e acordo bem ensaiados. São necessárias duas pessoas para dançar, não importa quem conduz. E, embora a música e os passos possam diferir conforme o local ou as origens, os ritmos subjacentes são basicamente os mesmos. De Long Island ao Vale do Silício, o medo de ser visto como fraco obriga o homem a fingir que nunca fica com medo nem se sente solitário, confuso, vulnerável ou errado; e o medo extremo de ser vista como fria, imperfeita, difícil de agradar ou hostil força a mulher a fingir que nunca fica exausta, não tem ambições e nunca se irrita ou sequer sente fome.

## Lidando com a nostalgia

A nostalgia parece relativamente inofensiva e chega a figurar como algo a que podemos nos entregar com certa despreocupação, até examinarmos as duas palavras gregas que estão em sua origem: *nostos*, que significa "regresso a casa", e *algos*, que significa "dor". Romancear nossa história para aliviar a dor é sedutor – mas também é perigoso. Na verdade, no caso da minha família, a sedução da nostalgia foi quase fatal.

Quando se é criado por um bando extravagante de contadores de histórias, como aconteceu comigo, a nostalgia é a moeda de troca do reino. Certa poesia era atribuída aos personagens de vida difícil, amantes da diversão, cujas histórias de confusões violentas e travessuras eram lendárias em nossa família. Por mais que ouvíssemos essas narrativas, nós as adorávamos, e era o máximo saber que um pouquinho de sangue fora da lei corria em nossas veias. Mas a verdade passou cortando e chegou direto ao cerne da nostalgia dessas histórias numa tarde em que me sentei para trabalhar num dos últimos projetos do meu curso de mestrado – um genograma.

O genograma é um instrumento usado por profissionais de saúde comportamental para mapear graficamente os relacionamentos e a história dos clientes. Ele utiliza símbolos complexos e linhas para representar o histórico de saúde e as relações socioemocionais entre familiares. Adoro mapas e adoro relacionamentos, de modo que, toda contente, peguei o papel, apontei meus lápis de cor e liguei para mamãe para conversarmos sobre a história da família. Duas horas depois, eu fitava um mapa que poderia se intitular "Terra Miserável, Texas. População: família da Brené".

Ao olhar para esse mapa, percebi que muito do que tinha sido fantasiado de vida dura eram, na verdade, problemas com vícios e doenças mentais. Sim, havia esplêndidas histórias folclóricas de luta, triunfo e rebeldia, mas havia também traumas e perdas. A certa altura de nossa conversa, lembro-me de ter dito: "Caramba, mamãe! Isso é de assustar. Que coisa!" A resposta dela foi: "Eu sei. Vivi muito disso."

Minha formatura foi duas semanas depois, em 11 de maio de 1996. Parei de beber e de fumar e fui à minha primeira reunião dos Alcoólicos Anônimos em 12 de maio de 1996. Eu não tinha certeza de ser alcoólatra, mas fizera um bom número de loucuras na adolescência e na casa dos 20 anos, e *não queria* me tornar um personagem de vida dura na história de outra pessoa – ou mais uma baixa causada pelo vício no genograma de alguém.

Em *A arte da imperfeição*, contei a história de não ter me encaixado muito bem no AA e de minha madrinha na organização ter dito que, a seu ver, eu tinha "uma travessa sortida de vícios" – não um excesso disto ou daquilo, mas o bastante de cada um para ser motivo de apreensão. Ela sugeriu que eu atacasse todas as frentes e parasse de beber, de fumar, de bancar a mãe de meus irmãos e de comer para me confortar. Segui seu conselho e liberei uma enorme quantidade de tempo na vida. Não bebo nem fumo há quase vinte anos. Tenho me saído muito melhor na questão da família e, quanto à comida – minha verdadeira droga –, lido com ela um dia de cada vez, como eles dizem.

Nas duas últimas décadas, aprendi que o que preciso de verdade é de uma reunião dos Vulneráveis Anônimos – um ponto de encontro para pessoas que gostam de entorpecer os sentimentos que acompanham a falta de controle, a incerteza ou o medo de se expor emocionalmente. Quando varri toda a nostalgia da minha história para revelar o verdadeiro trauma por trás de muitos daqueles relatos, comecei a compreender por que não falávamos de sentimentos quando eu era criança. **De tudo que o trauma retira de nós, o pior é nossa disposição de sermos vulneráveis – ou mesmo nossa capacidade de sê-lo. É preciso haver uma retomada.**

Às vezes, o amor profundo que sentimos por nossos pais ou o sentimento de lealdade à família criam uma mitologia que atrapalha nossos esforços de olhar além da nostalgia e enxergar a verdade. Não queremos trair ninguém – não queremos ser os primeiros a alimentar a curiosidade e a fazer perguntas ou questionar as histórias. Perguntamos a nós mesmos: *Como posso amar e proteger minha família se tiver que lidar com essas verdades difíceis?* Para mim, a resposta a essa pergunta é outra pergunta: *Como posso amar e proteger minha família se* não *tiver que lidar com essas verdades difíceis?*

Sabemos que a genética carrega a arma, mas é o ambiente que puxa o gatilho. Para ensinar a volta por cima a nossos filhos, primeiro precisamos lhes ensinar a verdade sobre sua história. Eu disse a meus dois filhos: "Para vocês, beber talvez não seja o mesmo que é para seus amigos. É isso que vocês precisam saber e compreender." Também não trato minhas extravagâncias do passado como histórias de guerra dos "bons tempos". Sim, tenho lembranças maravilhosas de família e aventuras malucas que adoro compartilhar, mas, quando se trata de vício, de históricos de problemas médicos e de saúde mental, creio que a nostalgia é mortal.

Stephanie Coontz, autora de *The Way We Never Were: American Families and the Nostalgia Trap* (Nunca fomos assim: as famílias norte-americanas e a armadilha da nostalgia), apresenta alguns perigos reais da nostalgia: "Não há nada de errado em celebrar as coisas boas do passado. Mas as lembranças, assim como as testemunhas, nem sempre dizem a verdade, somente a verdade e nada além da verdade. Precisamos investigá-las, reconhecendo e aceitando as incoerências e lacunas naquelas que nos deixam orgulhosos e felizes, assim como naquelas que nos causam dor."

Coontz sugere que a melhor maneira de checar se nossas ideias nostálgicas correspondem à realidade é desvendar e examinar as compensações e contradições que não raro estão sepultadas no fundo de nossas lembranças. A título de exemplo, ela escreve:

Entrevistei muitas pessoas brancas que têm lembranças carinhosas de sua vida nas décadas de 1950 e 1960. As que nunca haviam investigado essas recordações para chegar às suas complexidades eram as mais hostis ao movimento pelos direitos civis e ao movimento feminista – os quais viam como destruidores do mundo harmonioso de que se lembravam. Outras, porém, conseguiam perceber que suas boas experiências tinham dependido, em certos aspectos, de arranjos sociais injustos ou de experiências ruins para terceiros. Alguns brancos reconheceram que suas alegres recordações da infância incluíam uma empregada doméstica negra que estava sempre à disposição deles – porque não podia estar disponível para os próprios filhos.

Coontz tomou o cuidado de assinalar que as pessoas que lidavam com sua nostalgia não sentiam culpa nem vergonha de suas lembranças positivas – ao contrário, isso as tornava mais adaptáveis à mudança. A autora conclui: "Como indivíduos e como sociedade, devemos aprender a olhar o passado em três dimensões, para só depois passarmos à quarta dimensão do futuro."

Há uma fala no belíssimo e inesquecível filme *A grande beleza*, do diretor Paolo Sorrentino, que esclarece a dor muitas vezes subjacente à nostalgia. Um dos personagens centrais, um homem que busca fazer as pazes com seu passado ao mesmo tempo que anseia por amor e relevância em sua vida atual, pergunta: "Qual é o problema de sentir nostalgia? Ela é a única distração que resta para os que não têm confiança no futuro." A nostalgia pode ser uma distração perigosa e servir de base para um sentimento de resignação ou desesperança após uma queda. No processo da volta por cima, o ato de olhar para o passado deve estar a serviço do intuito de seguir adiante, com o coração íntegro e pleno.

### *Lidando com as críticas*

Para evitar críticas, não diga nada, não faça nada, não seja nada.
– Aristóteles

Nem todas as críticas nascem iguais – e decerto nem todas têm a mesma intenção por trás. Quando penso em Aristóteles, imagino um grupo de filósofos reunidos num olival para debater o conhecimento e o significado das coisas. Penso na crítica como uma prática de trocas ponderadas, lógicas e respeitosas entre homens e mulheres com uma paixão comum por expandir o pensamento e descobrir a verdade. Nessa época, as discussões estritamente emocionais e pessoais eram vistas como a antítese da construção do conhecimento. A crítica era uma conversa social entre pessoas que, em sua totalidade, corriam riscos, assumiam e partilhavam suas ideias em prol do saber. Para que a crítica seja útil, é preciso que algo de seu autor esteja em jogo.

Hoje em dia, quando pensamos em crítica, imaginamos alfinetadas mesquinhas e ofensivas feitas por usuários anônimos no Twitter. Os ataques pessoais, feitos por gente que não está empenhada em resolver problemas, não têm qualquer valor na construção ou criação seja lá do que for – não passam de tentativas de derrubar e invalidar o que outros estão tentando construir, sem nenhuma contribuição significativa para substituir o que foi destruído. Esse tipo difundido de crítica – que chamo de crítica destrutiva – é a razão pela qual o trecho "Não é o crítico que importa", do discurso de Roosevelt, tem tanta ressonância nas pessoas. Para aqueles que procuram viver na arena – dando a cara a tapa e se expondo quando não há resultado garantido –, a crítica destrutiva é perigosa. Vejamos por quê:

1. Ela machuca. As coisas realmente cruéis que as pessoas dizem a respeito de nós são dolorosas. Os críticos destrutivos estão por toda parte. São bons no que fazem e sabem nos atingir onde mais dói: em nossos gatilhos de vergonha. No caso das mulheres, utilizam a aparência, a imagem corporal, a maternidade e qualquer outra coisa capaz de causar danos às expectativas de ser-perfeita-e-fazer-todo-mundo-feliz. No caso dos homens, eles atacam direto a jugular – qualquer aparência de fraqueza ou fracasso. Isso é perigoso porque, depois de alguns ataques, começamos a agir como se fôssemos cada vez menores, o que nos torna alvos mais difíceis. É mais difícil nos acertar quando somos pequenos, mas também reduzimos nossas chances de trazer contribuições.

2. Ela não machuca. Recorremos ao velho "Não dou a mínima para o que os outros pensam". Paramos de nos importar ou, no mínimo, come-

çamos a fingir que não nos importamos. Isso também é perigoso. Não dar importância ao que os outros pensam é um engodo. A armadura que temos que usar para fazer com que o *não se importar* se torne realidade é pesada e incômoda – e logo se torna obsoleta. Se você examinar a história das armaduras (como faria qualquer pesquisador da vulnerabilidade que fosse amante de história), verá uma narrativa sempre crescente de armas e estilos de combate. Você cobre cada centímetro do corpo com placas de metal? Tudo bem, começaremos a lutar com uma espada pontiaguda, capaz de penetrar nos pequenos espaços entre elas. Você cobriu esses espaços? Usaremos clavas capazes de feri-lo *através* da armadura. Não dar importância ao que as pessoas pensam é um engodo, e não há como sair ganhando.

**3.** Quando a crítica destrutiva se torna o tipo mais destacado e disseminado que encontramos, ela expulsa a ideia de que a crítica ponderada e o feedback podem ser – e normalmente são – úteis. Paramos de ensinar às pessoas como oferecer opiniões e críticas construtivas e proveitosas e, para nos salvarmos, barramos qualquer informação. Começamos a existir em câmaras de eco em que nada do que dizemos ou fazemos é colocado em questão. Isso também é perigoso.

Quando paramos de nos importar com o que os outros pensam, perdemos nossa capacidade de estabelecer vínculos. Mas, quando somos definidos pelo que os demais pensam, perdemos a coragem de ser vulneráveis. A solução está em ter total clareza sobre quem são as pessoas cuja opinião realmente importa. Num quadradinho de papel de três centímetros por três, quero que você escreva o nome das pessoas que importam de verdade. Esse é um espacinho sagrado. Se você tiver mais nomes do que o quadrado comporta, vai precisar revê-los. Essas devem ser as pessoas que amam você não apesar das suas imperfeições e vulnerabilidades, mas por causa delas. Quando estiver com a cara no chão da arena, essa é a turma que vai ajudá-lo a se levantar, confirmar que o tombo foi mesmo uma droga e recordá-lo de que você é corajoso e de que eles estarão lá para sacudir sua poeira da próxima vez. Você também deve incluir as pessoas que são corajosas o suficiente para dizer "Discordo" ou "Acho que você está enganado" e que o questionam quando o veem agindo em desacordo com seus próprios valores.

Carrego meu quadradinho na carteira. Assim, quando penso em hackear o site da Amazon para descobrir o endereço IP do idiota que deixou aquela crítica ofensiva sobre mim, e não sobre meu livro, posso me conter. *Sim, isso machuca. Mas ele não está na minha lista.* Quando me vejo lutando para tomar uma decisão difícil, em vez de fechar os olhos e tentar imaginar qual será a reação dos críticos destrutivos, recorro a alguém da minha lista que me faça ser responsável segundo meus padrões.

## A REVOLUÇÃO

Fiquei tomada pela vergonha e pelo medo depois de ler o e-mail de Pamela naquele dia. Mas a dor de verdade veio da comparação da minha TRI com o que aprendi e com o reconhecimento de que a pedra não fora rolada para cima de mim – eu havia rastejado para baixo de uma pedra criada por mim mesma. Os principais ensinamentos que extraí foram:

1. Eu estava me agarrando a uma ideia de estatura intelectual que definia *inteligente* como tudo que eu não era e tudo que minha história sempre me impediria de ser. Basicamente, eu definia *inteligente* como "o contrário de mim e do lugar de onde venho". Toni Morrison escreveu: "As definições pertencem a quem define, não aos definidos." Aprendi que devo redefinir o que creio ser valioso e me certificar de estar incluída nessa definição.
2. Passei a gostar de quem sou e da minha origem. Sim, parte dela é dura, lascada e meio áspera nas bordas, mas grande parte tem beleza e força. E, o que é mais importante, isso tudo me fez ser a pessoa que sou.
3. Percebi que sou capaz de praticar exatamente os mesmos comportamentos que considero antiéticos e ofensivos. Sim, recebi um e-mail cretino e mesquinho, mas minha capacidade de crueldade foi uma fonte maior de dor do que a infligida pela remetente do e-mail. Ser curiosa está de acordo com meus valores. Ser mesquinha não está de acordo com a minha integridade.

Tenho a vívida lembrança de um dia, durante a adolescência, em que eu estava sentada com vovó e sua amiga Louise escutando as duas discutirem sobre qual era a melhor dupla de dançarinos do *Lawrence Welk Show*, um programa de variedades na TV, com uma big band de verdade. Vovó e eu adorávamos vê-lo aos sábados. Na maioria das noites, tentávamos aprender os passos dos novos números, dançando juntas pela casa, de pijama e botas de vaqueiro. Eu conduzia e vovó dava risadas. Ela vencera vários concursos de polca e julgava não haver dupla melhor de dançarinos do que Bobby e Cissy – os mais famosos do programa. Vovó tinha a convicção de que eles eram "um casal na vida real" e achava que "nada supera uma polca dançada por pessoas apaixonadas".

O jantar daquela noite foi um dos pratos tradicionais da casa de vovó: torradas com iscas de carne seca e vagem enlatada, acompanhadas por chá gelado, servido em copos altos de plástico marrom da loja do restaurante Ace. Ao fim da refeição, vovó trouxe um prato de melamina azul pontilhada cheio de *petit fours* de laranja da Padaria Johnson – de longe, a melhor confeitaria da zona sul de San Antonio.

Curly, o marido da vovó, estava a uma pequena distância, em sua poltrona reclinável na sala de estar. Ele dirigia empilhadeiras na Cervejaria Pearl e não era de falar muito, exceto para fazer atualizações sobre a previsão do tempo e tecer comentários aleatórios sobre a interseção do seus horários com a programação da TV. "Está na hora do *Gunsmoke*", dizia. "Estou esperando o *Hee Haw*." "Amanhã estou no primeiro turno; hoje não vai dar para ver o Carson." Enquanto vovó, Louise e eu batíamos papo à mesa da cozinha, ele fumava um cigarro e ria das farpas trocadas por Hoss e Little Joe em *Bonanza*, com um radinho transistor no colo. Ficava sintonizado na KBUC, a estação mais popular de música country. O volume do rádio ficava baixo o bastante para ele escutar a televisão, mas alto o suficiente para que não perdesse nenhum alerta sobre a previsão do tempo.

Em voz baixa, vovó se inclinou sobre a mesa e começou a contar a mim e a Louise a história de como, no começo da semana, Curly havia tentado tirar do galpão dos fundos uma pilha de cadeiras de jardim depois de ouvir um bicho correndo atrás do cortador de grama. Entre acessos de riso e uma tragada longa no cigarro, ela cochichou:

– Fazia um calor dos diabos lá fora e os mosquitos eram tão grandes que podiam servir de montaria. Mas não consegui entrar em casa. Fiquei lá parada, vendo-o arrancar aquelas cadeiras todas, para chegar ao que quer que estivesse lá dentro. Era como ver alguém brigando com um porco escorregadio no escuro. Quando o gambá finalmente apareceu e correu para fora do galpão, ele jogou pro alto a porcaria das cadeiras do jardim e saiu em disparada, como se tivesse um foguete no rabo.

Ri até perder o fôlego. Era uma história engraçada, mas melhor ainda era o fato de que vovó e Louise literalmente davam tapinhas nos joelhos. Afastavam a cadeira da mesa e batiam repetidas vezes nos joelhos, até arrancarem a última gota de graça de uma piada. Em meio à risadaria, lembro-me vagamente de ter pensado: *Quem diz essas coisas? Quem é que fala assim?*

Mal sabia eu, na época, que a resposta a essa pergunta acabaria sendo *Eu – eu falo assim*. Mas hoje sei por quê. Eu não apenas tinha sido criada ouvindo esses ditos, como eles também eram estranhamente precisos. Não consigo imaginar melhor descrição da tentativa de entender com a cabeça e o coração *quem você é* e *de onde você veio* do que uma briga com um porco escorregadio no escuro. Nossa identidade está sempre mudando e crescendo, não foi feita para ser imutável. Nossa história nunca é inteiramente boa ou ruim, e fugir do passado é a maneira mais certa de se deixar definir por ele. É aí que ele passa a mandar em nós. O segredo é introduzir luz nas trevas – desenvolver a consciência e a compreensão.

E o simples fato de sabermos e entendermos algo em nossa mente não significa que não venhamos a escorregar quando tomados pela emoção. Nem sei dizer quantas vezes postei-me num palco e afirmei: "Embora seja difícil olhar para as áreas da nossa vida em que sentimos vergonha, com frequência é muito mais doloroso reconhecer que todos se servem da vergonha e causam um sofrimento significativo aos outros." No entanto, foram necessárias experiências como a que tive com Pamela, assim como meu trabalho com Diana, para compreender plenamente como posso ser perigosa quando fico encurralada.

Algumas pessoas, ao serem emocionalmente encurraladas, cobrem o rosto com as mãos e se deixam escorregar para o chão. Só querem se esconder. Outras tentam sair dessa situação procurando agradar os outros. Outras, ainda, saem distribuindo tapas. O importante é saber quem somos e como tendemos a reagir nessas situações. Por mais que eu não goste daquela cena marcante de *O silêncio dos inocentes*, ela me abriu os olhos para o fato de que ora sou a humilhada agente Starling, ora, por mais que deteste admiti-lo, sou aquela que serve às pessoas "favas e um bom Chianti".

Aos poucos, estou aprendendo a dominar a tensão que vem com a compreensão de que sou durona e meiga, corajosa e medrosa, forte e frágil – sou tudo isso, o tempo todo. Venho trabalhando para me libertar de ter que ser oito ou oitenta e para abraçar a totalidade da vida plena.

Todos os papéis da minha vida – companheira, mãe, professora, pesquisadora, gestora, empresária – exigem que eu ponha meu ser inteiro na mesa. *Não podemos "entrar com tudo" quando apenas partes de nós aparecem. Se não vivermos, amarmos, criarmos os filhos ou liderarmos de todo o coração, faremos tudo sem entusiasmo, pela metade.*

Na história nova e plena que estou escrevendo sobre minha vida, reconheço que o meu eu de 10 anos – a campeã da competição de estilingue da nossa rua – já livrou minha cara pelo menos o mesmo número de vezes que meu eu bem-educado de cientista social. Não posso dar a volta por cima se não integrar todas as jovens rebeldes e mulheres decaídas que tenho dentro de mim. Preciso delas, e elas precisam de mim.

Sobre a complexidade de nossas muitas facetas às vezes contraditórias, Walt Whitman escreveu: "Sou vasto... contenho multidões." Sobre a importância de compreendermos a nós mesmos, Carl Jung escreveu: "Sua visão só ficará clara quando você puder examinar seu próprio coração. Quem olha para fora sonha; quem olha para dentro desperta." Sobre a importância de compreender o passado, amar a si mesmo e assumir suas histórias para poder seguir adiante na vida, meu pai tem um dito sábio: "Não desdenhe de quem lhe deu a mão."

*Não há* **MAIOR AMEAÇA** PARA OS CRÍTICOS, OS CÉTICOS E OS **DISSEMINADORES DO MEDO** *do que aqueles* que estão **DISPOSTOS A CAIR** PORQUE APRENDERAM A SE **REERGUER.**

## *Onze*
# A REVOLUÇÃO

> Somos os autores da nossa vida.
> Escrevemos nossos próprios finais ousados.

Não uso o termo *revolução* à toa. Aprendi muito sobre a diferença entre as mudanças evolutivas, graduais e a estrondosa insurgência revolucionária operada por líderes comunitários e empresariais que, com frequência, conhecem essa diferença. O que ficou claro nas pesquisas realizadas para este livro foi que o processo da volta por cima pode levar a transformações profundas, tumultuosas, inovadoras e irreversíveis. Pode até ser que o processo se componha de uma série de mudanças graduais, mas, quando se converte numa prática – num modo de lidar com o mundo –, não há dúvida de que desencadeia mudanças revolucionárias. Ele nos modifica e modifica as pessoas ao nosso redor.

Em *A arte da imperfeição*, descrevi essa transformação como uma revolução plena:

> Um movimento pequeno e silencioso, de base, que começa com cada um de nós dizendo "Minha história importa porque eu importo". Um movimento no qual podemos ir para as ruas com nossa vida confusa, imperfeita, desregrada, maravilhosa, desoladora, abençoada e alegre. Um movimento alimentado pela liberdade que vem ao pararmos

de fingir que está tudo bem quando não está. Um chamado que brota das nossas entranhas, quando encontramos a coragem para celebrar esses momentos de intensa alegria, ainda que estejamos convencidos de que saborear a felicidade é um convite à desgraça.

Hoje volto os olhos para a maneira como um dia abordei a força e a intenção do termo *revolução* e ainda me sinto completamente comprometida com essa ideia. Em 2010, escrevi, em *A arte da imperfeição*:

*Revolução* talvez soe um pouco dramático, mas, neste mundo, escolher a autenticidade e a dignidade é um ato absoluto de resistência. Optar por viver e amar de todo o coração é um ato de desafio. Você vai deixar muita gente confusa, irritada e apavorada – inclusive você mesmo. Num minuto, estará rezando para que a transformação pare e, no minuto seguinte, para que ela nunca termine. Também se perguntará como pode se sentir tão corajoso e amedrontado ao mesmo tempo. Pelo menos, é assim que me sinto quase sempre... corajosa, amedrontada e muito, muito viva.

A volta por cima é a parte final dessa transformação.

## QUE COMECE A REVOLUÇÃO: QUANDO O PROCESSO SE TRANSFORMA EM PRÁTICA

Todas as revoluções começam por uma nova visão do que é possível. Nossa perspectiva diz que podemos nos reerguer de nossas experiências de sofrimento e luta de um modo que nos permita levar uma vida mais plena. No entanto, transformar nossa maneira de viver, amar, criar os filhos e trabalhar exige que possamos agir com base em nossa visão: o *processo* da volta por cima não chega nem perto de ser tão poderoso quanto sua *prática*. A revolução começa quando assumimos e incorporamos o que está no cerne da volta por cima – a descoberta de nossas histórias – ao nosso cotidiano. Quando somos tomados pela emoção e a primeira coisa em que pensamos é *Por que estou com tanta raiva?*, *O que está acontecendo comigo?* ou

*Minha intuição me diz que algo está acontecendo, preciso pegar meu diário e descobrir o que é*, isso significa que a revolução oficialmente começou. Dissemos na Introdução que a integração era a alma da volta por cima. O supremo ato de integração é quando o processo se torna uma prática do dia a dia – um modo de pensar em nossas emoções e nossas histórias. Em vez de fugir de nossas TRIs, nós mergulhamos nelas, cientes de que elas podem ser a luz contra os medos e dúvidas que atrapalham nossa plenitude. Sabemos que a descoberta será difícil, mas vamos direto a ela, pois sabemos que fugir é pior ainda. Atravessamos a custo o delta, com o coração e a mente abertos, porque aprendemos que a sabedoria das histórias de nossas quedas nos torna mais corajosos.

Vejamos o que a revolução – a passagem do processo à prática – pode fazer por nossas organizações, famílias e comunidades.

## A DESCOBERTA DAS HISTÓRIAS NO TRABALHO

Nos últimos seis capítulos, examinamos como aplicar o processo da volta por cima em nível individual. Mas o que acontece quando uma organização ou um grupo dentro de uma organização vivencia um conflito, um fracasso ou uma queda? Imagine as possibilidades se as organizações – grandes corporações, pequenas empresas, escolas, locais de culto, agências de publicidade, escritórios de advocacia – fizessem desse processo parte de sua cultura, treinando indivíduos e equipes e criando equipes de descoberta de histórias pessoais. Essas últimas seriam treinadas a usar o processo da volta por cima para facilitar a discussão de problemas prementes em grupos grandes e pequenos. No contexto organizacional, constatamos que as seguintes perguntas são muito úteis:

1. Como devemos nos empenhar nesse processo com o coração e a mente abertos?
2. Que emoções as pessoas estão vivenciando?
3. Como escutar com empatia?
4. Sobre quais questões precisamos ter curiosidade?
5. Quais são as histórias que as pessoas estão criando?

6. O que nos dizem nossas TRIs sobre nossas relações? E sobre nossa comunicação? E sobre a liderança? E sobre a cultura? E sobre o que está e o que não está funcionando?

7. O que precisamos descobrir? Que linhas de investigação precisamos abrir para compreender melhor o que de fato está acontecendo e ver se nossas conspirações e fabulações correspondem à realidade?

8. Qual é o delta entre essas TRIs e as novas informações que emergiram do processo de descoberta?

9. Quais são os principais ensinamentos obtidos?

10. Como atuar com base nesses ensinamentos?

11. Como integrar esses ensinamentos à cultura e promovê-los ao elaborar novas estratégias?

Na Daring Way – a empresa que dirijo –, o processo de descoberta das histórias é central para a cultura. Os princípios norteadores de nossa companhia, conhecidos como 5 Rs, são:

### OS 5 RS: É ASSIM QUE TRABALHAMOS

- **Respeito** a nós mesmos, aos outros, às história e ao processo.
- **Refletir** sobre ideias, estratégias, decisões, criatividade, quedas, conflitos, mal-entendidos, decepções, mágoas e fracassos.
- **Reunir esforços** para assumir nossas decisões, nossos sucessos e nossas quedas, integrar os principais ensinamentos fundamentais à nossa cultura e às nossas estratégias e exercer a gratidão.
- **Repor as energias** com a família, os amigos, o repouso e o lazer.
- **Recorrer** aos outros e à comunidade com empatia, compaixão e amor.

Nossa disposição e nossa capacidade de colocar em prática o processo de descoberta durante grandes conflitos, como a perda de prazo num projeto ou um prejuízo financeiro, impediram que nós, da Daring Way, afundássemos em momentos de crise extremamente assustadores para todas as empresas novas e em crescimento – momentos capazes de levar o sujeito a se indagar se o esforço vale a pena. Mas o que é igualmente importante é que nossas habilidades para lidar com essas questões nos permitiram conservar o foco e "manter a transparência" uns com os outros. Eis um ótimo exemplo de um processo de descoberta na Daring Way, ocorrido durante a época em que eu estava escrevendo este livro, e de como usamos a volta por cima para levá-lo a cabo.

Fazia duas horas que estávamos numa reunião da equipe de gestores, com previsão de durar três horas, quando ficou claro que não chegaríamos ao fim da pauta. Fiz um inventário rápido dos itens restantes e perguntei à equipe se poderíamos passar uma questão do meio para o final do planejamento. Houve alguns acenos afirmativos e uma movimentação de papéis antes de seguirmos em frente. Antes que se passasse um minuto de exame do item seguinte da pauta, um dos membros da equipe se manifestou:

– Preciso rediscutir um ponto.

Imediatamente, todos ficamos eretos nas cadeiras, baixamos as canetas e lhe demos toda a nossa atenção. *Rediscutir* é um termo sério na nossa cultura.

Para nós, *rediscutir* significa: "Avancei depressa demais e gostaria de voltar àquela conversa", "Eu gostaria de falar mais sobre o que aconteceu" ou "Preciso me desculpar por algo que fiz ou disse, ou por não ter me mostrado".

Ele respirou fundo e disse:

– Sei que estamos ficando sem tempo, mas quando você perguntou se podíamos passar esse item para o final da agenda, criei a história de que essa troca de lugar indica que ele já não é uma prioridade para nós. Isso realmente me preocupa, porque venho gastando setenta por cento do meu tempo nesse projeto e, se ele já não é importante, eu preciso saber.

Para mim, não há dádiva maior do que trabalhar com pessoas com coragem suficiente e confiança na equipe para lidar com as questões dessa maneira. A TRI dele estava na mesa. Não havia ressentimentos nem temores ocultos. Ele não voltaria para seu escritório para mudar de foco sem verificar o assunto com a equipe. Simplesmente o expôs. Foi ousado e profissional.

– Obrigada por trazer a questão à tona – eu disse. – Passei o item para o final por se tratar de um assunto que não podemos nos dar o luxo de examinar às pressas. Eu prefiro abordá-lo em uma nova reunião a despachá-lo às pressas hoje.

– Obrigado. Faz sentido – respondeu ele.

Mas a coisa não terminava ali. Qual era o delta? Qual foi o principal ensinamento? Foi que, na ocasião seguinte, eu diria: "A discussão sobre os acontecimentos globais precisa de uma hora da nossa atenção completa. Vamos passá-la para o final e marcar um horário esta semana para dedicar uma reunião ao assunto." Respeitar a paixão e o compromisso das pessoas significa respeitar seus itens na agenda.

As conspirações e fabulações que tendemos a criar diante de dados limitados podem destroçar as organizações. Deixar cinquenta empregados criarem cinquenta histórias diferentes sobre um e-mail enigmático de um gestor é um enorme desperdício de energia, tempo e talento. Em vez disso, devemos instaurar um sistema em que as pessoas possam recorrer a seus gerentes e dizer: "Precisamos esclarecer aquele e-mail sobre o novo sistema de avaliação." A curiosidade, a comunicação clara, a rediscussão e o processo de descoberta passam a fazer parte da cultura. Assim como as pessoas, as organizações, quando assumem suas histórias e se responsabilizam por seus atos, começam a escrever um novo final. Mas se rejeitam suas histórias, pessoas de fora – como a mídia, por exemplo – assumem a autoria e podem escrever novas narrativas que vão passar a definir a organização.

## A DESCOBERTA DAS HISTÓRIAS EM CASA

Como é provável que você imagine depois de ler este livro, Steve e eu vivemos lidando com questões. Pelo menos uma vez por semana, um de nós precisa dizer: "A história que estou criando é..." Não é exagero afirmar que isso revolucionou a maneira como resolvemos nossos conflitos. Mesmo com toda a minha compreensão sobre o poder das emoções e muitos anos de convívio, ainda me surpreendo ao ver quantas de nossas discussões são intensificadas pelas fantasias que contamos a nós mesmos. O que começa como uma pequena discordância sobre um assunto irrelevante se transforma numa briga por causa da atribuição equivocada de intenções e de sentimentos feridos.

O processo de descoberta das histórias também permeia nossa cultura familiar. Fazemos o melhor possível para servir de exemplo e ensinar a volta por cima a nossos filhos, ajudando-os a transformá-la numa prática em suas vidas. Todas as crianças lutam com o sentimento de aceitação e com o desejo de fazer parte de algo, de modo que muitas de suas TRIs dizem respeito a essas dificuldades.

Quando nossos filhos se sentem sozinhos ou com medo, ou quando se convencem de que são "os únicos" que não estão fazendo um programão com um grande grupo de amigos ou que não podem assistir a determinado filme, ir a um show ou que não possuem os equipamentos tecnológicos de última geração, tentamos exercer a curiosidade sobre as histórias que eles estão criando. Incentivamos muito que escrevam diários e até mesmo façam desenhos.

Praticar a descoberta da história nessas ocasiões não só lhes ensina o processo como também leva, quase sempre, a uma experiência de conexão entre nós. É muito mais eficiente do que afirmações do tipo "Não me interessa se todas as pessoas do mundo têm permissão para ir a esse festival – você não tem. Você pularia de uma ponte se todos os outros pulassem?" Ou do que recorrer ao que é o pior em matéria de minar o respeito que nossos filhos sentem por nós: "Porque eu disse que não."

Quando perguntamos a nossos filhos sobre suas fabulações e conspirações, isso abre a oportunidade de uma discussão que de outro modo não teríamos. Por exemplo, Ellen poderia dizer: "A história que estou criando é que me aplico nos estudos, ajudo nas tarefas de casa e procuro ser uma pessoa responsável, mas nem assim vocês confiam em mim o bastante para me deixar ir a esse festival – e é provável que eu nunca possa ir." Sua TRI nos dá a chance de demonstrar empatia e dizer a Ellen quanto a apreciamos e confiamos nela, e de explicar que não estamos tomando nossa decisão com base em seu comportamento, mas em como é provável que as pessoas à sua volta se comportem. Por mais dignos de confiança que sejam nossos filhos, quando há drogas, álcool e multidões em jogo, é fácil se meter no que não se conhece e em situações desnecessariamente perigosas.

Isso também nos dá a chance de dizer a Ellen quanto gostamos de shows de música, de falar que ficamos muito alegres por ela também gostar e de lhe garantir que em algum momento, no futuro próximo, nos parecerá apropriado que ela vá a festivais de música. Isso é importante para ajudá-la a entender que achamos que as crianças precisam crescer para se adequar a determinados lugares ou momentos, e para lhe mostrar que elas terão experiências, privilégios e oportunidades na vida. E podemos dizer à nossa filha que sentimos orgulho por ela haver conquistado tudo que julgamos apropriado para alguém da sua idade.

Não vá pensar, nem por um minuto, que isso pode modificar o grau de decepção dela – não pode, e não é esse o nosso objetivo. No entanto, assegura que, mesmo que discorde de nossa decisão e fique zangada conosco (o que é totalmente saudável e normal), ela não vai ficar remoendo sentimentos de não ser respeitada ou digna de confiança.

Nas mídias sociais, é fácil as crianças (e os adultos) olharem para todas aquelas fotografias perfeitamente retocadas no Facebook e no Twitter e criarem histórias sobre como a vida de todas as outras pessoas é gloriosa e como a nossa existência prosaica é sem graça. Em algumas ocasiões, perguntamos a Ellen: "Que história você está criando sobre essas fotos?" E podemos ouvir: "Todo mundo que eu conheço está se divertindo à beça hoje, enquanto eu fico em casa, afogada nos deveres de química." Não raro, ao terminarmos nossa descoberta, ficamos sabendo que suas amigas mais íntimas também estão em casa, estudando, e que, apesar de haver recebido convites para sair, Ellen preferiu ficar em casa, porque quer muito se sair bem na prova. É uma grande diferença.

Até com nosso filho de 10 anos, Charlie, a TRI funciona. Ele nos conta que está passando por um período horroroso na escola, por ser o único que não compreende o sistema de frações. É nessa hora que validamos seus sentimentos e começamos o processo de reconhecimento com empatia. Depois, passamos para a curiosidade, fazendo perguntas. Às vezes, checo com a professora, que, em noventa por cento das ocasiões, diz: "Essa matéria é difícil. Ele está frustrado, mas está exatamente onde deveria estar. Isso é novo para todos." De posse dessa informação, podemos começar um processo produtivo de descoberta e ajudar Charlie a encontrar o delta entre a história que ele criou sobre suas habilidades e as frustrações normais de aprender uma matéria nova.

Há outro ensinamento importante para os pais. Como já vimos, fomos programados para criar histórias e, na falta de dados, confiamos em fabulações e teorias da conspiração. Quando nossos filhos intuem que há algo errado – talvez um avô doente ou uma preocupação financeira – ou quando *sabem* que há algo errado – como uma briga ou uma crise no trabalho –, eles se apressam a preencher as lacunas da história. E, como nosso bem-estar está diretamente ligado ao seu sentimento de segurança, o medo se instala e com frequência dita o rumo da história. É importante oferecer a eles todas as informações apropriadas ao seu nível de desenvolvimento e sua capacidade emocional, proporcionando um espaço seguro para fazerem perguntas. As emoções são contagiosas e, quando estamos tensos, ansiosos ou amedrontados, nossos filhos podem ser prontamente tragados pelos mesmos sentimentos. Quanto mais informações forem dadas, menos histórias serão criadas com base no medo.

## A DESCOBERTA DAS HISTÓRIAS EM NOSSAS COMUNIDADES

Muitas das conversas mais difíceis que já tive ocorreram nas salas de aula do Departamento de Pós-graduação em Serviço Social (GCSW) da Universidade de Houston, e tinham a ver com questões de raça, gênero, classe social e identidade/orientação sexual. A Universidade de Houston é uma das instituições de pesquisa com maior diversidade nos Estados Unidos, e já dei aula sobre uma grande variedade de matérias lá, desde prática de pesquisa, questões femininas e empoderamento para a justiça global até meus resultados de pesquisas. Nos últimos dez anos, minhas turmas costumam ser compostas por aproximadamente 25% de negros, 25% de brancos, 25% de latinos, 15% de asiáticos e 10% de alunos do Oriente Médio. Aproximadamente 20% de meus estudantes são gays, lésbicas, bissexuais, transgêneros ou questionadores, e já tive intérpretes de linguagem de sinais em muitas de minhas disciplinas. É esse o milagre da Universidade de Houston, do GCSW e da cidade de Houston. Somos um microcosmo do mundo.

Muito do que sou e daquilo em que acredito foi forjado em mim pelo que vivenciei em sala de aula. E, embora as turmas sejam um tipo específico de comunidade, nossas conversas espelham os mesmos conflitos que podem desestruturar outras comunidades – diferenças, medos, prioridades conflitantes e choques de perspectivas. Não importa se a sua comunidade é uma organização de pais e professores, um grupo de escoteiros ou uma associação de bairro: é usando nossa capacidade de passar por conversas incômodas, assumindo nossas emoções e lidando com nossas histórias que construímos vínculos.

Em nossa sala de aula, não chamávamos as nossas conversas difíceis e quase sempre emocionantes sobre questões de racismo, homofobia e classismo de processo de descoberta, mas hoje vejo que elas eram exatamente isso. O que faz de uma faculdade de serviço social um laboratório singular para esse processo é a expectativa de que precisamos ter conversas desconfortáveis se quisermos trabalhar para empoderar pessoas e mudar o status quo. Há apenas uns dois anos, estávamos elaborando um projeto de criação artística sobre a vergonha quando uma mulher negra e uma branca entraram numa discussão acalorada sobre o estereótipo da "negra zangada". Falamos da dor, do ódio e do trauma que os rótulos provocam quando são utilizados para descartar explicações sobre os nossos sentimentos e a nossa complexidade.

No ano passado, um aluno asiático pediu que os membros da turma dissessem com franqueza qual era sua primeira ideia quando levavam uma fechada no trânsito de Houston. Um aluno negro disse: "É um asiático, sem a menor dúvida." Uma jovem latina respondeu: "É um velhinho." Um estudante branco, chocado com o diálogo, comentou: "Eu achava que vocês defendessem uns aos outros." A disposição de todos os integrantes da turma de enfrentar esses preconceitos – alguns dos quais tinham permanecido em nível inconsciente até esse exercício – e de se mostrarem curiosos sobre a origem deles levou-nos a processos transformadores de descoberta como comunidade.

Outro exemplo do poder de assumir nossas histórias ocorreu durante uma discussão da turma sobre o privilégio. Pedi que os estudantes escrevessem uma primeira resposta curta à ideia de privilégio – uma história rápida que pudéssemos discutir. Uma das alunas brancas escreveu: "Você não me conhece. Eu vim do nada. Trabalhei por tudo que possuo. Não vim do privilégio – sou igual a você. Pare de sentir pena de si mesma." Isso levou a uma discussão dolorosa sobre a verdadeira natureza do privilégio imerecido e sobre o fato de ele não ter nada a ver com o trabalho árduo.

Trata-se de alguém receber privilégios especiais, quase invisíveis, por pertencer a um dado grupo.

Depois de ler um artigo marcante de Peggy McIntosh sobre privilégio, a turma começou a trazer à tona o que aquilo significava para cada um. Um latino falou do sofrimento de ver sua filha chegar em casa do jardim de infância e lhe dizer que eles só tinham lápis com a cor da pele de crianças brancas, de modo que o autorretrato dela não estava muito bom – não se parecia com ela. Uma estudante branca respondeu com um resumo sobre o privilégio racial: "Sou branca e tudo foi feito para mim." Uma aluna negra disse: "Sou hétero. Posso andar de mãos dadas com meu namorado sem medo de violência." Outra estudante afirmou: "Sou cristã. Posso usar meu cordão com crucifixo na escola sem ninguém me chamar de terrorista." Um homem branco declarou: "Ao contrário da minha mulher, não tenho medo de correr de manhã, quando ainda está escuro, antes de ficar muito quente."

Depois de ouvir todos falarem sobre seu sofrimento e seus privilégios, a mulher branca que havia escrito o bilhete do "Você não me conhece" disse:

– Entendi, mas não posso passar minha vida concentrada nas coisas negativas, sobretudo nessas questões de que os alunos negros e hispânicos falam tanto. É muito difícil. Doloroso demais.

E, antes que alguém pudesse dizer qualquer coisa, ela cobriu o rosto com as mãos e começou a chorar. Num instante, estávamos todos com ela naquele delta pantanoso e escuro. Ela enxugou as lágrimas e disse:

– Ah, meu Deus! Entendi: posso optar por me incomodar quando me convém. Não tenho que viver isso todos os dias.

Optei por usar minha turma do serviço social como exemplo vivo de descoberta das histórias na comunidade por haver muito sofrimento e trauma cercando essas questões de que costumamos tratar – no nosso país e em todo o mundo. Racismo, machismo, homofobia e classismo são reais e difundidos. E, pensando bem, os estereótipos que alimentam o medo e a discriminação, em geral, não passam de tentativas de rascunhos iniciais – histórias que criamos com base em nossa falta de conhecimento e experiência ou que nos foram transmitidas por pessoas que também tiveram pouquíssima compreensão. Desfazer estereótipos exige o reconhecimento e a descoberta – temos que reconhecer que há sentimentos em jogo, ficar curiosos e lidar com eles.

Que tipo de revolução pode modificar a realidade? Uma revolução alimentada por milhares de conversas como as que meus admiráveis e corajosos alunos têm todos os semestres. Cada história que contamos e ouvimos é como um pequeno lampejo de luz – quando tivermos um número suficiente deles, incendiaremos o mundo. Mas penso que não podemos fazê-lo sem as histórias. Não importa qual seja a comunidade em questão nem qual conflito esteja vindo à tona: a resolução e a mudança exigem que as pessoas assumam, compartilhem e lidem com suas histórias.

Todos os componentes da prática da volta por cima apontam para as seguintes perguntas: *Podemos nos entregar à vulnerabilidade da emoção e nos erguer mantendo-nos fiéis à nossa verdade? Estamos dispostos a enfrentar o desconforto inicial da curiosidade e da criatividade para podermos ser mais corajosos em nossa vida? É preciso ter coragem para lidar com a nossa história?* Imagine se as pessoas se reunissem para falar sobre as verdadeiras questões que alimentam a falta de vínculos e formulassem essas perguntas. E se nos dispuséssemos a reconhecer nossa mágoa e nosso sofrimento e, ao fazê-lo, procurássemos ter certeza de não menosprezar a mágoa e o sofrimento dos outros? Poderíamos dar a volta por cima juntos.

## MANIFESTO DOS CORAJOSOS E INCONSOLÁVEIS

*Não há maior ameaça para os críticos, os céticos*
    *e os disseminadores do medo*
*Do que aqueles que estão dispostos a cair*
*Porque aprenderam a se reerguer.*

*De joelhos ralados e coração partido,*
*Preferimos assumir nossas histórias de luta*
*A esconder, tapear e fingir.*

*Quando rejeitamos nossas histórias, elas passam a nos definir.*
*Quando fugimos da luta, nunca estamos livres.*
*E por isso nos voltamos para a verdade e a encaramos, olho no olho.*

*Não seremos personagens em nossas histórias.*
*Nem vilões, nem vítimas – nem mesmo heróis.*

*Somos os autores da nossa vida.*
*Escrevemos nossos próprios finais ousados.*

*Tiramos amor do coração partido,*
*Compaixão da vergonha,*
*Perdão da decepção,*
*Coragem do fracasso.*

*Aparecer é nossa força.*
*A história é nosso caminho de casa.*
*A verdade é nossa canção.*
*Somos os corajosos e inconsoláveis.*
*Estamos dando a volta por cima.*

# NOTAS SOBRE TRAUMA E LUTO COMPLICADO

## TRAUMA

Depois de haver trabalhado com veteranos de guerra, socorristas e sobreviventes de tragédias – do 11 de Setembro a genocídios –, creio que o corpo e o cérebro armazenam traumas complexos de um modo que com frequência exige mais do que as ferramentas apresentadas neste livro: a ajuda e o apoio de profissionais especializados na elaboração de traumas. Creio que o processo que emergiu dessa pesquisa pode ser extremamente útil se for aplicado em conjunto com o tratamento do trauma. Buscar ajuda é um ato de coragem.

## LUTO COMPLICADO

Muitas vezes, as quedas levam a alguma forma de luto, ainda que seja pela simples perda de uma expectativa ou de uma experiência. Esse foi um padrão marcante nos dados de pesquisa que também reconheci em minha própria vida. Mas o luto complicado é algo mais e, como o trauma, requer apoio profissional. O Centro de Luto Complicado da Faculdade de Serviço Social da Universidade Columbia é um recurso de valor inestimável para as pessoas que enfrentam dificuldades nessa área. Eis como sua equipe define e explica o luto complicado:

O luto complicado é uma forma intensa e duradoura de luto que toma conta da vida da pessoa. É natural vivenciar um luto agudo após a morte de uma pessoa próxima, porém o luto complicado é diferente. Trata-se de uma forma de luto que se apossa da mente da pessoa e não a abandona mais. É frequente as pessoas com luto complicado dizerem que se sentem "presas, paralisadas".

Para a maioria das pessoas, o luto nunca desaparece completamente, mas recua para o segundo plano. Com o tempo, a cura reduz o sofrimento da perda. As lembranças dos entes queridos e os pensamentos sobre eles ficam profundamente entranhados na mente das pessoas, definindo sua história e colorindo sua visão de mundo. A saudade dos entes queridos que faleceram pode ser uma parte integrante da história dos enlutados, mas não interrompe a vida, a menos que o indivíduo sofra de complicações do luto. Nesse caso, o luto complicado domina a vida da pessoa e não cede.

O termo "complicado" se refere a fatores que interferem no processo natural de cura. Esses fatores podem estar relacionados com características da pessoa enlutada, com a natureza da relação com o falecido, com as circunstâncias da morte ou com ocorrências posteriores à morte.

Mais uma vez, o processo da volta por cima pode ser útil para quem vivencia um luto complicado, mas não será suficiente. Há ocasiões em que necessitamos de ajuda, e buscá-la é um ato de pura coragem.

## *A ARTE DA IMPERFEIÇÃO*
## RESUMO DOS PRINCIPAIS ENSINAMENTOS

## DEZ PRINCÍPIOS PARA UMA VIDA PLENA

**1.** Cultivar a autenticidade: libertar-se do que os outros pensam.

**2.** Cultivar a autocompaixão: libertar-se do perfeccionismo.

**3.** Cultivar um espírito resiliente: libertar-se do entorpecimento e da impotência.

**4.** Cultivar a gratidão e a alegria: libertar-se da escassez e do medo do desconhecido.

**5.** Cultivar a intuição e confiar na fé: libertar-se da necessidade de certezas.

**6.** Cultivar a criatividade: libertar-se das comparações.

**7.** Cultivar o lazer e o repouso: libertar-se do cansaço como símbolo de status e da produtividade como fator de autoestima.

**8.** Cultivar a serenidade e a quietude: libertar-se da ansiedade como estilo de vida.

**9.** Cultivar o trabalho significativo: libertar-se da falta de autoconfiança e de suposições sobre como as coisas "deveriam" ser.

**10.** Cultivar o riso, a música e a dança: libertar-se da indiferença e de "estar sempre no controle".

## UMA TEORIA DA VIDA PLENA

**1.** O amor e a aceitação são necessidades de todos os homens, mulheres e crianças. Fomos programados para criar vínculos – é isso que confere propósito e sentido a nossa vida. A falta de amor, aceitação e vínculos leva sempre ao sofrimento.

**2.** Se você dividir os homens e mulheres que entrevistei em dois grupos – aqueles que têm um profundo sentimento de amor e aceitação e aqueles que lutam por isso –, verá que apenas uma variável os separa. Os que se sentem amados, que amam e vivenciam o sentimento de aceitação simplesmente acreditam que são *dignos* de amor e aceitação. Eles não têm uma vida melhor ou mais fácil, não têm menos problemas com o vício ou a depressão e não sobreviveram a um número menor de traumas, falências ou divórcios, mas, em meio a todas essas batalhas, desenvolveram práticas que lhes permitem ater-se à convicção de que são dignos de amor, de aceitação e de alegria.

**3.** A sólida convicção do nosso valor pessoal não surge por acaso – é cultivada quando compreendemos os princípios como escolhas e práticas diárias.

**4.** O principal interesse de homens e mulheres plenos é levar uma vida definida pela coragem, pelo compromisso e por um claro senso de propósito.

**5.** As pessoas plenas identificam a vulnerabilidade como o catalisador da coragem, do compromisso e do senso de propósito. Na verdade, a disposição de ser vulnerável emergiu como o valor mais claro compartilhado por todos os homens e mulheres que eu descreveria como plenos. Eles atribuem tudo – desde seu sucesso profissional até seu casamento e seus mais orgulhosos momentos como pais – à sua capacidade de serem vulneráveis.

## *A CORAGEM DE SER IMPERFEITO*
## RESUMO DOS PRINCIPAIS ENSINAMENTOS

### ESCASSEZ: EXAMINANDO NOSSA CULTURA DE "NUNCA SER BOM O BASTANTE"

Ensinamento principal: Vivemos numa cultura da insuficiência, uma cultura de "nunca ser bom o bastante".

O oposto disso não é a abundância, tampouco "mais do que você poderia imaginar". O oposto da escassez é a suficiência, ou o que chamo de *vida plena*. Há dez princípios da vida plena, mas no cerne dela encontram-se a vulnerabilidade e o valor próprio: enfrentar a incerteza, a exposição e os riscos emocionais e saber que você é bom o bastante.

Depois de fazer esse trabalho durante os últimos doze anos e de ver a escassez prejudicar nossas famílias, organizações e comunidades, eu diria que a única coisa que todos temos em comum é estarmos fartos de sentir medo. Queremos realizar grandes ousadias. Estamos cansados de nos perguntar "O que devemos temer?" e "Quem devemos culpar?". Todo mundo quer ser corajoso.

### DERRUBANDO OS MITOS DA VULNERABILIDADE

Ensinamento principal: Defino a vulnerabilidade como incerteza, risco e exposição emocional.

Sim, a sensação de vulnerabilidade está no cerne de emoções difíceis, como o medo, o luto e a decepção, mas é também o berço do amor, da aceitação, da alegria, da empatia, da inovação e da criatividade. Quando nos fechamos para a vulnerabilidade, nos afastamos das experiências que dão propósito e sentido à vida.

Mito nº 1: Vulnerabilidade é fraqueza.
Mito nº 2: "Vulnerabilidade não é comigo".
Mito nº 3: "Eu me garanto sozinho".
Mito nº 4: A confiança vem antes da vulnerabilidade.

## COMPREENDENDO E COMBATENDO A VERGONHA

Ensinamento principal: A vergonha extrai seu poder do fato de não ser explanada. Essa é a razão pela qual ela não deixa os perfeccionistas em paz – é tão fácil nos mantermos calados! Se, porém, desenvolvermos uma consciência da vergonha a ponto de lhe dar nome e falar sobre ela, nós a colocaremos de joelhos. Assim como a exposição à luz é mortal para os *gremlins*, a palavra e a conversa lançam luz sobre a vergonha e a destroem.

## O ARSENAL

Ensinamento principal: Quando éramos crianças, encontrávamos maneiras de nos proteger da vulnerabilidade, do risco de sermos feridos, diminuídos ou decepcionados. Vestíamos uma armadura, usávamos nossos pensamentos, sentimentos e comportamentos como armas e aprendemos a nos esquivar e até a desaparecer. Agora, adultos, percebemos que, para viver com coragem, propósito e vínculos – para sermos as pessoas que queremos ser –, precisamos voltar a ser vulneráveis. A coragem de sermos vulneráveis significa tirar a armadura que usamos para nos proteger, depor as armas que usamos para manter as pessoas a distância e aparecer e nos deixarmos ver.

## DIMINUIR A LACUNA DE VALORES:
## TRABALHANDO AS MUDANÇAS E FECHANDO
## A FRONTEIRA DA FALTA DE MOTIVAÇÃO

Ensinamento principal: Para reacender a criatividade, a inovação e o aprendizado, precisamos reumanizar a educação e o trabalho; precisamos de um compromisso perturbador.

Reumanizar o trabalho e a educação exige uma liderança corajosa. As conversas francas sobre a vulnerabilidade e a vergonha são perturbadoras. A razão pela qual não as mantemos em nossas organizações é que elas lançam luz sobre os cantos obscuros. Quando há consciência e entendimento, é quase impossível voltar atrás, o que traz em si graves consequências. Queremos realizar grandes ousadias. Se nos oferecermos um vislumbre dessa possibilidade, vamos nos agarrar a ela como nossa visão. Isso não pode ser tirado de nós.

## CRIAR FILHOS PLENOS:
## OUSANDO SER O ADULTO QUE VOCÊ QUER QUE SEUS FILHOS SEJAM

Ensinamento principal: Quem somos e a maneira como nos relacionamos com o mundo são indicadores muito mais seguros de como nossos filhos serão do que tudo o que sabemos sobre criar filhos. Em se tratando de ensinar às crianças como viver com ousadia na sociedade da escassez, a questão não é tanto "Você está educando seus filhos da maneira certa?", mas, sim, "Você é o adulto que deseja que seus filhos se tornem um dia?". Nossas histórias de valor pessoal – de nos considerarmos bons o bastante – começam em nossa família. A narrativa certamente não termina aí, mas o que aprendemos sobre nós mesmos e a maneira como nos relacionamos com o mundo durante a infância ditam um rumo que exigirá que gastemos uma parte significativa da vida lutando para recuperar o amor-próprio ou que nos dará esperança, coragem e resiliência para enfrentar nossa jornada.

## Um coração agradecido

À minha equipe de rebeldes – Suzanne Barrall, Barrett Guillen, Sarah-Margaret Hamman, Charles Kiley, Murdoch Mackinnon, Amy O'Hara e Ashley Brown Ruiz: vocês são o melhor grupo de sonhadores, realizadores e encrenqueiros que já conheci. *O avião pousou, Murdoch.*

À minha agente, Jennifer Rudolph Walsh, e a toda a equipe da William Morris Endeavor, especialmente Tracy Fisher, Katie Giarla, Maggie Shapiro e Eric Zohn: agradeço por sua visão, sua tenacidade e sua amizade.

A Polly Koch: sem você eu não conseguiria, literalmente. Obrigada por me ajudar a encontrar minha voz e a me ater a ela.

A Julie Grau e Gina Centrello, da Random House: sinto-me muito grata por vocês terem me convidado para a sua editora. Sei quanto se importam com as pessoas e sei do seu enorme compromisso com a execução de um trabalho significativo. É uma honra trabalhar com vocês.

A Jessica Sindler: este é o segundo livro que fazemos juntas, e continuo a me sentir a autora mais sortuda do mundo por trabalhar com você. Obrigada.

A toda a equipe da Random House – Debbie Aroff, Maria Braeckel, Kate Childs, Sanyu Dillon, Benjamin Dreyer, Karen Dziekonski, Nancy Elgin, Sarah Goldberg, Leigh Marchant, Sally Marvin, Greg Mollica, Nicole Morano, Loren Noveck, Tom Perry, Erika Seyfried, Laura Van Der Veer e Theresa Zoro: vocês não param de me impressionar. Obrigada por sua paixão, seu compromisso e sua criatividade.

Sou muito grata aos profissionais criativos que compartilham seus talentos e fazem do mundo um lugar mais belo e conectado: obrigada aos mágicos da Pixar; a Kathleen Shannon, Tara Street, Liz Johnson e Kristin Tate, da Braid Creative and Consulting; à programadora e desenvolvedora de web Brandi Bernoski; a Kelli Newman, da Newman & Newman; ao designer e tipógrafo Simon Walker; e ao genial capista Greg Mollica.

Minha gratidão à turma da Speakers Office – Jenny Canzoneri, Holli Catchpole, Kristen Fine, Cassie Glasgow, Marsha Horshok, Michele Rubino e Kim Stark: *vocês são simplesmente o máximo. Simples assim.*

Às pessoas que me inspiram dia após dia – Jo Adams, Miles Adcox, Lorna Barrall, Jimmy Bartz, Negash Berhanu, Shiferaw Berhanu, Wendy Burks, Susan Cain, Katherine Center, Marsha Christ, Alan Conover, Ronda Dearing, Andy Doyle, Jessie Earl, Laura Easton, Beverly e Chip Edens, Ali Edwards, Margarita Flores, Liz Gilbert, Cameron e Matt Hammon, Karen Holmes, Alex Juden, Kat Juden, Michelle Juden, Jenny Lawson, Harriet Lerner, Elizabeth Lesser, Susie Loredo, Laura Mayes, Glennon Doyle Melton, Patrick Miller, John Newton, Shauna Niequist, Murray Powell, Joe Reynolds, Rondal Richardson, Kelly Rae Roberts, Gretchen Rubin, Eleanor Galtney Sharpe, Diana Storms, Karen Walrond, Yolanda Williams e Maile Wilson.

Um imenso obrigada a meus sentimentais amigos da HARPO/OWN – Kyle Alesio, Dana Brooks, Jahayra Guzman, Mamie Healey, Chelsea Hettrick, Noel Kehoe, Corny Koehl, Erik Logan, Mashawn Nix, Lauren Palmer, Peggy Panosh, Liz Reddinger, Sheri Salata, Harriet Seitler, Jon Sinclair, Jill Van Lokeren, Sue Yank e Oprah Winfrey.

À Team Red, White, and Blue – #EaglesRisingStrong.

Ao corpo docente sênior da Daring Way – Ronda L. Dearing, John Dietrich, Terrie Emel, Dawn Hedgepeth, Virginia Rondero Hernandez, Sonia Levine, Susan Mann, Cynthia Mulder, Cheryl Scoglio, Doug Sorenson, Eric Williams e Amanda Yoder: sinto um orgulho enorme de fazer parte dessa equipe. A coragem de vocês torna o mundo um lugar mais pleno.

À comunidade Daring Way: obrigada por se mostrarem, por serem vistos e por viverem com coragem!

A meus pais – Deanne Rogers e David Robinson, Molly May e Chuck Brown, Jacobina e Bill Alley, Corky e Jack Crisci: obrigada por serem tão corajosos no seu amor.

A meus irmãos – Ashley e Amaya Ruiz; Barrett, Frankie e Gabi Guillen; Jason e Layla Brown e Gisel Prado; e Jen, David e Larkin Alley: meu amor e meu agradecimento. É uma louca e maravilhosa aventura – fico feliz por tê-los no banco da frente comigo.

A Steve, Ellen e Charlie: vocês são os grandes amores da minha vida. Obrigada.

# *Referências*

### NOTA SOBRE A PESQUISA E AS HISTÓRIAS COMO METODOLOGIA

A. Hartman, "Many ways of knowing" [editorial], *Social Work* 35, 1 (1990), p. 3-4.

B. Brown, *A coragem de ser imperfeito*. Rio de Janeiro: Sextante, 2013.

### VERDADE E OUSADIA – UMA INTRODUÇÃO

B. Brown, *A arte da imperfeição*. Ribeirão Preto: Novo Conceito, 2012.

B. Brown, *A coragem de ser imperfeito*.

T. Roosevelt, "Citizenship in a Republic", discurso proferido na Universidade Sorbonne, Paris, 23 de abril de 1910, <www.theodore-roosevelt.com/images/research speeches/maninthearena.pdf>.

S. Moffat, "His Last Vow", *Sherlock*, 3ª temporada, episódio 3, dirigido por N. Hurran, exibido em 2 de fevereiro de 2014, BBC Home Entertainment.

A. Tennyson, E. I. Gray (org.), *In memoriam A. H. H.* Norton Critical Edition. Nova York: W. W. Norton, 2003.

Fail Forward: <failforward.org/vision> e <failforward.org/the-team>.

### CAPÍTULO UM: A FÍSICA DA VULNERABILIDADE

P. J. Zak, *A molécula da moralidade*. Rio de Janeiro: Elsevier, 2012.

R. Rohr, *Adam's Return: The five promises of male initiation*. Nova York: Crossroad Publishing, 2004.

### CAPÍTULO DOIS: A CIVILIZAÇÃO TERMINA NA LINHA D'ÁGUA

Eric Clapton na capa da *Fast Company*: ver na edição 184 da *Fast Company*, de abril de 2014, os seguintes artigos: "Catmull the Wise", p. 68-74; E. Catmull e R.

Tetzeli, "At some point, all our movies suck", p. 64-66; "Inside the Pixar braintrust", p. 67-74.

E.Catmull e A. Wallace, *Criatividade S. A.* Rio de Janeiro: Rocco, 2014.

Paulo Coelho, *O alquimista*. Rio de Janeiro: Sextante, 1988.

Suetônio, *A vida dos doze Césares*. São Paulo: Prestígio, 2002.

B. W. Tuckman, "Developmental sequence in small groups", *Psychological Bulletin*, 63, 6 (1965), p. 384-399.

J. Campbell, *O herói de mil faces*. São Paulo: Círculo do Livro, 1988.

C. G. Jung, *Os arquétipos e o inconsciente coletivo*. Petrópolis: Vozes, 2000.

H. S. Thompson, *Generation of Swine: Tales of shame and degradation in the '80s*, Gonzo Papers, vol. 2. Nova York: Summit Books, 1988.

T. Elliott e T. Rossio, *Pirates of the Caribbean: Dead Man's Chest*, direção de G. Verbinski, Walt Disney Studios Home Entertainment, 2006.

## CAPÍTULO TRÊS: ASSUMINDO NOSSAS HISTÓRIAS

R. Larsen, *O mundo explicado por T. S. Spivet*. Rio de Janeiro: Nova Fronteira, 2010.

G. Wolf, "Steve Jobs: The next insanely great thing", *Wired*, 4.02, fevereiro de 1996. Extraído de archive.wired.com/wired/archive/4.02/jobs_pr.html.

Shonda Rhimes: entrevista conduzida por Brené Brown em 18 de julho de 2014.

## CAPÍTULO QUATRO: O RECONHECIMENTO

J. Campbell e B. Moyers, *O poder do mito*. São Paulo: Ed. Palas Athena, 2011.

B. Platek, "Through a glass darkly: Miriam Greenspan on moving from grief to gratitude", *The Sun*, 385, janeiro de 2008. Extraído de thesunmagazine.org/issues/385/through_a_glass_darkly.

M. Greenspan, *Healing Through the Dark Emotions*. Boston: Shambhala Publications, 2003.

"Death of a genius: His fourth dimension, time, overtakes Einstein", *Life*, 38, 18, 1955, p. 61-64.

M. J. Gruber, B. D. Gelman e C. Ranganath, "States of curiosity modulate hippocampus-dependent learning via the dopaminergic circuit", *Neuron*, 84, 2, 2014, p. 486-496.

M. J. Kang, M. Hsu, I. M. Krajbich, G. Loewenstein, S. M. McClure, J. T. Wang e C. F. Camerer, "The wick in the candle of learning: Epistemic curiosity activates reward circuitry and enhances memory", *Psychological Science*, 20, 8 (2009), p. 963-973.

N. H. Leonard e M. Harvey, "The trait of curiosity as a predictor of emotional intelligence", *Journal of Applied Social Psychology*, 37, 8 (2007), p. 1.545-1.561.

I. Leslie, *Curious: The desire to know and why your future depends on it*. Nova York: Basic Books, 2014.

P. Tough, *How Children Succeed: Grit, curiosity, and the hidden power of character*. Boston: Houghton Mifflin Harcourt, 2012.

W. Plomer, *Electric Delights*. Londres: Jonathan Cape, 1978.

M. J. Gruber, B. D. Gelman e C. Ranganath, "States of curiosity modulate hippocampus-dependent learning via the dopaminergic circuit", *Neuron*, 84, 2 (2014), p. 486-496.

G. Loewenstein, "The Psychology of Curiosity: A review and reinterpretation", *Psychological Bulletin*, 116, 1 (1994), p. 75-98.

Mizuta Masahide, *in The Little Zen Companion*. Nova York: Workman Publishing, 1994.

A. van der Kolk, *The Body Keeps the Score: Brain, mind, and body in the healing of trauma*. Nova York: Viking, 2014.

Maya Angelou, *Carta a minha filha*. Rio de Janeiro: Nova Fronteira, 2010.

E. R. Bloniasz, "Caring for the Caretaker: A nursing process approach", *Creative Nursing*, 17, 1 (2011), p. 12-15.

J. Gottschall, *The Storytelling Animal: How stories make us human*. Nova York: Houghton Mifflin Harcourt, 2012.

S. Horowitz, "Evidence-based health outcomes of expressive writing", *Alternative and Complementary Therapies*, 14, 4 (2008), p. 194-198.

C. L. Park e C. J. Blumberg, "Disclosing trauma through writing: Testing the meaning-making hypothesis", *Cognitive Therapy and Research*, 26, 5 (2002), p. 597-616.

J. A. Singer, "Narrative identity and meaning-making across the adult lifespan: An introduction", *Journal of Personality*, 72, 3 (2004), p. 437-460.

J. K. Rowling, *Harry Potter e a Ordem da Fênix*. Rio de Janeiro: Rocco, 2003.

*Uma Aventura LEGO*, direção de P. Lord e C. Miller, Warner Bros. Entertainment, Inc., 2014.

O. Winfrey, *Oprah and Brené Brown: Daring Greatly*. SuperSoul Sunday, 5ª temporada, episódio 7, exibido em 17 de março de 2013, Harpo Productions.

Mark Miller: sofrep.com/author/mark-miller.

Greater Good Science Center: greatergood.berkeley.edu.

Mihaly Csikszentmihalyi, *Flow: The Psychology of Optimal Experience*. Nova York: Harper and Row, 1990.

I. Newton, *Principia: princípios matemáticos de filosofia natural*. São Paulo: EdUSP, 1990.

*O Império contra-ataca*: G. Lucas, L. Brackett e L. Kasdan, *Star Wars Episode V – The Empire Strikes Back*, direção de Irvin Kershner, Lucasfilm, Ltd./20th Century Fox Home Entertainment, 1980.

## CAPÍTULO CINCO: A DESCOBERTA

M. Atwood, *Vulgo, Grace*. Rio de Janeiro: Rocco, 2008.

H. S. Thompson, *Generation of Swine*.

R. A. Burton, *On Being Certain: Believing you are right even when you're not*. Nova York: St. Martin's Press, 2008.

J. Gottschall, *The Storytelling Animal*.

A. Lamott, *Palavra por palavra*. Rio de Janeiro: Sextante, 2011.

J. W. Pennebaker, *Writing to Heal: A guided journal for recovering from trauma and emotional upheaval*. Oakland, Califórnia: New Harbinger Publications, 2004.

Pennebaker: www.utexas.edu/features/2005/writing.

D. Crosby, "Delta", no disco *Daylight Again*, Atlantic Records, 1982.

## CAPÍTULO SEIS: RATOS DE ESGOTO E ESPERTALHÕES

*Por água abaixo*: D. Clement, I. La Frenais, C. Lloyd, J. Keenan e W. Davies, *Flushed Away* (2006). *Flushed Away*, direção de D. Bowers e S. Fell, DreamWorks Animation and Aardman Animations.

B. Brown, *A coragem de ser imperfeito*.

L. Cohen, "Hallelujah", no disco *Various Positions*, Columbia Records, 1984.

Kelly Rae Roberts: kellyraeroberts.com.

J. Didion, *Slouching Towards Bethlehem: Essays*. Nova York: Farrar, Straus and Giroux, 2008. Originalmente publicado em 1968 pela Farrar, Straus and Giroux.

Maria Popova: BrainPickings.org: www.brainpickings.org/about.

M. Popova, "Joan Didion on self-respect", 2012. Obtido em www.brainpickings.org/2012/05/21/joan-didion-on-self-respect.

## CAPÍTULO SETE: OS CORAJOSOS E INCONSOLÁVEIS

C. S. Lewis (pseudônimo: N. W. Clerk), *A anatomia de uma dor: um luto em observação*. São Paulo: Ed. Vida, 2006.

Anne Lamott, *Crooked Little Heart*. Nova York: Anchor Books, 1998.

*A viagem de Chihiro*: H. Miyazaki, *Spirited Away*, direção de H. Miyazaki, Walt Disney Home Entertainment e Studio Ghibli, 2001.

www.forbes.com/sites/mfonobongnsehe/2013/12/06/20-inspirational-quotes-from-nelson-mandela/.

John Green, *A culpa é das estrelas*. Rio de Janeiro: Intrínseca, 2014.

G. Bono, M. E. McCullough e L. M. Root, "Forgiveness, feeling connected to others, and well-being: Two longitudinal studies", *Personality and Social Psychology Bulletin*, 34, 2, 2008, p. 182-195.

B. A. Larsen, R. S. Darby, C. R. Harris, D. K. Nelkin, P.-E. Milam e N. J. S. Christenfeld, "The immediate and delayed cardiovascular benefits of forgiving", *Psychosomatic Medicine*, 74, 7, 2012, p. 745-750.

E. L. Worthington Jr., *Forgiveness and Reconciliation: Theory and Application*. Nova York: Routledge, 2006.

E. L. Worthington Jr., C. V. O. Witvliet, P. Pietrini e A. J. Miller, "Forgiveness, health, and well-being: A review of evidence for emotional versus decisional forgiveness, dispositional forgivingness, and reduced unforgiveness", *Journal of Behavioral Medicine*, 30, 4, 2007, p. 291-302.

Desmond M. Tutu e Mpho A. Tutu, *O Livro do Perdão*. Rio de Janeiro: Ed. Valentina, 2014.

P. Chödrön, *Os lugares que nos assustam*. Rio de Janeiro: Sextante, 2003.

C. S. Lewis, *Os quatro amores*. São Paulo: Martins Fontes, 2005.

## CAPÍTULO OITO: ALVO FÁCIL

twitter.com/annelamott/status/529295149554487298.

H. Lerner, *The Dance of Connection*. Nova York: HarperCollins, 2001.

Bob Dylan, "Forever Young", no disco *Planet Waves*, Asylum Records, 1974.

B. Brown, *A arte da imperfeição*.

## CAPÍTULO NOVE: A COMPOSTAGEM DO FRACASSO

C. Feltman, *The Thin Book of Trust*. Bend, Oregon: Thin Book Publishing, 2008.

M. L. King Jr., "All labor has dignity", *in* M. K. Honey (org.), *All Labor Has Dignity*. Nova York: Beacon Press, 2011, p. 167-179.

R. Bell, discurso na turnê de "The Life You Want Weekend", de Oprah Winfrey, em várias cidades norte-americanas, em 2014.

C. R. Snyder (org.), *Handbook of Hope: Theory, measures, and applications*, San Diego: Academic Press, 2000.

B. Brown, *Women and Shame: Reaching out, speaking truths and building connection*. Austin, Texas: 3C Press, 2004.

B. Brown, *I Thought It Was Just Me: Women reclaiming power and courage in a culture of shame*. Nova York: Gotham Books, 2007.

*Família do Bagulho*: B. Fisher, S. Faber, S. Anders e J. Morris, *We're the Millers*, direção de R. M. Thurber, New Line Cinema, 2013.

George Saunders, discurso na colação de grau da Universidade de Syracuse, em 2013: R. Enslin, "George Saunders G'88 Delivers 2013 Convocation Address", *Syracuse University College of Arts and Sciences News*, 20 de maio de 2013, asnews.syr.edu/newsevents_2013/releases/george_saunders_convocation.html.

S. Lewis, *O poder do fracasso*. Rio de Janeiro: Sextante, 2015.

## CAPÍTULO DEZ: NÃO DESDENHE DE QUEM LHE DEU A MÃO

*O silêncio dos inocentes*: T. Harris e T. Tally, *The Silence of the Lambs*, direção de J. Demme, Orion Home Video, 1991.

B. Brown, *I Thought It Was Just Me: Women reclaiming power and courage in a culture of shame*.

B. Brown, *A arte da imperfeição*.

B. Brown, *A coragem de ser imperfeito*.

M. Ivins, *Nothin' But Good Times Ahead*. Nova York: Vintage, 1994.

J. Hollis, *Encontrando significado na segunda metade da vida*. São Paulo: Novo Século, 2011.

Stephanie Coontz, *The Way We Never Were: American families and the nostalgia trap*. Nova York: Basic Books, 1992.

*A grande beleza*: P. Sorrentino e U. Contarello, *The Great Beauty*, direção de P. Sorrentino, Indigo Film, 2013.

T. Morrison, *Amada*. São Paulo: Companhia das Letras, 2007.

W. Whitman, "Song of myself", *in Leaves of Grass: The original 1855 edition*, org. J. T. Pine, Mineola. Nova York: Dover Publications, 2007. Originalmente publicado em 1855 pelo autor.

C. G. Jung, *Cartas de C. G. Jung: volume I, 1906-1945*, org. Aniela Jaffé e Gerhard Adler. Petrópolis, RJ: Vozes, 2001; *Cartas de C. G. Jung: volume II, 1946-1955*, ibid., 2002; *Cartas de C. G. Jung: volume III, 1956-1961*, ibid., 2003.

CAPÍTULO ONZE: A REVOLUÇÃO

B. Brown, *A arte da imperfeição*. Ribeirão Preto: Novo Conceito, 2012.

# CONHEÇA OUTROS LIVROS DA AUTORA

Eu achava que isso só acontecia comigo
*Brené Brown*

A busca pela perfeição é exaustiva e implacável. Somos constantemente bombardeados pelas expectativas sociais que nos ensinam que ser imperfeito é sinônimo de ser inadequado.

Para onde quer que se olhe, há mensagens nos dizendo quem, o que e como deveríamos ser. Dessa forma, aprendemos a esconder nossas lutas e nos proteger da vergonha, do julgamento, da crítica e da culpa, buscando segurança no fingimento e na perfeição.

Brené Brown é referência no tema do poder da vulnerabilidade e tem inspirado milhões de pessoas com seus livros e palestras. Com base em sete anos de sua pesquisa inovadora e centenas de entrevistas, esse livro revela uma verdade transformadora: nossas imperfeições são o que nos conectam uns aos outros e à nossa humanidade.

Nossa cultura nos diz que devemos rejeitar nosso corpo, nossas histórias autênticas e até nosso verdadeiro eu a fim de nos adequar e sermos aceitos. Vícios, perfeccionismo, medo e culpa são alguns dos sinais externos dos efeitos da vergonha nos aspectos mais banais e visíveis de nossa vida — da saúde mental e física à imagem corporal, incluindo nossas relações com parceiros, filhos, amigos, dinheiro e trabalho.

Brené mostra que nossas vulnerabilidades não são fraquezas; são lembretes poderosos para mantermos o coração e a mente abertos à realidade de que estamos todos juntos nisso. E apresenta estratégias para transformar nossa capacidade de amar, trabalhar, ser pai ou mãe e construir relacionamentos.

## A CORAGEM DE SER IMPERFEITO
*Brené Brown*

Viver é experimentar incertezas, riscos e se expor emocionalmente. Mas isso não precisa ser ruim. Como mostra a Dra. Brené Brown, que durante 12 anos desenvolveu uma pesquisa pioneira sobre vulnerabilidade, essa condição não é uma medida de fraqueza, mas a melhor definição de coragem.

Quando fugimos de emoções como medo, mágoa e decepção, também nos fechamos para o amor, a aceitação, a empatia e a criatividade. Por isso, as pessoas que se defendem a todo custo do erro e do fracasso se distanciam das experiências marcantes que dão significado à vida e acabam se sentindo frustradas.

Por outro lado, aquelas que mais se expõem e se abrem para coisas novas são as mais autênticas e realizadas, ainda que se tornem alvo de críticas e de sentimentos como inveja e ciúme. É preciso lidar muito bem com os dois lados da moeda a fim de alcançar a felicidade de realizar todo o seu potencial.

Em uma sociedade em que predomina a cultura do perfeccionismo, é comum recorrer a máscaras para minimizar o desconforto e as dores de não ser bom o bastante. Brené Brown descobriu que todos nós fazemos uso de um verdadeiro arsenal contra essas sensações e explica em que consiste cada escudo e quais estratégias devem ser usadas nesse "desarmamento". Ela também combate os mitos que afirmam que ser vulnerável é o mesmo que ser fraco.

Depois de estudar a vergonha e a empatia durante seis anos e colher centenas de depoimentos, a autora chegou à conclusão de que compreender e combater a vergonha de errar e de se expor é fundamental para o sucesso. Ninguém consegue se destacar se ficar o tempo todo com medo do que os outros podem pensar.

Mostrar-se vulnerável pode parecer uma atitude subversiva, mas ter a coragem de ousar e nos mostrar como somos de verdade é a única forma de aproveitar todas as oportunidades que a vida tem a oferecer.

# CONHEÇA OUTROS LIVROS DA EDITORA SEXTANTE

### Amor pelas coisas imperfeitas
*Haemin Sunim*

Nesse livro, o monge zen-budista Haemin Sunim ensina a arte de cuidar de si mesmo e de se relacionar com os outros com a sabedoria e a delicadeza que o tornaram conhecido no mundo todo.

Tratando de temas como aceitação, cura, coragem, família, fracassos, empatia e perdão, ele apresenta suas reflexões sobre como enxergar o mundo e a si próprio com maior compaixão.

Ele nos mostra que, quando aceitamos a nós mesmos – e os defeitos que nos fazem ser quem somos –, podemos ter relacionamentos plenos e gratificantes e nos sentir em paz.

Com lindas ilustrações, este livro vai inspirar você a amar a si mesmo, a sua vida e a todos que fazem parte dela.

## A CORAGEM DE NÃO AGRADAR
*Ichiro Kishimi e Fumitake Koga*

Com mais de 3 milhões de exemplares vendidos, *A coragem de não agradar* conta uma história capaz de iluminar nosso poder interior e nos permitir ser quem somos.

Inspirado nas ideias de Alfred Adler – um dos expoentes da psicologia ao lado de Sigmund Freud e Carl Jung –, o livro apresenta o debate transformador entre um jovem e um filósofo.

Ao longo de cinco noites, eles discutem temas como autoestima, raiva, autoaceitação e complexo de inferioridade. Aos poucos, fica claro que libertar-se das expectativas alheias e das dúvidas que nos paralisam e encontrar a coragem para mudar está ao alcance de todos.

Assim como nos diálogos de Platão, em que o conhecimento vai sendo construído através do debate, o filósofo oferece ao rapaz as ferramentas necessárias para que ele se torne capaz de se reinventar e de dizer não às limitações impostas por si mesmo e pelos outros.

O PODER DO FRACASSO
*Sarah Lewis*

Muitos dos empreendimentos humanos mais criativos e transformadores – de descobertas que renderam prêmios Nobel a invenções e obras de arte – não surgiram simplesmente por inspiração, mas graças a correções contínuas feitas após tentativas que não deram certo.

Sarah Lewis lança uma nova luz sobre a importância dessas tentativas frustradas e do poder motivador que a "quase vitória" tem sobre a determinação. Ela tece habilmente uma teoria a respeito do que de fato significa falhar e de como o fracasso é essencial para o sucesso.

De pensamentos sobre o improviso do jazz, passando pela luta de Martin Luther King Jr. contra um problema na fala, até as reflexões de Al Gore sobre a perda das eleições presidenciais, ela traça o perfil de várias pessoas que alcançaram a maestria em sua área de atuação seguindo caminhos tortuosos: muitas vezes retrocedendo, perdendo, experimentando e recomeçando como amador.

Usando outros exemplos das mais variadas áreas, como esportes, ciências, artes e empreendedorismo, a autora explora ideias e conceitos que costumam ser ignorados quando se fala da busca pela excelência, entre os quais: o valor da diversão e do lúdico, o momento crucial da escolha entre desistir e persistir, o peso que deve ser dado às críticas e o corajoso papel das vanguardas.

Falhar é uma dádiva, mas é também um mistério, pois pode ser o fim de um plano e o início de possibilidades infinitas. O poder do fracasso é uma celebração da determinação e do espírito humano.

# Davi e Golias
*Malcolm Gladwell*

Em *Davi e Golias*, Malcolm Gladwell desafia nossas crenças sobre obstáculos e desvantagens, oferecendo uma interpretação nova do que significa ser discriminado, enfrentar uma deficiência, perder pai ou mãe, frequentar uma faculdade medíocre ou sofrer uma série de outros aparentes reveses.

Gladwell começa pela história real do que ocorreu entre o gigante e o jovem pastor tantos anos atrás e prova como, de fato, era Davi o grande favorito. Em seguida, com sua habilidade característica para contar boas histórias e envolver o leitor, ele narra importantes acontecimentos na vida de anônimos e famosos, introduzindo conceitos que nos levam a ver o favoritismo com outros olhos.

O autor examina o conflito religioso na Irlanda do Norte, a reação dos londrinos aos bombardeios alemães na Segunda Guerra, a mente de pesquisadores do câncer e líderes negros dos direitos civis, os assassinatos e o alto custo da vingança, e a dinâmica das salas de aula que obtêm bons e maus resultados – tudo isso com o intuito de demonstrar que muita coisa bela e importante no mundo surge do que pode ser visto inicialmente como sofrimento e adversidade.

Na tradição dos sucessos anteriores de Gladwell, *Davi e Golias* lança mão da história, da psicologia e de uma narrativa poderosa para abalar e reformular nosso pensamento sobre o mundo à nossa volta.

## CONHEÇA OS LIVROS DE BRENÉ BROWN

A coragem de ser imperfeito

Mais forte do que nunca

Eu achava que isso só acontecia comigo

A arte da imperfeição

O poder da vulnerabilidade (audiolivro)

Como lidar com a vergonha (audiolivro)

## CONHEÇA ALGUNS DESTAQUES DE NOSSO CATÁLOGO

- Augusto Cury: Você é insubstituível (2,8 milhões de livros vendidos), Nunca desista de seus sonhos (2,7 milhões de livros vendidos) e O médico da emoção
- Dale Carnegie: Como fazer amigos e influenciar pessoas (16 milhões de livros vendidos) e Como evitar preocupações e começar a viver
- Brené Brown: A coragem de ser imperfeito – Como aceitar a própria vulnerabilidade e vencer a vergonha (600 mil livros vendidos)
- T. Harv Eker: Os segredos da mente milionária (2 milhões de livros vendidos)
- Gustavo Cerbasi: Casais inteligentes enriquecem juntos (1,2 milhão de livros vendidos) e Como organizar sua vida financeira
- Greg McKeown: Essencialismo – A disciplinada busca por menos (400 mil livros vendidos) e Sem esforço – Torne mais fácil o que é mais importante
- Haemin Sunim: As coisas que você só vê quando desacelera (450 mil livros vendidos) e Amor pelas coisas imperfeitas
- Ana Claudia Quintana Arantes: A morte é um dia que vale a pena viver (400 mil livros vendidos) e Pra vida toda valer a pena viver
- Ichiro Kishimi e Fumitake Koga: A coragem de não agradar – Como se libertar da opinião dos outros (200 mil livros vendidos)
- Simon Sinek: Comece pelo porquê (200 mil livros vendidos) e O jogo infinito
- Robert B. Cialdini: As armas da persuasão (350 mil livros vendidos)
- Eckhart Tolle: O poder do agora (1,2 milhão de livros vendidos)
- Edith Eva Eger: A bailarina de Auschwitz (600 mil livros vendidos)
- Cristina Núñez Pereira e Rafael R. Valcárcel: Emocionário – Um guia lúdico para lidar com as emoções (800 mil livros vendidos)
- Nizan Guanaes e Arthur Guerra: Você aguenta ser feliz? – Como cuidar da saúde mental e física para ter qualidade de vida
- Suhas Kshirsagar: Mude seus horários, mude sua vida – Como usar o relógio biológico para perder peso, reduzir o estresse e ter mais saúde e energia

sextante.com.br